吴晗　雷海宗　等　著

# 西南联大

## 历史通识课

天津出版传媒集团

天津人民出版社

图书在版编目（CIP）数据

西南联大历史通识课 / 吴晗等著. -- 天津 : 天津
人民出版社, 2022.11

ISBN 978-7-201-18861-4

Ⅰ.①西… Ⅱ.①吴… Ⅲ.①中国历史 – 高等学校 –
教材 Ⅳ.①K20

中国版本图书馆CIP数据核字(2022)第188554号

# 西南联大历史通识课
XINAN LIANDA LISHI TONGSHIKE

吴晗　雷海宗 等　著

出　　版　天津人民出版社
出 版 人　刘　庆
地　　址　天津市和平区西康路35号康岳大厦
邮政编码　300051
邮购电话　（022）23332469
电子信箱　reader@tjrmcbs.com

责任编辑　玮丽斯
监　　制　黄 利 万 夏
特约编辑　邓 华 缪红建
营销支持　曹莉丽
装帧设计　紫图装帧

制版印刷　艺堂印刷（天津）有限公司
经　　销　新华书店
开　　本　880毫米×1230毫米　1/32
印　　张　9.5
字　　数　274千字
版次印次　2022年11月第1版　2022年11月第1次印刷
定　　价　59.90元

# 长沙临时大学（西南联大前身）师生从长沙到昆明的路线图

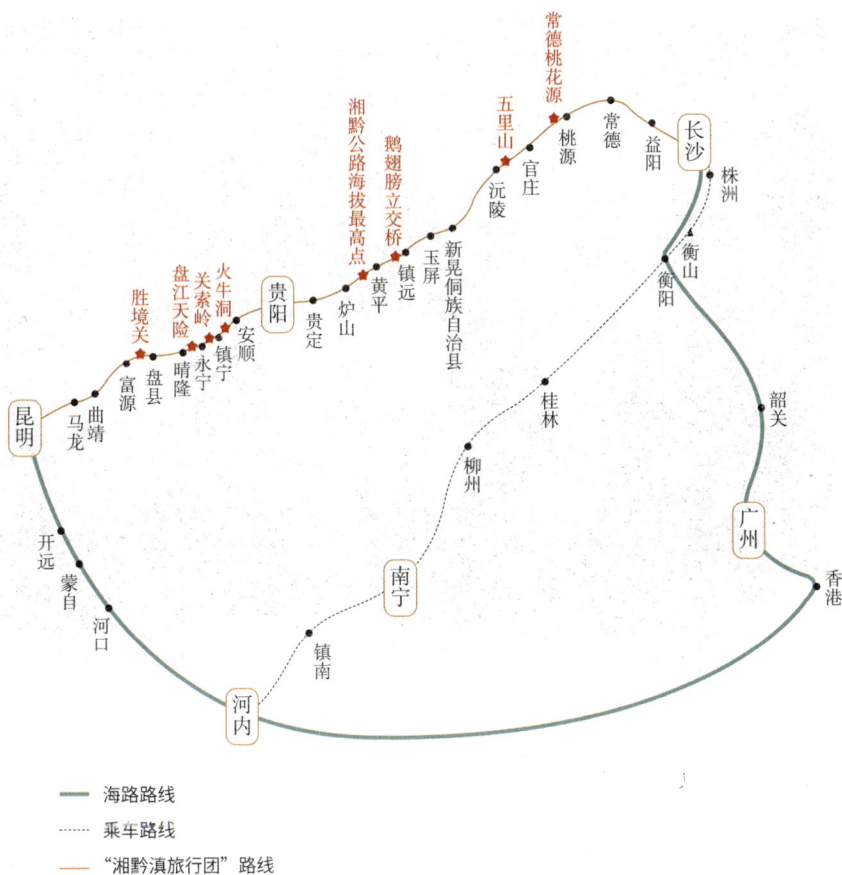

常德桃花源
五里山
常德
益阳
长沙
桃源
官庄
株洲
沅陵
衡山
湘黔公路海拔最高点
鹅翅膀立交桥
玉屏
镇远
衡阳
新晃侗族自治县
韶关
贵阳
黄平
炉山
贵定
胜境关
盘江天险
火牛洞
关索岭
镇宁
安顺
桂林
广州
曲靖
永宁
晴隆
盘县
柳州
香港
昆明
马龙
富源
开远
蒙自
南宁
河口
镇南
河内

海路路线
乘车路线
"湘黔滇旅行团"路线

　　卢沟桥事变爆发之后不久，当时的清华大学、北京大学和南开大学奉教育部命令合组为长沙临时大学。长沙临大是 1937 年 11 月 1 日正式开学的，仅过了三个多星期，长沙就遭受了日军的第一次空袭，已不太适合作为久居之地。1938 年 1 月，长沙临大分三路西迁昆明，其中通过贵州步行前往云南昆明的大部队被称为"湘黔滇旅行团"。

**1938 年，长沙临时大学负责人与"湘黔滇旅行团"辅导团合影**

    从长沙通过贵州步行前往昆明的"湘黔滇旅行团"，由 290 名学生和 11 名教师组成。11 名教师组成辅导团，由黄钰生教授领导（前排左一），成员包括中文系教授闻一多（中排左五），教员许为之，助手李佳妍；生物系教授李继同（前排左二），助教吴征夷、毛应斗（后排左九）、郭海峰；化学系教授曾昭伦；地质系教授袁复礼（后排左五），助教王宗山等人。长沙临时大学还请国民政府军事委员会和湖南省政府指派驻湘中将参议黄师岳（前排左四）担任"湘黔滇旅行团"团长，军训教官毛鸿（中排左二）上校任参谋长，对旅行团实施军事化管理。师生穿着湖南省政府赠发的土黄色崭新制服，裹绑腿，背干粮，带水壶，外加黑棉大衣一件、雨伞一个，犹如一支出征的正规部队。全团分为 2 个大队，6 个中队，18 个小队。1938 年 2 月 20 日，正式离开长沙向云南出发。

"湘黔滇旅行团"师生在贵州某河谷休息。（摄于 1938 年）

"湘黔滇旅行团"跋山涉水走了 68 天，1600 多千米，于 1938 年 4 月 28 日到达昆明。（摄于 1938 年）

"湘黔滇旅行团"进入昆明，受到民众热烈欢迎 （摄于1938年）

　　到了昆明，西南联大常委蒋梦麟、梅贻琦，以及杨石先、潘光旦、马约翰等教授，还有部分从海道来昆的学生伫立欢迎，杨步伟（赵元任夫人）、陶曾穀（蒋梦麟夫人）、梅美德（黄钰生夫人）和她们的女儿向旅行团献花。接受了花篮的先头队伍，又接过"国立西南联合大学慰劳湘黔滇旅行团"的慰问标语沿昆明街道前行。

　　在烽火硝烟中，师生跋涉1600多千米，成为西南联大最独特、壮观的开学仪式。不屈的意志和心系国家民族命运的伟大情怀，创造了西南联大的辉煌。

## 写在"西南联大通识课"
## 丛书出版前

　　在艰苦的抗日战争时期，为赓续中华民族的文化血脉，北京大学、清华大学、南开大学以国家民族大义为己任，辗转南迁，在祖国的西南边陲合组国立西南联合大学（简称"西南联大"）在极度简陋的环境中坚持办学。近九年的弦歌不辍中，西南联大以文化抗衡日本帝国主义的铁骑，竖起了一座高等教育史的丰碑，为国家民族留下一笔宝贵的历史财富的同时，亦为现代的中国在对话世界的过程中展示了中华民族在艰难岁月中坚韧不拔的精神气质，赢得世界的认可。

　　历史虽然过去八十多年，但是西南联大以其坚守、奋发、卓越，向我们展示了中华民族在寻求民族独立、民族解放、民族富强的道路上的决心。西南联大以她的方式在教学、科研、育人、生活、服务社会等多维的方面，既为我们记录了他们对古老中国深沉的爱，也以时间画卷展现了他们在民族危亡中始终坚定胜利和孜孜寻求中国现代化的出路，并且拼命追赶着世界的步伐。为此，我始终对西南联大抱有着崇高的敬意和仰望。

我想这套书的出版，既是为历史保存，也是为时代讲述。从书中我们可以从细微处感知那一代人他们是那么深沉地爱着她的国家，爱着她的人民。我们会发现，抗战中的西南联大从历史走来，回归到了百年的民族梦想和现代化的道路中来审视她的价值。我想，细心的读者可以发现，历史从未走远。

用朱光潜先生的话来做引：读书不在多，最重要的是选得精，读得彻底。期待读者在选读中，我们一起可以慢慢从历史、哲学、文学、美学的一个个侧面品味西南联大与现代中国是如何向世界讲述中国故事。这便是我读这套书的感受。是为序。

西南联大博物馆馆长

李红英

于西南联大旧址

2022 年 10 月 12 日

# 编者的话

西南联大诞生于民族存亡之关头，与抗日战争相始终。前后虽仅 8 年多时间，但其以延续中华文脉为使命的"刚毅坚卓"，"内树学术自由之规模，外来民主堡垒之称号，违千夫之诺诺，作一士之谔谔"（西南联大碑文语），培育了众多国家级、世界级的人才。不仅创造了世界教育史上的伟大奇迹，更引领思想，开启了中国现代文化史上的绚烂篇章。

弗尼吉亚大学约翰·伊瑟雷尔教授说，"这所大学的遗产是属于全人类的"。"西南联大通识课"丛书，正是我们以虔诚之心，整理、保留联大知识遗产所作的努力。

联大之所以学术、育才成果辉煌，是因其在高压之下仍坚持教授治校、学术自由的校风宗旨，也得益于其贯彻实施通识教育理念。通识教育 (general education) 是指对所有学生所普遍进行的共同文化教育，包括基础性的语言、文化、历史、科学知识的传授，公民意识的陶冶，个性的熏陶，以及不直接服务于专业教育的人人皆需的一些实际能力的培养，目的在于完备学生知识结构，让其"通"和"专"的教育互为成就，进步空间更大。

近年来，"通识"学习需求在社会中表现得越来越普遍，对自己知识素养有所要求的人，亦会主动寻找通识读物为自己充电。这让我们产生了将联大教授的讲义、学术成果整理编辑为适用当下的通识读本的想法，也为保留传承联大知识遗产做出一点小小贡献。

文学、历史、哲学、美学，是基础性的通识课题，因此我们首先设定这四门学科来编辑通识课读本。

通识课有系统性，所以我们先根据学科框架设定章节，再从联大相应教授的讲义和学术成果中选取相应内容构成全书。

即便我们设定了每本书的主题，但由于同时选入多位教授的作品，因教授风格之不同，使得篇章之间也显示为不同风格。不过，这也正好是西南联大包容自由、百花齐放的具体表现。

联大教授当时的授课讲义多有遗失，极少部分由后人或学生整理成书。这些后期整理而成的出版物，成为我们的内容来源之一。更多教授的讲义，后被教授本人修订或展开重写，成为其学术著作的一部分。其学术著作，就成为我们的又一内容来源。因此，我们的"西南联大通识课"丛书基本忠实于联大课堂所讲内容，但形态已经不完全是讲义形态。

为了更清晰地表现通识课读本结构，我们对部分文章进行了重拟标题以及分节的处理。重拟标题以及分节在书中具体以编者注的方式给予说明。

系列丛书所选教授均曾在西南联大任教。需要特别提及的是胡适先生。胡适先生在联大筹备中起了重要作用，并一度受聘为联大文学院院长，虽然他并未在联大具体任课，但为保持通识课读本的系统性，以及彰显胡适先生的作品价值，在"哲学""历史"和"文学"均收入了胡适先生部分篇目。

由于时代语言习惯不同形成的文字差异，编者对其按现今的使用方法作了统一处理。译名亦均改为现在标准的通用译名。

《西南联大历史通识课》一书由通览与专讲两部分构成。以联大必修课教授雷海宗的"中国史纲要"为通览部分，再增设教授专题专讲。专讲共精选张荫麟、雷海宗、傅斯年、胡适、吴晗五位西南联大教授的名篇，以点代面，还原历史的性情与温度。

# 目　录

## 中国史通览

雷海宗

# 教授专讲

# 中国史通览

雷海宗

西北是高寒的帕米尔高原，
西南是世界上最高的喜马拉雅山，
东临浩瀚的太平洋，北面有广袤无际的沙漠和草原，
于是自成完整的地理区域。
这种情况使得我们的远古祖先基本上走了一条独立发展的道路，
创造了独特的中国史前文化。

**雷海宗** （1902—1962） 西南联大历史系主任、教授

著名历史学家，历任南开大学、清华大学教授。是"战
国策派""清华学派"代表人物之一；又与梁启超、蒋
廷黻、郑天挺并称"南开史学四大家"。

第一章

# 地理与史前时代

## 一、地理

中国大地上的远古人类，最早出现在黄河、长江、辽河流域和西南地区。中国位于亚洲东部，地理环境复杂多样，四境有着天然的地理屏障。西北是高寒的帕米尔高原，西南是世界上最高的喜马拉雅山，东临浩瀚的太平洋，北面有广袤无际的沙漠和草原，于是自成完整的地理区域。这种情况使得我们的远古祖先基本上走了一条独立发展的道路，创造了独特的中国史前文化。

黄河流域最早得到开发，到了春秋时代，长江流域渐渐同化。珠江流域的中国化已是秦并天下以后的事。《周礼》"夏官司马"一章可代表战国时代对于当时地势的知识，也可代表中国古今的一般知识：就是无论内容如何，形式总是非常齐整的。

《周礼》的成书年代疑为战国，大致和《禹贡》的成书时代差不多，后者被当作夏禹所定，前者被当作周公所制。书中"夏官司马"

一章将天下分为九州，名称大致和《禹贡》相同，差别在于《周礼》中有幽、并二州，而《禹贡》有徐、梁二州。体例是分别叙述各州所在；列出本州"镇山"和川泽，又专列出一个"浸"，浸是有灌溉之利的水体，还列出本州特产、重要家畜和农作物。再特别指出本州人口中男女人数比例。由于它特别列出有灌溉之利的"浸"，实际反映出当时已知分布于各地区的主要灌溉区。这些灌溉区所在，和其他文献记载以及后世水利发展的情况相符合。这是战国时对已发展的农田水利的简要总结，同时也反映了"大一统"思想在当时已经成形。


## 二、史前时代——石器时代

约两万年前，今日中国的西北与蒙古高原一带正处在旧石器时代，不过那时的中国居民是否为后代华夏民族的祖先，还是疑问。后来渐渐进到新石器时代，今日的河南、山东、陕西、甘肃、辽宁、内蒙古各地发现同样的石器遗物——有孔的石斧、石环、石刀等。此外又发现具有中国文化特征的鬲形土器，并且同时发现的人类骨骼与今日华北的人相同。所以新石器时代与后日的中国在血统与文化上大致可说是一体的。

但新石器时代又有自西来的新民族与原始的中国人混合，河南、甘肃、辽宁都发现他们带来的西方式的彩绘土器。这时许多小部落林立，除渔猎外，简单的农业已经开始。


## 三、史前时代——金石并用期

公元前 2000 年，中国大概仍在新石器时代。此后渐有铜器，文化进入金石并用的阶段。同时土器与骨器也很普遍。文字与历法大都是此时的产物。农业的地位日渐重要，部落间的战争与兼并也日渐严重。到公元前 1700 年左右，夏、商两部最强，当初夏尤强。最后商灭夏（约前 1600 年），汤成为中原多数部落名义上的共主。

## 四、史前时代——宗教

在原始社会，宗教势力甚大。巫祝阶级与统治阶级地位不相上下。同时因农业与民生关系重要，各种洪水或干旱的神话也在民间流行。黄帝战蚩尤是中国上古神话的典型代表，这场战斗十分激烈，涉及风伯、雨师等天神，而风、雨、旱、雾等气象也成了相互进攻的利器。这则神话不仅涉及古代的祈雨、止雨巫术，还涉及一些具有重要文化意义的发明，内涵较为丰富。大禹治水的传说正是古代先民与洪水斗争的反映。

## 五、史前时代——文化程度之不齐

交通不便，各地开化的先后不一。开化的人占领平原，自称华夏。华夏民族已进入铜器时代，仍有一部分落伍的人散居山林，只知使用石器。华夏人称他们为蛮夷戎狄。东方曰夷，南方曰蛮，西方曰戎，北方曰狄。直到春秋时代仍有这种情形。至于两种人在血统上的异同，现在无从追考。

夷分布在今山东、安徽、江苏北部一带。莱夷在齐的东面，淮夷分布在淮河中下游。诸夷中以淮夷最为强大。

北戎、山戎分布在今河北和辽宁等地；姜戎、陆浑之戎本在今甘肃一带，后来被迫迁徙到今豫西。尽管戎狄和华夏在文明程度上有差距，但这对彼此交往并无太大妨碍，如周王曾娶狄女为后，晋献公、文公也曾娶戎族女子为妻。

群蛮和百濮居于楚之南。春秋时，楚与晋战于鄢陵，蛮人也出兵随楚。濮在江汉之南，或说在今云南一带。

狄分为白狄、赤狄和长狄。白狄在今陕西一带。赤狄分布在今晋东南一带。长狄之名见于《左传》，具体情况不详。

戎和狄主要分布在今黄河流域或更北和西北地区。据古书记载，戎狄多为"披发左衽"。

第二章

# 殷商政治与文化

（前 1300—前 1027）


## 一、商代的王权

商代是一个方国林立的时代，国家的外部形式表现为方国联盟。商代的方国在殷墟甲骨文中称为"某方""多方""邦方"等，方国首领的称谓有"侯""伯""邦伯""任""田"等。这些方国多是由古代的部族独立发展演变而来的，与商王国缺乏内在的联系，因而具有很强的独立性。诸方国与商王国的关系错综复杂，有的始终与商为敌，有的时服时叛，有的则长期与商结为同盟。可见，商朝并不是大一统的国家，而是一个以商王国为主体的松散联盟；商王国与诸方国并非中央王朝与地方政权的关系，而是国与国之间的关系。

商王国为方国联盟的主体，作为商王国的首领，对其他方国而言，商王具有盟主的性质。商王权力的大小，取决于商王国势力的盛衰。盘庚迁殷以前，商王国曾五次迁都，没有一个稳定的政治中心，由于商王国的衰弱，王权也随之不振。盘庚迁殷（前1300年）<sup>①</sup>以后，内乱消弭，逐渐形成了以殷都为中心的王畿，王朝的地位才渐渐稳固。正因为有了政治和经济实力雄厚的王畿为后盾，商王国才得以凌驾于诸方国之上，形同中央王国。

此时的商王经常以诸侯之长和盟主的身份对外行使王权，以命令的口吻支使方国首领。殷墟卜辞中有许多商王"呼""令"某侯、某伯的记载，说明商王对某些方国有一定的支配权。西方最强的周在名义上也承认商王为天子。此时似乎没有成周式的封建制度，但部落间已有一种与封建制相近的比较精密的组织。天下一家的观念，此时大概已很普遍；名义上的共主就是这个观念的象征。

商王的对外权力虽然有一定的局限性，但在商王国内部，商王的权力则是至高无上的。王权的至尊，是由社会内部结构所决定的。

从社会内部结构来看，商王国是一个宗族国家，以宗族体系为基础。在宗族政治体制下，商王具有多重身份，他既是王国的首领，又是同姓宗族的大族长，亦是异姓宗族的君主，集王权、族权、政权于一身。在王国内部，商王自称"余一人"，拥有至高无上的权力，无异于专制君主。

商王的王位继承以兄终弟及为主，父死子继为辅。兄终弟及是传统的王位继承法，武乙以前的诸王，兄死由弟继承，直至无弟可传，然后传子。这种继承制度的不确定因素较多，有一定的随意性，容易导致争夺王位的现象。武乙以后的诸王均为父死子继，传子制取代了传统的兄终弟及制，这一制度为后来的周人所沿袭。

---

① 全书括号内容均为原文作者所注，仅代表原文作者个人的学术历史观。——编者注

## 二、甲骨文

关于商代，旧的史料所供给我们的知识极少。直到清末甲骨文的发现。

我国目前考古发现最早的成文资料，始于商朝。商朝的文字资料，有陶文、玉石文、金文和甲骨文几种。其中以甲骨文最为重要，而且数量最为繁多。

甲是龟甲，骨是兽骨，主要是牛骨。

《礼记·表记》说："殷人尊神，率民以事神，先鬼而后礼。"殷人尚鬼，遇事好占卜。占卜后便记录下来。记录有写有刻，于甲骨之上或用朱书，亦有墨书；有的先写后刻，有的不写而直接刻；还有的将文字涂以朱砂或墨；也有的镶嵌松绿石，这就是所谓卜辞。甲骨文绝大多数皆为卜辞，间或也有与占卜有关的一些记事文字。

甲骨文出土在河南安阳殷墟以及附近地区，其中以小屯村出土为最多。

甲骨文对我们了解商朝贡献较大。不过用儒经来解释与用古代神话及人类学理论来解释所得的结果相差很远。若按后说，后世所传关于纣王烹人、荒淫与殷周交替的故事，并非全无根据。

第三章

# 封建制度与封建社会

（前 1027—前 771）


## 一、封建政治

公元前 1027 年，周灭殷，又用三年时间平定各地的叛乱，接着大封子弟功臣，以姬姓贵族为主。最重要的封国有：卫，武王弟康叔的封国，都朝歌（今河南汲县北）；齐，太公姜尚的封国，都营丘（今山东临淄）；鲁，周公旦的封国，周公旦在周室辅政，他的儿子伯禽就国，都奄（今山东曲阜）；宋，归顺的殷贵族、商纣异母兄弟微子启的封国，都商丘；燕，召公奭的封国，都蓟（今北京）；晋，成王弟唐叔虞的封国，都唐（今山西翼城西）。分封诸侯，加上制定礼乐制度，协调了贵族中的等级关系，社会得以稳定，国家由半封建的殷商部落王朝进化到纯封建的成周邦国王朝。

此时周朝政治的组织较以前复杂，王的地位在理论上极高，在事实上也较殷王重要。殷商是一个宗族国家，以宗族体系为基础，殷王是诸侯之长，相当于联盟的盟主，但这个联盟是松散的和不稳定的，殷王的权力大小也视其实力而定。到了周朝，王权得到了强化，周王的地位及其控制天下的能力显著提高。周王又称"天子"，意即天帝之子，在周人看来，他秉承天意君临天下。基于这种认识，周王的地位至高无上，"普天之下，莫非王土；率土之滨，莫非王臣"，周王被视为天下的共主。

从外部形式来看，王朝与王畿的制度日趋周密。诸侯大都是姬姓，与王室有着天然的血缘，异姓诸侯则多是周王室的姻亲功臣，他们名义上都受王封，并须经过固定的封建仪式，表示他们为天子的屏藩。天子与诸侯的关系，最少在理论上，有很清楚的规定。


## 二、贵族生活

西周社会与商朝一样，仍是由贵族、平民、奴隶三大阶级构成的。与商代不同的是，西周各阶级内部有更细的等级划分，等级制度的色彩尤其明显。

西周的贵族包括周王、诸侯和卿大夫等。卿大夫是对从政贵族的统称，卿和大夫有别，执掌军政事务的贵族称为卿，一般的从政者则称为大夫。

西周是宗族统治的鼎盛时期，宗族体系十分发达，整个社会如同一个大家族，通过分封制的形式建立起来，以宗法制作为维系的纽带。天子的权力是上天授予的，诸侯国是由天子分封的，卿大夫的采邑则是由诸侯分封的，天子、诸侯、卿大夫之间有天然的血缘联系和政治婚姻关系，既是亲戚又是君臣，自然就形成了下级贵族臣服上级贵族、全体贵族臣服天子的政治隶属关系，表现出鲜明的等级色彩。

贵族的生活是当时生活的重心。诸侯公卿向天子、卿大夫向诸侯，以及家臣向卿大夫表示敬意的朝会礼节，占贵族生活很重要的一部分，团体的意识一部分由此造成。

此外贵族最喜欢战争，这些场景在《诗经》都有反映。不打仗时，就猎兽或行射礼，两者可说是战戏。

斯文一点的生活是宴会，虽然宴时的情形并不一定很斯文。宴饮的场面，在《诗经》中多有描写，以《小雅·宾之初筵》之一章最为生动，诗的大意是：宾客就席，揖拜有礼；笾豆成行，佳肴丰盛；酒醇且甘，饮而舒心；悬钟设鼓，献酬频频。箭靶张立，弓已满弦；对手赛射，比试高低；中者为胜，败者罚饮。艺术地呈现了宴饮之礼。当时，除咏战争、田猎、射礼、宴会的诗歌外，最普通的就是情诗与时事诗。

### 三、封建社会——庶民

封建时代，除少数的权力阶级外，大多数都是被统治的庶民。他们几乎都是佃奴或佃农，农业是当时政治社会的基础。庶民中的少数经营商业与工业。庶民的生活不是个人的，甚至也不是家族的，而是集团的。这一点，从《诗经·豳风·七月》中可以窥见：农奴一年到头辛苦劳作，上头又有田官监督、公子剥削；收获了粮食，要聚集起来送到贵族的仓库；农事既毕，还要为贵族统治者猎取野兽，经办酒宴；当这些劳役完成后，他们才能聚在一起享受难得的欢娱。

庶民的婚姻也有集团的性质。《周礼·地官司徒》载："媒氏，掌万民之判。凡男女自成名以上，皆书年月日名焉。令男三十而娶，女二十而嫁。……中春之月，令会男女。……若无故而不用令者，罚之。"由此可见社会生活也受官家的管制。

### 四、封建社会——士族

权力阶级称"士"或士族。士为官，称"贵"；并且也只有士族能贵，庶民永远是被统治的。士族有姓，表示他们的尊贵；有氏，表示他们的政治地位。战国前，贵族才有姓氏，贵族男子称氏，女子称姓。因为"姓所以别婚姻""氏所以别贵贱"。贵者称氏,贱者则以职业概括之。如庖丁、匠石、优孟,这些职业名后来才成了姓,当时只是通称。

氏同姓不同者,婚姻可通;姓同氏不同者,婚姻不可通。"礼不娶同姓","父母同姓,其出不蕃"。因为"姓"起着"别婚姻"的作用,贵族男子又不称姓,故女子称姓特别重要,为了给待嫁或已嫁的同姓女子加以区别,就形成了对女子的特殊称呼:或是在姓前加排行,如孟姜、伯姬、叔隗;或是以夫家的采邑、谥号为前缀,如晋姬、武姜、文嬴。

士族的生活由"礼"支配,不似庶民的只有"俗"。男女婚姻、生子女等,都有固定的礼法。士族子弟受教育,礼也是很重要的课程,如"七年(岁)男女不同席,不共食","八年(岁)出入门户及即席饮食,必后长者,始教之让","十有三年(十三岁)学乐诵诗,……学射御"(《礼记·内则》)。成年加冠,有冠礼。女子受各种妇礼的教育,成年后并行笄礼。成年的士族有享受一切政治权利的机会。除少数由王侯受封土的之外,很大一部分士人都能谋得官职。至于士人死后的丧礼与祭礼,尤其繁复隆重,他所享受的丧葬规格要与他的身份相适应。士族由生至死都受礼的支配。

第四章

# 成周封建帝国之极盛

（前 1027—前 771）

## 一、营建洛邑，封藩建国

殷商末期，西方的周渐强，最后取代了殷的共主地位。

周公为了加强对殷人的控制，本着武王的遗志，营建洛邑。而后成王迁都于此，命名为成周。成王所以营建成周，主要是因为原来的都城丰镐远在黄河以西，不适应灭商以后的新形势。为了进一步巩固中央政权，就必须将政治中心向东迁移。当初武王死后，管蔡联合武庚叛乱，就更说明营建成周洛邑的必要性和迫切性。

洛邑建成之后，周公又迁殷商"顽民"于洛邑附近，令其定居，并且告诫他们说，"今尔惟时宅尔邑，继尔居，尔厥有干有年于兹洛"（《尚书·多士》），又说，"尔乃自时洛邑，尚永力畋（田）尔田，天惟畀矜尔"（《多方》）。

这就是要商顽民在洛邑附近安家落户，老实种田，永做周王国的驯服顺民。周初对于殷民，不用严刑杀戮，而主张多加教育，以期改造他们。例如，封康叔于卫之时周公就曾反复告诫他说："汝惟小子，乃服惟弘王，应保殷民，亦惟助王宅天命，作新民"，"罚蔽殷彝，用其义刑义杀"（《尚书·康诰》）。但是，对于那些敢于反抗不听命者，不但"不有尔土，予亦致天之罚于尔躬"（《多士》），而且还要像对奄君、淮夷、徐戎等那样加以讨伐。

周公所以采取这种安抚与镇压相结合的政策，主要为了达到把广大的东方安定下来，尽量减少被征服的各族首领起来反抗的目的。

周把东方征服的领土大部封予子弟功臣，纯粹的政治封建制度至此才算成立。在周公、成王、康王三代，新兴的封建王朝势力很大，至少对王畿附近的诸侯有些支配能力。


## 二、开疆拓土

成康之世，"天下安宁，刑错四十余年不用"（《史记·周本纪》），是周代的兴盛时期，周初以来，随着社会经济的发展和统治范围的扩大，周王室与国内各族的关系有了进一步的交往和冲突。

当时周边民族主要有东方的淮夷；南方的楚人，如庸、户、彭等群蛮部落；北方和西北方的游牧民族，如鬼方和猃狁、犬戎；东北地区有肃慎。先秦文献和铜器铭文中有关周与各族的记载，虽然大部分属于战争的记录，但是隐藏在它后面的各族之间的融合及其共同开发，则是历史的主流。

昭王见国力强盛，有心向南方扩张，在南巡汉水时，溺水身亡。穆王继承了父亲的壮志豪情，即位后东征西讨，东至九江，西抵昆仑，北达流沙，南伐荆楚。穆王是古代历史上最富传奇色彩的帝王之一，关于他的传说，层出不穷，最著名的则是《穆天子传》。

但共王以后，周室的势力渐呈裂痕。共王之子懿王在位时，周室衰弱，面对外族入侵已无力抵抗。

# 第五章

# 成周宗教

## 一、宇宙观与神祇神话

整个宇宙在古代是神秘的，宇宙的大神秘中包含无数较小的神秘势力，这就是各种赋有丰富神话的神祇鬼怪。宗教是夏、商、周三代占统治地位的社会意识形态，而三代的宗教是天命神学宗教。天命神学宗教崇拜的对象有天（或称帝、上帝）、祖先神和自然神，而以天为至上神。祖先神和自然神被置于从属于天的位置，认为人间的统治权、统治方式、人间的社会关系都是天意决定的，人必须执行天的命令。

三代时人们信鬼。《礼记·祭义》说："气也者，神之盛也。魂（编者注：魄）也者，鬼之盛也。合鬼与神，教之至也。众生必死，死必归土，此之谓鬼。"但"周人尊礼而尚施，奉（编者注：事）鬼敬神而远之"，说明周人虽还没有摆脱迷信，但已经把眼光从天上下移到人间，人事日益受到重视。

## 二、教士

人与神不能直接交接，必须以各种有专门知识的教士为媒介。司祭礼的教士称宗祝，司卜筮的有卜官与筮人，这两种都是国家的宗教官。卜用龟甲，筮用蓍草。春秋时，晋献公想立骊姬为夫人，"卜之，不吉；筮之，吉。公曰：从筮"。卜人坚持说："筮短龟长，不如从长。"可献公不肯听他的，后来酿出祸患。事载于《左传·隐公四年》。

此外尚有巫觋。古代称女巫为巫，男巫为觋，后泛指巫师。虽然国家也用他们，比如祭祀、丧葬之场合，但他们是一般民众与非常情势之下的唯一人神交流的中间人，天旱求雨、祈福禳灾少不了他们。

## 三、坛庙与祭祀

祭祀有一定的地方。祭神祇的地方称坛，祭祖先的地方称庙。祭祀的种类非常繁多，非常复杂。祭祀时，除用牲与固定的祝词外，音乐与跳舞往往也是必需的。

在各种祭祀中，我们只对祭祖的典礼知道得比较清楚些。《诗经·小雅·楚茨》就是一首祭祖祀神的乐歌，它描写了祭祀的全过程，从祭前的准备一直写到祭后的宴乐，详细展现了周代祭祀的仪制风貌。

这首诗共分六章。第一章写祭祀的前奏。人们清除掉田地里的蒺藜荆棘，种下了黍稷，如今获得了丰收。丰盛的粮食堆满了仓囤，酿成了酒，做成了饭，就可用来献神祭祖、祈求洪福了。第二章进入对祭祀活动的描写。人们步履整肃、仪态端庄，先将牛羊涮洗干净，宰剥烹饪，然后盛在鼎俎中奉献给神灵。祖宗都来享用祭品，并降福给后人。第三章进一步展示祭祀的场景。掌厨的恭谨敏捷，或烧或烤，主妇们勤勉侍奉，主宾间敬酒酬酢。整个仪式井然有序，笑语融融，恰到好处。第二三两章着力形容祭典之盛，降福之多。第四章写司仪的"工祝"代表神祇致辞：祭品丰美芬芳，神灵爱尝；祭祀按期举行，合乎法度，庄严隆重，因而要赐给你们亿万福禄。第五章写仪式完成，钟鼓齐奏，主祭人回归原位，司仪宣告神已有醉意，代神受祭的"皇尸"也起身引退。钟鼓声中送走了皇尸和神灵，撤去祭品，同姓之亲遂相聚宴饮，共叙天伦之乐。末章写私宴之欢，作为祭祀的尾声。在乐队伴奏下，大家享受祭后的美味佳肴，酒足饭饱之后，老少大小一起叩头祝福。

作为一首记载古代祭祀活动全过程的诗，它对于古代文化，尤其是文化人类学的研究有着重要的文献价值。

## 四、大武舞

古代的舞蹈已经完全失传，只有周天子祭祖所用的《大武舞》，我们还知道一个大概。《大武舞》是一套分六出的歌舞剧，纪念武王灭殷的事业。第一出为《北出》，第二出为《灭商》，第三出为《南》，第四出为《南国是疆》，第五出为《分陕》，第六出为《复缀》。

《史记·乐书》中有一段孔子对话记录其事体：

> 宾牟贾起，免席而请曰："夫《武》之备戒之已久，则既闻命矣。敢问迟之迟而又久，何也？"子曰："居，吾语汝。夫乐者，象成者也。总干而山立，武王之事也；发扬蹈厉，太公之志也；《武》乱皆坐，周召之治也。且夫《武》，始而北出，再成而灭商，三成而南，四成而南国是疆，五成而分陕，周公左，召公右，六成复缀，以崇天子，夹振之而四伐，盛威于中国也。分夹而进，事蚤济也。久立于缀，以待诸侯之至也。"

这段文字的意思是：宾牟贾问孔子《大武舞》开始时击鼓警众，台上肃穆很久，为什么迟迟没有后续表演。孔子说乐是现成事物的再现，并解释，开始时舞者手持盾牌，山立不动，象征武王等待时机；发扬蹈厉，象征太公吕望决心坚定；武事毕，单膝跪地，象征周召二公治理国家。再者，乐开始时，舞者象征北出朝歌；再奏象征武王灭商；再奏象征凯旋南归；再奏象征南方归顺；再奏象征分陕而治，周公治左，召公治右；奏第六遍舞者复缀成行表示对天子的崇敬，天子与大将夹舞者而立，振动铎铃，四面出击，威势盛于中国。夹舞者分进而出，是为了战事早些成功。成行以后久立不动，是为了等待诸侯援军的到来。

《礼记·乐记》说："乐者，天地之和也。礼者，天地之序也。"周朝建立了一整套礼乐制度来维护它的统治。

第六章

# 封建帝国之崩溃

（前900—前771）

## 一、西周的衰微

公元前9世纪是宗周的势力渐渐衰弱与列国的实力日渐增长的时期，最后周公与后王所建设的封建帝国整个破裂，周室在实力上只等于列国中的一个小国。

周厉王继位后，想要振作，但他横征暴敛，招致了贵族和平民的不满，与周边的少数民族也有矛盾。他还不断南征荆楚，西北方面又防御游牧部落，西北戎狄，特别是猃狁，不时入侵。曾臣服于周的东南淮夷不堪承受压榨，奋起反抗。周厉王为压制国人的不满，任用卫巫监视口出怨言的人，发现就立即杀死，这些引得国内各项矛盾越来越尖锐。公元前841年，发生了国人暴动事件，人民包围了王宫，袭击厉王，他仓皇而逃，后来死于彘（今山西霍县）。他出逃后，召公、周公管理朝政，号为共和。

宣王承继厉王的遗志，讨伐侵扰周朝的戎、狄和淮夷，又征伐荆蛮，有一点中兴的迹象，但为时短暂。

## 二、平王东迁

到幽王时，大局已不可收拾。他贪婪腐败，不问政事，重用佞巧之徒，引起国人强烈不满。周幽王为取悦褒姒，数举骊山烽火，失信于诸侯。结果，又废嫡立庶，废除申后及太子宜臼，立褒姒为后及其子伯服为太子，并加害太子宜臼，致使申侯、缯侯和犬戎各部攻宗周。周幽王被犬戎兵杀死于骊山之下，公元前 771 年，西周灭亡。平王被一部分诸侯保护或挟持东迁，从此历史的重心就由周室移到列国了。

第七章

# 春秋列国之形成

（前 770—前 670）

## 一、郑之盛强

春秋初期，列国中最早统一的是郑国。一时郑横行中原，甚至有吞并中原的野心。郑武公是周王朝的卿士，操王室权柄。郑武公死后，周平王想立虢公为卿士，因郑庄公不满而作罢。为了取信于郑国，平王还与郑庄公交换太子为人质。平王死后，桓王又想使虢公执政，郑庄公便派士兵抢收周地温和成周的庄稼，周郑交恶。桓王十三年（前 707 年），桓王罢免了郑庄公的卿士之职，郑便与周兵戎相见，战斗中郑军射中周王的肩膀，天子威信扫地。

郑国称霸遭到中原其他诸小国的反对，反对最强烈的就是宋国与卫国。郑庄公凭借"挟天子以令诸侯"的地位，采用了"远交（交齐、鲁）近攻（攻宋、卫）"的政策，努力经营，国际地位蒸蒸日上。到了庄公末年，几乎成为春秋初期的霸主。

## 二、四强之兴起

齐、晋、秦、楚四方四个大国，内部权力斗争比较复杂，统一也比较迟缓。如齐国的襄公荒淫无道，引起大臣管至父叛乱；晋国发生骊姬之乱，晋献公的儿子死的死、逃的逃，公子重耳流亡国外，国内权臣为拥立国君又展开争斗。正由于此，一群小国才能一时间在中原自由横行。四大国统一之后，这些春秋局面开幕者的小国都成了大国所争的对象，失去了一切行动的自由。

## 三、社会变化

西周末，春秋初，社会上似乎也起了激烈的变化。平民中有暴富起来的。如《诗经·小雅·大东》是一首描写周代东方诸侯小国怨刺西周王室诛求无止、劳役不息的诗。诗中鲜明地塑造了两个形象：一个是残酷、贪婪、骄奢的西人剥削者形象；一个是被榨取、被奴役、被压迫得透不过气来，对西人满怀仇恨的东人形象，展示了一幅贫富悬殊、苦乐不均的生活图画。

也有人因政治社会的骚动而自行迁徙，寻求乐土，不再受士族的绝对统治。《诗经·魏风·硕鼠》中咏道："硕鼠硕鼠，无食我黍。三岁贯汝，莫我肯顾。逝将去汝，适彼乐土。"面对贵族的严酷剥削，农奴表示要离开他，迁往别处。

列国统一，士族也多少要受国君的限制。但政权仍由士族包揽，并且士族日益斯文，把"礼"抬高到无以复加的程度。这一点在《礼记》中有大量记载，如："道德仁义，非礼不成。教训正俗，非礼不备。分争辩讼，非礼不决。……祷祠祭祀，供给鬼神，非礼不诚不庄。"《诗经·鄘风·相鼠》咏道："相鼠有皮，人而无仪。人而无仪，不死何为？相鼠有齿，人而无止。人而无止，不死何俟？"总之，社会生活的每一环节都由礼来规范，不能僭越。

至于平民，有一部分自行解放的人经营工商业，水陆的交通因而也发达起来。崤山以西多木、竹、谷、玉石，崤山以东多鱼、盐、漆、丝，江南多楠木、金属、犀角、珠玑，北方多马、牛、羊。当时齐国物产丰富，国家富裕，因而"冠带衣履天下，海岱之间敛袂而往朝焉"。由于各地物产的不同，需要互通有无，商人就应运而生。

第八章

# 霸政时期

（前 685—前 612）

## 一、齐桓公与管仲

大国统一之后，一方面靠自己的实力，一方面借天子的名义去控制中原一群小国。最早的霸主是齐桓公（前 685—前 643 在位），他任用管仲改革，选贤任能，加强武备，发展生产。号召"尊王攘夷"，助燕败北戎，援救邢、卫，阻止狄族进攻中原，国力强盛。联合中原各国攻楚之盟国蔡，与楚在召陵（今河南郾城东北）会盟。又安定周朝王室内乱，多次会盟诸侯，成为春秋五霸之首。齐国经过一番彻底的整顿，临时成为天下最强的国。

## 二、宋襄公图霸

齐桓公的霸业，一大半要归功于管仲。管仲死后，桓公衰老，旧的统治渐不能维持。桓公不久也死去，齐国起了争位的内乱，霸主的地位永久丧失。被中原视为蛮夷的楚国乘机向北发展，遂有富于浪漫思想的宋襄公出来，要维持中原大局。宋襄公以仁义见称，继位之后，以贤臣子鱼、公孙固为辅，宋国由此大治。国际上紧跟齐桓公步伐，积极维护宋国霸权。桓公死后，宋襄公欲霸诸侯，却受到楚人阻挠。后一意孤行，发兵攻郑，与楚决战于泓水，宋师败绩。襄公不幸中箭，不久辞世。

### 三、晋文襄霸业

齐衰，楚国临时横行中原。晋文公重耳，初为公子，谦而好学，善交贤能智士。后受迫害离开晋国，游历诸侯。漂泊十九年后终复国，杀怀公而立。文公对内，拔擢贤能，以狐偃为相，先轸为帅，赵衰、胥臣辅其政；晋民各执其业，吏各司其职，晋国由此大治。对外，联秦合齐，保宋制郑，尊王攘楚。作三军六卿，勤王事于洛邑，败楚师于城濮，盟诸侯于践土，开创晋国长达百年的霸业。因其文治武功，与齐桓公并称"齐桓晋文"，为后世儒家、法家等学派称道。

文公死后，襄公仍能继续维持中原盟主的地位。襄公死后，局势大变。一国独盛的霸政时期过去，晋楚角逐的争盟时期来临。

第九章

# 晋楚争盟

（前 620—前 505）

## 一、晋楚消长

春秋中期一百二十年间没有一国能独霸中原。晋国与楚国势均力敌，争为盟主。两国所争的焦点就是郑国。楚国在城濮之战后，向东发展，灭了许多小国，势力南到今云南，北达黄河。楚庄王改革内政、平息暴乱、兴修水利，国力更为强大，竟向周定王的使者询问九鼎之轻重，意在灭周自立，此即"问鼎"一词的来源。周定王十年（前597年），楚与晋会战于邲（今河南武陟东南），大胜。不久又进兵围宋，晋人不敢去救，于是中原各小国纷纷归向于楚，楚人称霸中原。后来晋楚两国再度爆发两次大规模战役，一是公元前575年的鄢陵之战，一是公元前557年的湛阪之战，虽皆以晋国获胜收场，但楚国在中原地区仍与晋国保持势均力敌的态势。

## 二、向戌弭兵

晋楚争盟，几乎每年动兵。小国不胜其扰，两大国不耐其烦。然而通常不过是南部小国属楚，北部小国属晋，两国都没有独占诸小国的把握。竞争了七八十年，最后宋国左师向戌出来为两国讲和。公元前546年7月，诸侯在宋都蒙门外订立弭兵之约。参与结盟的有晋赵武、楚屈建等各国大夫及小国君主。会前，晋、楚约定除齐、秦外各国都要向晋、楚朝贡。由于当时晋国内部出现大夫专政兼并，无力与楚进行战争，而楚国受到吴国牵制，也无力同晋争霸中原，所以结盟后，与会国停止战争，暂时维持了九年的和平。


## 三、晋楚并衰与吴之兴起

国际和平似乎只是理想。晋楚勉强弭兵八九年之后，就又争盟如故。但两国由于种种的内外因缘，都渐趋衰弱。代兴的是东南隅的吴国。吴本由晋提携起来，以便抗楚。后来吴王阖闾重用孙武、伍子胥，国势盛强，于公元前506年大举伐楚，五战楚皆败，楚昭王出逃，郢都失陷。吴国的崛起使国际全局大变，春秋局面也由此告终。

第十章

# 春秋时代思想

## 一、官学衰败，私学兴起

散见在《国语》与《左传》中，有历代传下而不为信仰所限制的各种对宇宙人生的解释与理论。这些若非全为后人虚构，可见自西周末年开始哲学已渐萌芽。但春秋末期以前有系统的哲学是否已经发生，还是疑问。即或曾经发生，也完全被后人忘记。

在春秋这个转型期，王室衰败，诸侯国动荡，学在官府的局面被打破，随之而出现的学术下移、典籍文化走向民间，私学开始兴起，这为百家争鸣创造了条件。同时，当时的社会经历着深刻的变革，各国对内要求社会安定、富国强兵，对外要求生存、争霸权，各地的统治者、各种力量都在寻求治国平天下之道。这是百家蜂起争鸣的社会根源。

## 二、周易

中华思想文化的源泉是易。作为儒家六经之一的《易经》，有很长的形成和发展过程。被后人称为河图、洛书的东西，是烧灼卜骨的表现，是远古先民在长期生活和占卜的实践中感悟出的理性思维和形象思维互相串联、互相渗透的反映。

相传伏羲氏将其归纳总结，对蓍草反复排列，而后画为八卦，将天地间万物的现象都包括于其中，这是原始的易。后来，据说经过周文王的悉心钻研，将其规范化、条理化，演绎成六十四卦和三百八十四爻，有了卦辞、爻辞，人称《周易》。它以简单的图像和数字，以阴和阳的对立变化，来阐述纷纭繁复的社会现象，显示成千上万直至无穷的数字，具有以少示多、以简示繁、充满变化的特点。其所以称为"易"，郑玄解释有三义：一是简，二是变易，三是不易。就是讲万物之理有变有不变，现象在不断变化，而一些最基本的原则则是不会变的，这就从客观世界的辩证发展中抽象出了理论上十分丰富的朴素辩证法。旧说到春秋后期，孔子对《周易》进行解释和论说，完成十翼，即《易传》。这样，《周易》就发展成为一部内容博大精深的阐述宇宙变化的哲学著作。中华文明学术的起源很早，但是到了春秋时代才发展壮大。

## 三、孔子与儒家

孔子是我们所知道的第一个哲学家与政治社会改革家。他的远祖是宋国贵族，殷王室的后裔。他早年丧父，家道衰落，年轻时做过小吏。虽然生活贫苦，孔子十五岁即"志于学"。"三十而立"，并开始授徒讲学。曾点、子路、伯牛、冉有、子贡、颜渊等，是较早的一批弟子。连鲁大夫孟僖子其子孟懿子和南宫敬叔都来学礼，可见孔子办学在当时已名闻遐迩。私学的创设，打破了"学在官府"的传统，进一步促进了学术文化的下移。孔子后入仕，任大司寇，致力于加强公室，抑制三桓，援引古制"家不藏甲，邑无百雉之城"，提出"堕三都"的计划，但遭到失败。

政治抱负无法施展，孔子不得不"去父母之邦"，开始了长达十四年之久的周游列国的颠沛生活。鲁哀公十一年（前484年），孔子归鲁，鲁人尊以"国老"，初鲁哀公与季康子常以政事相询，但终不被重用。孔子晚年致力于整理文献和继续从事教育。鲁哀公十六年（前479年）孔子卒，葬于鲁城北泗水之上。

孔子的道德思想就是仁学，他一生都在推行仁政理想，试图恢复当时已经式微的贵族精神，在全社会建立一套礼乐文明。

与孔子同时的还有一班厌世或愤世的隐士，因为他们曾与孔子发生关系，所以他们的名氏或别名或绰号我们还不知道。如子路向长沮、桀溺问路，这两位隐士将孔子讥讽了一番。楚国的狂人接舆唱着歌谣，从孔子身边飘然而过，不与他谈政治。

孔子时代的思想与春秋末期以上思想传统的关系，已不可考，因为那个思想传统早已失传。我们现在说，春秋末年的政治混乱与社会骚动很自然地产出一班消极的隐士与一个积极的孔子。

第十一章

# 吴越之争

（前 505—前 473）

## 一、吴国称霸

吴国偏居东南沿海地区，与越国为邻，有断发文身之俗。严格地说，它还不能算是一个国家，只是一个部落群体。在中原列国眼里，吴是一个经济、文化十分落后的蛮夷之国。公元前 584 年，晋国开始联合吴国，企图利用吴国牵制楚国的右翼。于是吴国不断侵伐楚国，使楚国忙于应战，疲于奔命。在晋国的扶植下，吴国的军事力量发展得很快，国土日益扩展，声望日益提高。中原诸侯国家和吴国开始建立了联系。公元前 522 年，伍子胥从楚国逃到吴国，做了相国。他辅佐吴王阖闾，使吴国由极为落后的蛮夷之邦，一跃而成为军事强国。公元前 506 年，吴王阖闾命孙武、伍子胥率军，联合蔡、唐两国兴师伐楚。柏举一战，楚军一败涂地。吴军乘胜穷追猛打，五战五胜，攻占了楚国的郢都。

公元前 482 年，吴王夫差会诸侯于黄池（今河南封丘），夺得霸主地位。晋楚衰弱，春秋争霸的局面结束。

## 二、越国后来居上

吴王阖闾攻占郢都后，庆功作乐，流连忘返，国内很空虚。越王允常乘机袭吴国。吴王阖闾之弟夫概也悄悄溜回吴国，自立为王。吴王阖闾被迫跟楚国讲和，匆忙回师，赶跑夫概，保住王位，而楚国也侥幸复活。楚昭王接受了痛苦的教训，开始励精图治。为了解除吴国对楚的威胁，他采取联越制吴的策略。

吴王阖闾决心打败越国。公元前496年越王允常死，其子勾践继位。吴国起兵攻越。吴越两军战于檇李（今浙江嘉兴南），阖闾负伤而死，其子夫差继位。过了两年，吴国出动精兵攻越国。夫椒一战，越军大败。越王勾践委曲求和，夫差接受了。战败后的越王勾践卧薪尝胆，采用十年生聚、十年教训的策略逐渐强大。当吴王夫差北上争霸，国内空虚，对越国疏于防范之机，勾践攻入吴都，获其太子，逼吴求和。从此，吴国国力江河日下。公元前473年，越军又攻破吴都，夫差自杀，吴国亡。

吴越争霸的性质已与春秋前期的诸侯争霸有所不同，所争的已不是国际均势或中原的霸权，而是对方的土地人民。吴国还有点春秋精神，越国就充分表现了战国时代的土地欲，所以吴越竞争可说是春秋战国过渡期间的大变局。

第十二章

# 七雄局面之成立

（前473—前362）

## 一、三晋田齐

春秋末战国初，列国都起内乱，推动内乱的大半是封建残余的世家。

三家分晋。春秋时期，整个晋国公室内部为君权而不断争夺、吞并，晋献公为巩固君位，诛灭了桓叔、庄伯之庶族群公子，公族势力受到打击。时隔不久，公室内部再次喋血：献公宠骊姬，欲立其子奚齐为太子，逼杀太子申生，逐重耳、夷吾等群公子，这场内乱丧亡殆尽，"自是晋无公族"。晋文公继位后，鉴于数世之乱的历史教训，不再分封公室宗族子弟，政治上亦不重用公族，而是起用一批异姓贵族，这些贵族大都是随他流亡的有功人员，如狐毛、狐偃、先轸、赵衰等。这就等于废除了公室贵族世袭政权的传统旧制，对后来晋国的灭亡埋下伏笔。

晋文公死后，赵盾专权，晋灵公对赵盾不满，曾两次谋刺赵盾，后被赵盾昆弟赵穿杀死。晋悼公以后，公室彻底衰败，已无力反抗卿族的专权。晋卿均出自范氏、中行氏、智氏、韩氏、赵氏、魏氏，晋君形同虚设。公元前 376 年，韩康子、魏桓子、赵襄子灭智伯，三分其地，晋分为魏、韩、赵国，史称"三家分晋"。

田氏代齐。齐国本是周初吕氏的封地。春秋末，吕氏政权被田氏取代，从此，齐国的主人由姜姓吕氏演化成妫姓田氏。过程是：公元前 671 年，陈国公族内乱，陈公子完为避祸奔逃至齐国，至齐国后为齐国田氏之祖，（"陈""田"本为一字）。公元前 545 年，田完四世孙田无宇与鲍氏、栾氏、高氏合力消灭当国的庆氏，取得公族与国人的支持。

公元前 489 年，田乞自立为相，田氏掌握齐国国政。

公元前 481 年，田恒杀齐简公与诸多公族，另立齐平公，进一步把持政权，又以"修公行赏"争取民心。

公元前 391 年，田和废齐康公。

公元前 386 年，田和自立为国君，同年为周安王册命为齐侯。

公元前 379 年，齐康公死，田氏仍以"齐"作为国号，史称"田齐"。


## 二、秦楚内乱与复兴

秦、楚也都经过内乱，不过未被异姓所篡。

先说秦国。自穆公之后，秦国多次发生争夺王位的内乱，国力日衰，渐渐从中原诸侯的目光中消失。当韩、赵、魏三家分晋之后，秦国甚至不敌魏国，被夺去了河西之地。这一局面一直延续到秦孝公嬴渠梁即位，中国历史上影响深远的商鞅变法开始，秦国才走上强国之路。

再说楚国。楚惠王（前 488—前 432）在位时，楚国内部发生了一场大的叛乱，太子建的儿子白公胜兴兵作乱，自立为王，后来兵败被杀，惠王复位，内乱才平息。此时正是吴越争霸的时期，楚国遭到吴国的侵略，一度险些灭国。越国灭吴后，楚国才得有喘息的机会。楚悼王在位时，吴起自魏国至楚，被任为相。他严明法令，裁撤冗吏，废除了较疏远的公族，把节省下的钱粮用以供养战士。于是南面平定了百越；北面兼并了陈国和蔡国，并击退了韩、赵、魏的扩张；向西征伐了秦国。楚国遂又强盛。

## 三、越之乱亡与燕之渐兴

越国的盛衰经过，极不清楚。越王勾践时，国家骤强，勾践死后就又无声无臭。越王无疆在位时，想要振作，于是攻打楚国。楚威王发兵迎击越军，大败越军，杀死无疆，占领吴越之地，越国因此分崩离析。

同时极北的燕国，此前与中原地区几乎完全无关，现在内部开始加以整顿，渐渐有心向南参加国际的政治。

## 四、诸小国之渐趋灭亡

在春秋战国之际的大混乱里，小国失去霸政或争盟时代的保障，大多灭亡。公元前375年，郑为韩所灭。战国时，卫国的领土不断被强邻蚕食，国君封号也由公降为侯，再降为君，领土几乎全为魏国所占，仅剩濮阳。公元前487年，曹为宋灭。陈、蔡都为楚所并。小不足计而自称夏后的杞国也被并于楚，时在公元前445年。春秋时代比较重要的小国，只余下宋、鲁为七雄间的缓冲国。鲁悼公时，三桓强大，公室衰弱，鲁君如同小侯。

## 五、周之丧土与分裂

周室虽微，也同样经过内乱。土地大半丧于邻国，所余的领土又分裂为东周和西周。西周仍都于王城洛邑，东周都于巩。东西周各有君，天子即周赧王完全成为傀儡。东、西周时常争水灌稻，此外并常起无谓的纠纷。至于在国际上，周已完全失去春秋时代的重要地位。列国称王之后，周更无足挂齿，至多也不过是一个与宋、鲁相等的缓冲国。只有那若有若无的九鼎还教人记得周曾做过天下的共主。

自春秋以来，周王室衰落，各诸侯开始觊觎九鼎。周定王时，楚庄王首次"问鼎之轻重"，被周大夫王孙满驳回。后楚灵王一度也动心问鼎，因国内发生叛乱，未果。

秦惠王时，张仪制定策略，希望能夺得九鼎以号令诸侯，楚顷襄王、齐宣王亦希望争夺宝鼎。周赧王周旋于列国之间，令其相互制约，得保九鼎不失。


## 六、新军器与新战术

国际政局日渐紧张，战术与军器也大见进步。这时开始有铁兵，虽然铜兵仍占重要的地位。攻守的方法都较前精明，这一点从《墨子·公输篇》中可以看出，公输盘为楚造攻城的云梯，并与墨子推演攻守的战术，"公输盘九设攻城之机变，子墨子九拒之"。除原有的戎车与步卒之外，骑兵现在成为军队中日趋重要的一部分。赵武灵王向北方少数民族学习，提倡胡服骑射，提高军队战斗力。春秋时，田地都有沟界，且阡陌纵横，不利于车马驰骋；到了战国，废井田、开阡陌，战车也变成了骑兵，军队机动性强，而防守更难了。不得已各国都开始修筑长城。长城的修建，足以证明当时的战争是如何的严重。

## 七、魏之图强与失败

战国时代内部最早整顿就绪的就是处在中央的魏国。魏文侯时，魏相李悝主持变法，他选贤任能赏罚分明，打击旧贵族，重用对国家做出贡献的人；废除井田制，鼓励自由开垦土地；改革军制，加强军备，人民的生活与国家的财政都得到提高。武侯以下，魏暂时强于他国，因而想控制中原，甚至独霸天下。魏的野心引起战国时代第一次的天下混战。

魏惠王时，国家实力大增。周显王十五年（前354年），魏围攻赵都邯郸，次年赵向齐求救。齐王命田忌、孙膑率军援救。孙膑认为魏以精锐攻赵，国内空虚，遂引兵攻魏都大梁。果然诱使魏将庞涓赶回应战。孙膑又在桂陵（今河南长垣）伏袭，大败魏军，并生擒庞涓。孙膑在此战中避实击虚、攻其必救，创造了"围魏救赵"的经典战法。

周显王二十八年（前341年）又发生马陵之战，魏军二度为齐军孙膑所败，齐虏魏太子申，杀庞涓。庞涓死后，魏国彻底衰落，最后的结果，魏抵不过列强的联合攻击，到惠王晚年魏就被降为二等国。


## 八、列强之拓土

列强不只互相竞争，也向四夷的地域发展。偏北的燕、赵、秦三国占领了沿边的东胡、匈奴、戎人区域。燕国发展到今朝鲜的边疆。在南方，楚国的文化推广到西南夷的地方。至此沿边的夷狄多受中国控制，自古与华夏人杂居的内地戎狄完全被征服与同化。

内地外族的唯一政治自卫方法就是自动的中国化。外族中能这样见机而作的似乎只有中山的狄人。中山中国化的象征就是与列国同时称王。同时在政治文化方面也都极力模仿中国，中山的政治独立因而能维持到公元前295年，所以中山可说是最后亡的中原夷狄。

## 九、社会革命

与政治的激变并行的必有社会的更革。可惜关于春秋末战国初的社会变法我们所知甚少，虽然史料较西周末春秋初略为多些。各国的田制都起变化，土地私有渐渐普遍。田赋的制度因而也与前不同。工商业的发展大见进步。长期政乱之后，世族的势力消减。

国君专制，辅助他的是一些出身贵贱不同的文人。如策士苏秦、张仪，均出身贫寒，苏秦早年游说列国不获重用，以致"形容枯槁，面目黧黑"，回到家中，"妻不下纴，嫂不为炊，父母不与言"。张仪游说诸侯，曾被人误认为盗贼而遭殴打，张仪回到家中，问其妻："视吾舌尚在否？"其妻笑曰："舌在也。"张仪说："足矣。"

国君与卿相都极力牢笼士人，凡有一技之长的人就不愁没有雇主。孟尝君广蓄门客，既有冯谖这样的人为他经营"狡兔三窟"，又有鸡鸣狗盗之徒，在关键时候也能派上用场。手下被养的士人，文人虽居多数，但也有少数以身命事人的死士或侠士，造出一种慷慨悲歌的风气。如力士朱亥是魏国都城大梁的屠夫，他与看守城门的侠士侯嬴交往，以后又通过侯嬴结了信陵君，他在前线锤杀大将晋鄙，帮助信陵君夺得军队指挥权，完成救赵壮举。聂政是战国时期著名的刺客，韩国大臣严仲子与他结交，聂政决心报答他。后来聂政孤身一人去刺杀韩国国相侠累，替严仲子报仇。失败后，为了不连累自己的姐姐，聂政毁坏面目，惨烈死去。

第十三章

# 合纵与连横

（前 361—前 311）

## 一、商鞅变法

战国初期，各国都极力推行整顿内部，向外发展的策略。最早获得成功的大概是魏国，魏文侯重用李悝、吴起、西门豹等人，富国强兵，开疆拓土，暂时横行中原。秦国在孝公即位以后，决心图强改革，便下令招贤。卫鞅自魏国入秦，提出了废井田、重农桑、奖军功、实行统一度量和郡县制等一整套变法求新的发展策略，深得秦孝公的信任，任他为左庶长，开始变法。经过商鞅变法，秦国的经济得到发展，军队战斗力不断加强，发展成为战国后期最富强的封建国家。秦并六国的基础由此建立。

## 二、变法后之发展

秦变法富强后，魏受影响最大。魏是当时最强的国，后来由于秦约列国进行夹击，终致魏降为二等国，此外秦又极力向蜀进展，最后将这块人口稀少的沃土完全吞并。当时张仪力主伐韩，而司马错主张伐蜀。司马错认为伐韩必将引起列国纷争，使秦陷于不利境地；而蜀国地处偏僻，实力弱小，以秦攻之，如豺狼逐羊群，且不会引发山东各国的矛盾。于是灭蜀。这是战国时代中国政府夷狄事业中最重要的事件，因为蜀是秦并六国的经济基础。

## 三、秦霸天下

魏国衰弱之后，天下的强国为秦、齐、楚。在三国中秦的势力日益增厚。秦惠文王在位期间，任用贤能，推行法制，并不断向外拓展领土。公元前330年，秦惠文王命大良造公孙衍在雕阴（今陕西甘泉县南）打败魏军。不久，魏尽献河西地于秦。秦以黄河、函谷关为界抵御关东诸侯，进可攻，退可守，在战略上处于十分有利的地位。公元前318年，韩、赵、燕、楚、魏五国合纵攻秦，被秦军打败。其后，张仪又游说拆散齐、楚联盟，秦乘机打败楚军，占领汉中。

齐国想趁燕内乱之机将其国完全吞并，但结果失败。具体缘由是：公元前312年，燕王哙将王位禅让给相国子之，没想到子之当国三年，政治败坏，民怨很大。齐国和中山国趁火打劫，攻入燕国，百姓由于痛恨子之，竟然对侵略者表示欢迎，燕王哙和子之都死于非命。后来齐军在燕国大肆屠杀抢掠，十分残暴，燕国人民于是又纷纷起来反对齐军，齐军不得不退出燕国。齐的国际威势或许暂时提高，但实力的伤耗很大。同时秦楚战争，楚国大败，将国防要地汉中割与秦国。秦当初由魏所得的河西之地是秦向东发展的大道，现在汉中又成为秦向南进攻的基地。所以，到公元前311年左右，在三强之中秦的势力最为雄厚。

第十四章

# 秦之独强

（前 310—前 272）

## 一、东帝与西帝

长期战争之后，列国疲乏，暂时息争。又适逢秦有内乱，将侵占的土地一部分退还原主，国际局面因而较前缓和。但这不过是秦的缓兵之计，不久大战复起。此时秦国方面最活跃的人物就是魏冉与白起。魏冉，亦称穰侯，原是楚国人，秦昭王之舅。秦武王因举鼎而死，没有儿子，各兄弟争位，魏冉实力较大，拥立了秦昭王，亦帮秦昭王清除了争位的对手。之后他举荐白起，多次发动战争。战争的结果，楚又大败，完全失去战斗力。秦、齐两不相下，平分中原，秦称西帝，齐称东帝。但因国际舆论的反对，加上其他的原因，两国不久就去名求实，取消帝号。公元前 286 年，齐愍王与魏、楚伐宋，灭宋国，三分其地。同年，秦攻魏，侵占安邑。

## 二、齐之一败涂地

齐并宋后，南割楚之淮北，西侵三晋，并有吞并周室之意，此举破坏了均势，引起诸侯恐慌。秦因而约同燕及三晋大举攻齐，楚国亦乘机吞食齐国南境。各国退兵后，燕将乐毅要报三十年前齐灭燕的仇恨，攻下临淄，尽取齐之宝器。齐愍王仓皇出逃，在莒这个地方被杀，齐国临时亡国。幸亏齐将田单坚守即墨，与燕军相持，并运用反间计，使燕王召回乐毅，换上有勇无谋的骑劫。田单又在夜间放出火牛，燕军扰乱奔走，齐人追亡逐北，才得以复国。但齐国的强国地位永久失去。所以燕的胜利实际上是秦的胜利，从此大江以北没有再能抗秦的势力了。

## 三、楚之削弱

齐败后，天下能勉强抗秦的只有楚国。楚国乘北方混战的机会，一方面侵占齐国的淮北地，一方面又要强迫韩、周、鲁服楚。秦国唯恐楚得机开拓新地，所以燕齐的纠纷虽尚未结束，就不顾一切向楚进攻。公元前280年，楚战败，割上庸、汉水以北土地给秦讲和。第二年，秦将白起攻占楚鄢（今湖北宜城东南）、西陵（今湖北宜昌市西北）。公元前278年，白起攻占楚国的郢都，焚烧了楚王的坟墓夷陵。楚军溃不成军，于是退到陈（今河南淮阳），将陈作为都城，仍称作郢。

从此之后，楚也失去与秦对抗的能力，秦并六国不过是时间的问题。

# 第十五章

# 战国诸子

## 一、治国平天下之道

战国时代政治社会的酝酿与文化发展的成熟，使思想界放出空前绝后的异彩。知识分子中不同学派呈现出争芳斗艳的局面。《汉书·艺文志》将战国的主要思想学派分为十家——儒、墨、道、法、阴阳、名、纵横、杂、兵、小说。各家学说虽各有侧重，有侧重于道德政治学说的，如儒家、墨家；有侧重于政治、军事之实事的，如法家、纵横家；有侧重于名辩逻辑的，如名家；道家主张"无为"，但其中心要义也还是"为治"。即使是形而上学的哲学问题的提出与探讨，也都围绕着治国平天下这一中心。这形成了这一时期学术发展的一个鲜明特点，对后来中国文化的发展有着深远影响。

## 二、激烈的争鸣

这里着重介绍当时传下的三篇哲学著作，代表三种不同的态度。

《庄子·天下篇》是以道家的眼光对当代各派思想的一个扼要的叙述与同情的批评，可说是中国最早的哲学著作。

《荀子·非十二子篇》是一种叙述不清的武断批评。荀子将当时的各种学说一一驳斥，认为战国混乱的原因之一是"百家异说"，要社会安定就要做到"天下无二道，圣人无两心"。这种说法，实际上就是主张封建专制政体下的思想统治。但他的批评逻辑混乱，立论过于主观，而到最后，连"贱儒"这样的侮辱字眼都用上了，可见当时争论之激烈到了失去理智的程度。

《韩非子·显学篇》站在国家的立场，专事批评势力最大的儒墨二家，附带地也显现出地位重要的法家思想的轮廓。

# 第十六章

# 秦并六国

（前 271—前 211）

## 一、大败三晋

齐楚衰败，燕受秦远交近攻策的牢笼也成为秦的与国，所以秦现在可以全力吞并三晋。军功最大的仍是白起。

白起素以深通韬略著称，秦昭王三十四年（前 273 年），白起大破赵魏联军于华阳（今河南新郑北），魏将芒卯败逃，掳获韩、赵、魏三国大将，斩首十三万。又与赵将贾偃交战，溺毙赵卒两万人。四十三年（前 264 年），白起攻韩之陉城，攻陷五城，斩首五万。四十五年，攻韩的野王（今河南沁阳），野王降秦，上党通往都城的道路被绝断。郡守冯亭请求归附赵国，赵国接受了上党，由此激化了秦赵矛盾。四十七年（前 260 年），长平之战，白起将赵军包围，四十五万降卒全被坑杀。从此赵国元气大伤，再也无力对抗秦国。

秦围邯郸，三晋危急的时候，有人提议三晋自动投降，尊秦为帝。此议虽经打消，但韩魏实际已成秦的藩属，赵经过屡次的大败也失去抗秦的能力。

同时秦国内政发生变化，秦昭王听信了范雎的话，忌惮穰侯专权，将其罢相下野，由范雎继之。范雎本是一个心胸狭窄的说客，长平大胜使他心生嫉妒，怕灭赵之后，白起威重功高，使自己无法擅权，便以巧言断送了白起的前程。不久，百战百胜的白起被罢职赐死。

## 二、秦灭周

三晋大败之后，周起恐慌。西周想要合纵抗秦，结果却给了秦一个把自己吞并的借口。公元前256年，东周也灭于秦。公元前249年，楚考烈王伐灭鲁，与周关系密切而为最后缓冲的鲁国为楚占领。两件事本身虽都不重要，但可说是列国最后死战的预兆。

## 三、燕与三晋

三晋未全灭之先，燕始终不悟，总是与秦联合。秦临时停战之后，燕仍自行攻赵。公元前251年，燕王喜继位，听说赵国壮丁皆死于长平之战，便想趁火打劫。有大臣劝他，赵国是四战之地，其民习兵，不可小视。燕王一意孤行。赵国使廉颇为将，大破燕军。强秦在侧虎视眈眈，两国尚攻伐不断，损兵折将，致使秦收渔人之利，取赵三十七城。魏国虽有信陵君一度败秦，但三晋最后的命运至此已十分明显。

## 四、末次合纵与最后努力

六国中最后有胆识的抗秦人物信陵君死于公元前243年，从此抗秦的事业陷入低谷。和平主义的齐国仍守中立，燕国照旧联秦。楚国还比较强盛，于公元前241年组织了最后一次的合纵，与赵、魏、韩、卫合同攻秦，由赵国的将军庞煖率领五国之师，一路进军到蕞（今陕西临潼东北），但是等到秦军一展开进攻，各国军队便各自纷纷后撤，最后一次合纵因此宣告失败。至此，六国再也没有力量能够联合起来阻止秦人的兼并步伐，只能任秦各个击破。

## 五、六国之单独困斗与继灭

在秦王嬴政的领导之下，十年之间，相继吞并六国。军功最高的就是白起后的名将王翦。六国灭亡的次序是韩、赵、燕、魏、楚、齐。

公元前231年，韩国南阳郡守腾献地与秦，秦封之为内史。第二年秦国派腾攻击韩国，俘虏韩王安，秦国将所得韩国土地建立颍川郡。韩亡。

公元前229年，秦派王翦、杨端和再次从西、南两面攻击赵国，赵国派李牧、司马尚率兵抵御。秦国深知李牧用兵之精湛，再次使用离间计毁赵。秦收买赵王宠臣郭开，令其在国内散布李牧、司马尚欲合谋造反之流言，赵王迁被流言所惑，杀害李牧。第二年，王翦大破赵军，俘虏赵王迁。秦在所得之地邯郸一带设置邯郸郡。赵亡。

秦王在灭赵国之后，欲乘胜攻击燕国。燕太子丹大恐，派遣刺客荆轲行刺秦王，被秦王刺死。公元前227年，秦王派王翦、辛胜攻击燕国，燕国联合北戎代族军队联合抵抗，最终秦夺取燕都蓟（今北京西南），燕王喜逃亡到辽东，亲杀太子丹向秦求和。燕王欲在辽东偏安偷生，但不能长久。秦在灭亡燕国之后，将燕都以南地区设置为广阳郡，同时接受燕国原来兼并的上谷、渔阳、右北平、辽西、辽东等郡。燕亡。

公元前225年，秦派王贲攻魏，魏王退守在魏都大梁不出，于是秦军引黄河水灌淹大梁，三个月以后城池毁坏，魏王假出降。秦在魏国东部地区（今河南开封、商丘一带）建立砀郡，在被魏国兼并的原宋国地区设立泗水郡。至此，魏亡。

公元前225年，秦使李信、蒙武南进攻楚，但为楚国所败。翌年，秦王改派骁将王翦率领六十万大军攻楚，大破楚军于蕲，楚将项燕自杀。公元前223年，秦将王翦、蒙武攻入楚国都城寿春，俘获楚王负刍。将所获楚国之地建立九江、衡山、长沙三郡。楚国灭亡。翌年，王翦引兵东进，平定了楚国兼并的古越国之地，降服了那一带的越人君长，建置会稽郡。楚亡。

公元前221年，秦将王贲在灭燕国之后，率军南下，一举拿下了不修攻占之备、只图与秦相安无事的齐国，齐王建出降。秦国在齐国的土地上建立了齐郡、琅琊郡。齐亡。

但六国虽已无复合群互助的能力，秦并天下也非易事。除齐不抵抗而亡外，各国都拼命抗战到底，往往只余一隅的地方仍做困兽之斗，有否成功的希望全不顾及。

秦已并天下称帝，似乎把隐处野王的卫国忘记，直至秦二世的时候卫才正式绝祀。

# 第十七章

# 专制一统之初试及其失败

（前 221—前 202）

## 一、秦始皇之一统政策与旧势力之反动

秦并天下，并非专靠武力；秦国的内政在七国中也最为完美。战国时，荀子游访秦国后，在《强国篇》中谈道：秦民风淳朴，官吏忠于职守，士大夫效忠公室，朝廷办事效率高，所以它的强大是形势发展的必然。秦始皇把这种政治要推广到天下，以秦为标准而使天下制度文物完全划一。始皇认为，天下苦战不休的原因是因为有诸侯，周天子当初分封同姓子弟为诸侯，年代久了，诸侯疏远，诸侯相互攻伐，周天子不能禁。所以，应该灭六国，分天下为三十六郡；收天下之兵器，聚之咸阳，铸金人十二；统一度量衡，书同文，车同轨；将天下豪富徙于咸阳，集中管理。

积极赞助始皇的是李斯。李斯是楚国上蔡人，早年随荀子学习帝王之术，后为秦朝丞相，是秦朝大一统政策的制定者。

但这种政策极遭文人政客的反对，因而引发焚书坑儒的惨剧。始皇三十四年（前 213 年），博士齐人淳于越反对当时实行的郡县制，

要求根据古制，分封子弟。丞相李斯加以驳斥，并主张禁止百姓以古非今，以私学诽谤朝政。秦始皇采纳李斯的建议，下令焚烧《秦记》以外的列国史记，对不属于博士馆的私藏《诗》《书》等也限期交出烧毁；有敢谈论《诗》《书》者处死，以古非今者灭族；禁止私学，想学法令的人要"以吏为师"。此即"焚书"。第二年，两个术士侯生和卢生暗地里诽谤秦始皇，并亡命而去。秦始皇得知此事大怒，派御史调查，审理下来，得犯禁者四百六十余人，全数坑杀。此即"坑儒"。

同时旧势力中有人要用战国时代流行的刺杀方法推翻新建的一统政治。如乐师高渐离，隐姓埋名，后得到在始皇身边击筑的机会，企图行刺，事败被诛。留侯张良，本是韩国贵族子弟，国破后，募得力士，在始皇东游途中，以大铁锤进行狙击，误中副车。始皇大怒，大索天下，张良逃亡。


## 二、秦亡

始皇死于东巡途中，中车府令赵高勾结李斯，篡改始皇遗诏，赐死公子扶苏和大将蒙恬，扶立公子胡亥，是为秦二世。胡亥只知享乐，对赵高言听计从。赵高指鹿为马，排除异己，又设计陷害李斯，继任丞相。公元前 209 年，戍卒陈涉、吴广揭竿而起，天下大乱，赵高迫秦二世自杀，另立子婴，不久被子婴杀掉，诛夷三族。此时，天下诸侯以项籍为首，攻入咸阳，杀子婴及秦诸公子宗族，焚其宫室，分其珍宝财货，秦遂灭亡。

就人事方面来说，建设秦朝政治功劳最高的李斯与处军事重要地位的蒙恬都被谗害，文武两方并失依据，恐怕是秦内部衰乱的主因。秦朝祚命虽短，但却演绎出宦官乱政的丑剧，因而给旧势力一个暂时推翻一统政治的好机会。

## 三、楚汉之争

秦汉之际是通常所谓楚汉竞争的时期。刘邦和项羽都是在反秦战争中崛起的有作为的政治家。

秦代是初次的天下一统，楚汉之争是初次的群雄逐鹿，从此一治一乱的循环就成为中国历史的定例。许多当初与政治无涉的平民甚至流氓无赖蜂起割据，中国历史上第一个这样起事的人就是陈涉，他与吴广一同在大泽乡（今安徽宿州西南）率众起兵，成为反秦义军的先驱，不久后在陈郡称王，建立张楚政权。他代表下层民众发出了"王侯将相宁有种乎"的呐喊。

但楚汉之争有与后世大乱不同的一点，就是其中含有旧势力反动的成分。各地起事，都以复兴六国的名义相号召；起事的人中也有许多是六国的王孙遗臣。项羽可说是这种遗人的主要代表，他是楚国的贵族，楚国名将项燕之孙，随叔父项梁起兵反秦，项梁战死后，他取得军事指挥权。公元前207年，在决定性战役巨鹿之战中大破秦军主力。秦亡后，他自立为西楚霸王，统治黄河及长江下游的梁、楚九郡。但这浪漫的复古运动终归失败，项羽自己的事业已证明那是万难实现的理想。最后天下又归一统，并且此次成功的是流氓小吏出身的刘邦。刘邦本是泗水亭长，手下的功臣除了张良以外，大多出身低微。萧何、曹参都是普通小吏；樊哙是屠夫；夏侯婴是马夫；灌婴是卖布的；周勃做点卖筐的营生，有时充当丧事吹鼓手。清代史学家赵翼总结为"汉代布衣将相之局"。汉初礼仪简省，当时往往"群臣饮酒争功，醉或妄呼，拔剑击柱"，也反映了新王朝政风的平易。

从此经殷、周、春秋、战国千余年间的贵族血统全被推翻，战国、秦代仍然遗留的一点贵族政治也被打倒。普天之下只有平民与平民出身的专制皇帝。

# 第十八章

# 汉代政治

（前 202—88）

## 一、官制

汉的官制全承秦旧，同时又是此后历代官制的基础。汉代是三公九卿制度。三公是指丞相、太尉、御史大夫，共同行使宰相的职权，协助皇帝处理全国的政务，参与中央政府的行政决策，并负责具体的执行。丞相居百官之首，俸禄最高，掌佐天子，助理万机，金印紫绶，秩俸万石。太尉是朝中仅次于丞相的官职，地位与丞相同，专掌武事，为最高的武官职位，金印紫绶，秩俸万石。御史大夫主要行使副丞相的职权，是丞相的助理，对包括丞相在内的百官公卿的一切行政活动进行监察，三公中地位最低，银印青绶，秩俸中二千石。

九卿是指太常、光禄勋、卫尉、太仆、廷尉、大鸿胪、宗正、大司农、少府九个机构。太常掌宗庙礼仪。光禄勋由秦郎中令演化而来，主管宫廷内的警卫事务，但是实际的权力不止于此。卫尉掌宫门卫屯兵，是一个武职，是皇帝的禁卫司令。太仆掌管宫廷车马及牲畜事务。廷尉主管刑法和监狱以及审判案件。大鸿胪，原称为典客，主管外交。宗正主管皇家的宗室事务。大司农主管全国的赋税钱财。少府主管皇室的财钱和皇帝的衣食住行等各项事务，以及山海池泽之税。九卿的秩俸都是中二千石，银印青绶。

东汉制度，除名词外，与西汉并无多少差异。官俸都是半钱半谷。这或者是由战国时传下来的，与春秋以下只食谷或食田的制度不同。

官制的形式虽少变化，政治实权的所在却常有转移。普通的倾向，皇帝总是喜欢用私人或地位较低的人，以致理论上地位高的人反倒权势削减，甚至完全无事可做。例如西汉宣帝、元帝时，宦官弘恭、石显先后担任中书令，地位不高，但朝政实由他们把持。位居三公的人仅仅享受一种荣誉罢了。这也是后代普遍的现象。


## 二、兵制

战国时代短的期间或者曾行全民皆兵的制度，汉初在理论上仍行征兵制。据董仲舒说："月为更卒，已复为正，一岁屯戍，一岁力役，三十倍于古。"在乡间当差称"更卒"，在中央当差称"正卒"。这些正卒恐怕就是保卫京师宫殿以及各官署的卫士。就是说，符合条件的民众，都要服兵役。这种种力役与兵役总称为"更"。

但实际上很多人不愿当兵，国家只得承认代役的半征兵制。即富人出钱给贫穷的人，让其代服兵役，即"践更"。此制汉初还能勉强实行，武帝以下就不得不另外募兵。春秋时代是上等社会全体当兵，当兵是贵族的荣誉和权利。战国时代除了少数以三寸舌为生的文人外，是全体人民当兵。现在上等社会不服兵役而将全部卫国的责任移到贫民，甚至无赖流民的肩上。这不能不说是武备的衰退。

东汉初郡国的半征兵不能再继续维持，由光武帝正式取消。此外武帝时即盛行屯田，也是一种募兵制。元狩二年（前121年），在西北置武威、酒泉二郡，元鼎六年（前111年）又分两郡地，加置张掖、敦煌二郡，徙民六十万为屯田。职业兵从此就成为固定的现象。

## 三、汉初所谓"封建"问题与外戚之患

项羽灭后，刘邦分封功臣，异姓功臣而封王者有八国：张耳、吴芮、彭越、黥布、臧荼、卢绾与两韩信。但不过六年间，刘邦以种种的借口将其诛灭，封国不保，连军功最高的韩信也夷三族。异姓封王，并非出于汉室本心，高帝的杀戮功臣可说是秦亡后群雄争逐的最后一幕。同姓子弟分王天下才是汉鉴于秦未封土而亡所行的真正"封建"制度。后来吕氏之乱的平定，某种程度上是同姓诸王的功劳，所以这个不合时代潮流的制度也可说完成了一件重要的使命。

但文帝以下同姓的"封建"也渐消灭。文帝采用贾谊的建议，将齐国、赵国分割成小块；景帝用晁错的计策，削弱吴、楚；武帝接受主父偃的办法，颁布推恩令，使诸侯王可以将土地分封子弟。自此以后，齐分为七，赵分为六，梁分为五，淮南分为三。所谓郡国制实际与秦的郡县制并无分别。后世的朝代虽往往有做同样的"封建"试验的，但最后的结果总是与汉代同样的失败。

第十九章

# 汉代社会与经济

（前 202—88）


## 一、旧社会阶级之破裂——氏与姓之混淆

春秋以上，"氏"是士族的标识，是权力的象征。如禹为姒姓，
其后分封，用国为姓，故有夏后氏、有扈氏、有男氏、斟寻氏、彤城
氏。商的祖先契为子姓，其后分封，以国为姓，有殷氏、来氏、宋
氏、目夷氏。平民只有姓，无氏；奴隶只有名，无姓无氏；只有贵族
才有姓有氏。

权力政治到战国渐渐破裂，到汉代完全消灭。所以"氏"失去当
初的意义，因而无形中与"姓"混而为一，统称"姓"或"氏"。《太
史公书》一贯地认为"氏"与"姓"为一事，"本纪"中尤为明显。
可见到此时连好古的学者在普通的言谈与行文上都不再留意于这种重
要的古制。

## 二、旧社会阶级之破裂——迁徙赐姓与变姓

秦及汉初都勉强六国的世家迁居关中，以便监视。娄敬出使匈奴，回来汇报说，匈奴河南白羊、楼烦王，距离长安只有七百里，轻骑一日一夜可达关中。关中战乱初定，人口稀少，土地肥沃，可以将六国贵族、豪杰迁徙于此，既可以防备匈奴，又可以消除六国反叛的隐患。刘邦欣然同意，于是将十多万人口迁徙关中。

汉代又创了赏赐国姓的制度。如刘邦的谋士娄敬，后来因功赐姓刘，改称刘敬了。此外又有种种的变化，使当初同姓的分为异姓，当初异姓的合为同姓。例如，齐、鲁、吴、楚、秦、晋、燕、赵，这是国名；王氏、侯氏、王孙、公孙，这是爵名；司马、司徒、中行、下军，这是官名；伯有、孟孙、子服、叔子，这是字；巫氏、匠氏、陶氏，这是职业；东门、西门、南宫、东郭、北郭，这是居所。现在这些都可以做姓。还有为了避仇而改姓母姓的。姓氏的流变，足以减少甚至消灭传统权力阶级的阶级意识。

## 三、新阶级制度——大地主与农民奴婢

战国时代与秦汉之际，政治社会的大混乱产生出一个来历不明的大地主阶级和寄附于他们的许多奴婢，在政治上活动的人多属大地主出身；同时贫贱的人一入仕途就有变成大地主的可能。农民中或者仍有许多自耕农，但很大一部分的农人都以佃耕或雇耕大地主的田为生。他们虽然不是奴隶，但也可说是半寄附于大地主阶级的。

## 四、新阶级制度——商贾

战国时代商业发达；秦汉一统，商业的进展更加便利。于是富埒

王侯的"素封"大贾遍满天下，一时的风气都趋于"舍本逐末"。但商业的社会是流动的，而帝王所希求的是一个完全安定的社会。所以商业虽然较前发达，但秦汉一贯的重农抑商政策始终未变。这个政策可说成功，此后两千年间的中国是一个上下一致的以农为本、以商为末的大致安定的社会。

## 五、新阶级制度——贵贱贫富与社会改革

汉代仕宦的途径，有以下几种：

一是选举。汉文帝时，已经有"贤良""孝廉"之选，指令中央官吏和地方官吏从地方选拔德才兼备的人才。名臣晁错就是以"贤良文学"之选，经帝王亲自策试，得以升迁为中大夫的。察举孝廉原为两个科目，汉武帝元光元年（前134年）"初令郡国举孝廉各一人"，就是举孝一人，察廉一人。自汉武帝之后，至于东汉，从地方官吏到朝廷的名公巨卿，有不少是孝廉出身，对汉代政治影响很大。通过举孝廉，在社会上造成在家为孝子，出仕做廉吏的舆论和风尚，起了改良风俗的社会教育作用。

二是通过学校。汉代的太学是一个读书习礼的场所，既培养了大批后备官员，又有引领社会风气的作用。

商贾不得为官，所以政权由农业阶级所包揽，实际上恐怕多由大地主所独占。大地主既富又贵，商贾富而不贵；此外一般的人民又贫又贱。并且汉代贫富的距离似乎非常之远，因而常有人提议改革。汉哀帝时，师丹辅政，曾经建议以限田、限奴婢的形式缓和社会矛盾。哀帝发布诏书说，诸侯王、列侯、公主、吏二千石及豪富民多蓄奴婢。田宅无限，与民争利，百姓失职，重困不足，指示朝臣"其议限列"。丞相孔光、大司空何武随即制定了限定的额度和限制的措施。然而这些措施遭到当政的外戚、官僚的激烈反对，没有能够真正实行。

最后王莽想要彻底变法，实行土地国有，恢复周朝的井田制，禁止买卖奴婢。王莽的出发点是好的，意在缓和土地兼并，同时防止农民奴隶化。但分田授田的规定无法真正落实，因违禁买卖土地和奴婢而获罪的富人实在太多，于是纷纷反对，变法终归失败。这是两汉四百年间未曾解决的问题，也可说是此后两千年间无从解决的问题。

## 六、新阶级制度——四民之并为臣妾

上面所述的新阶级制度，实际只是不可避免的社会分工，并非固定世袭的阶级制度。法治的阶级政治已成过去，新兴的是人治的皇帝政治。在崇高无比的皇帝之前，士农工商、富贵贫贱都一律平等，都一样没有保障。富贵的，皇帝可以使他贫贱；贫贱的，皇帝可以使他富贵；兆民的生命财产都在皇帝一人的掌握中。这是此后两千年间的帝制本色，在西汉初还有人怀疑批评，为等级制度辩护，为贵族精神的消亡而惋惜。

例如，《汉书·贾谊传》中说，古时贵族有天子、公卿、大夫、士，与庶人相比，他们是尊贵的，刑戮之罪不加其身；即使有过错，天子可以罢免，可以赐死，绝不会束缚受刑，遭到小吏的谩骂。而到了汉代，周勃因人诬告而下狱，受到狱卒的污辱，贾谊曾以此事讽谏皇帝，认为是古来未有。

当然，自此以后，皇帝之下皆为臣妾就成为无人指摘的信条了。

第二十章

## 汉代武功

（前 202—88）

### 一、武功伟人

战国时代内地的夷狄完全同化，边疆的异族也一部分内属；秦并天下，向外拓土。但汉初经过大乱之后，秦代的新土又部分丧失，边境的安全也难维持。西汉初年，高祖刘邦被匈奴围困在平城白登（今山西大同东）七日未食，用了陈平的计谋才脱围。以后汉朝多采用和亲政策，与匈奴保持和平。到武帝时才又有向外发展的能力。

汉朝在公元前 127 年、前 121 年、前 119 年发动了三次大规模的对匈奴的战役。公元前 127 年，汉武帝派卫青、李息率兵出云中，收复河南地区，解除了匈奴对长安的威胁，秦末以来长期沦陷于匈奴的河套地区被汉收复。公元前 121 年，汉武帝派霍去病出陇西，越过焉支山西进，入匈奴境千余里，大获全胜，缴获休屠王的祭天金人。汉军占领河西之地后，置武威、张掖、酒泉、敦煌四郡。公元前 119 年春，武帝发动了对匈奴的第三次大战役。大军由卫青和霍去病统率，分东西两路向漠北进发。这是有汉以来规模最大的一次远征。霍去病深入漠北两千多里，与匈奴左贤王展开激战，几乎全歼左贤王的骑兵。霍去病乘机追击，至狼居胥山（今蒙古国肯特山），直达瀚海（今贝加尔湖），才奏凯而还。此后匈奴远遁，"漠南无王庭"。

武帝还大力经营西域和南疆，楼兰、姑师、大宛都先后成为汉朝藩属，汉朝影响日益扩大，葱岭以东的西域诸国，相继派人来汉朝朝贡，也使得中原先进的生产技术，包括冶铁、凿井术等，相继在西域得到推广。

在南面，公元前112年秋，汉武帝派伏波将军路博德、楼船将军杨仆等率兵十万，水陆并进。经过一年多的征战，完全消灭自秦一直闹独立的南越政权，将其地分置九郡。公元前111年，汉廷攻破南越，夜郎入朝。公元前109年，武帝发兵深入西南，滇国降服，从此西南地区的大部分都归入中国的版图。汉武帝同期护领北疆，在灭北朝鲜卫氏政权的基础上设置乐浪、玄菟、临屯、真番四郡。

此后两千年间，中国政治与文化的疆界大致由武帝划定。

皇帝以外，功劳最大的要算张骞。当时以西北的问题最为严重，冒险打通西北路线的就是张骞。


## 二、匈奴

汉的劲敌是匈奴，汉初也正是匈奴组织强盛的时候。匈奴冒顿单于继位后，开始对外扩张，在大败东胡王之后，随即并吞了楼烦、白羊河南王，并收复了蒙恬所夺的河套地区。整个西汉时代，汉朝与匈奴互有盛衰。公元前57年，匈奴统治集团内部发生分裂和内讧，五单于争立，内部大乱，陷于绝境。后来匈奴首领呼韩邪单于稽侯珊在位时，匈奴附汉为藩臣，双方互开关市。至王莽摄政以前，六十余年和平共处，出现了民众富庶、牛马布野的局面。匈奴单于也巩固了自己的地位。

西汉末年及王莽篡位时期，王莽采取侮辱匈奴单于的政策，破坏了持续半个多世纪的和平共处、共同发展的汉匈关系，至东汉光武时始得到改变。

东汉初，匈奴分为南北，南匈奴降汉，北匈奴不久大败，问题似乎解决。但匈奴由此渐居边疆重地，甚至深入内地。后世的乱苗之一由此种下。


## 三、西域

汉武帝通西域以牵制匈奴。西域组织散漫，牢笼征服并非难事。西汉宣帝时，设置西域都护府，治所在乌垒城（今新疆轮台东北）。直至西汉末年西域始终内属。东汉初西域独立，但不久就又征服。汉和帝永元九年（97年），甘英奉西域都护班超之命出使大秦（罗马帝国）。他率领使团一行从龟兹（今新疆库车）出发，经条支（今伊拉克境内）、安息（波斯帕提亚王国）诸国，到达了安息西界的西海（今波斯湾）沿岸。这次出使虽未到达大秦，但增进了中国人当时对中亚各国的了解。

匈奴问题已经缓和之后，西域本身仍有保留的价值，因为它已成为中国与西方交通的孔道。新辟的西北四郡就是孔道的始发点，此后两千年间中国即或有时不能维持西域的势力，这个孔道的始发点非万不得已时总是不肯放弃。所以历代西北角的一省都有一条长径伸入西域的腹地，这条长径就是汉的西北四郡。

夹杂在西域与中国之间有许多羌人，大半受中国的羁縻，在边地往往与汉人杂居。西域与东汉盛期，羌地大致安定，和帝以后羌汉杂居成为严重的问题。

## 四、朝鲜百粤与西南夷

朝鲜、闽越或东越、南粤、西南夷诸地，到汉代也都被征服。这些地方在当时虽是不重要的边地，从此渐渐中国化之后，无形中都成为中国本体的一部或中国文化重要的附庸。

汉武帝建元三年（前138年），闽越进攻东瓯，东瓯粮绝，向汉帝告急。西汉派中大夫严助发会稽郡驻军浮海救援。汉军未到，闽越军退走。东瓯王担心闽越再次进犯，请求举族内迁，得到汉武帝准许，于是举众共四万余人迁移到江淮之间。据《史记·汉兴以来将相名臣年表》记载，内徙的东瓯人聚居在庐江郡，即今安徽庐江、安庆一带。

汉武帝元鼎五年（前112年），南越国相吕嘉弑王及太后，另立赵建德为王。汉武帝发大军分五路南下，以武力平定南越，西瓯部族也一起归汉。汉王朝从此控制了今广东、广西大部地区及越南北部和中部。汉武帝以其地分置儋耳（郡治在今海南儋州市西北）、珠崖（郡治在今海南海口东南）、南海（郡治在今广东广州）、苍梧（郡治在今广西梧州）、郁林（郡治在今广西桂平西）、合浦（郡治在今广西合浦东北）、交趾（郡治在今越南河内西北）、九真（郡治在今越南清化西北）、日南（郡治在今越南广治西北）九郡。南越、西瓯以及相邻地区于是成为汉朝中央政府直属的地域。

元鼎六年（前111年），东越攻入豫章（郡治在今江西南昌）。元封元年（前110年），汉军数路击破东越，将越人徙于江淮之间。

张骞在中亚的大夏时，见到邛竹杖和蜀布，得知巴蜀有西南通往身毒（印度）的道路。汉武帝根据这一发现，在元狩元年（前122年）派使者从巴蜀启行，试图由此实现和西域的交通。于是，汉王朝和当时称作"西南夷"的西南地区滇、夜郎等部族的文化联系密切起来。

汉初，燕人卫满聚众千余人，东渡浿水（今朝鲜清川江），后击破自称为王的朝鲜侯箕准，自王朝鲜。元朔元年（前128年），汉武帝接受薉君南闾率二十八万口内属，以其地为苍海郡。元封二年（前109年），汉武帝发兵五万，分海陆两路进攻朝鲜。第二年，朝鲜发生内乱，汉军平定朝鲜。汉武帝在朝鲜置真番、临屯、乐浪、玄菟四郡。

## 五、文化势力之播及日本

汉代中国的势力限于大陆，海外区域唯一受到中国文化影响的就是后世的日本。因为远隔大海，实情难知，所以就产出种种理想化与神怪化的传说。《后汉书·东夷列传》这样描述倭人："男子皆黥面文身，……父母兄弟异处，唯会同男女无别。饮食以手，而用笾豆。俗皆徒跣，以蹲踞为恭敬。人性嗜酒。多寿考，至百余岁者甚众。国多女子，大人皆有四五妻，其余或两或三。……犯法者没其妻子，重者灭其门族……""建武中元二年（57年），倭奴国奉贡朝贺，……武帝赐以印绶。"

第二十一章

# 汉代内政

（前 202—88）

## 一、帝制名实与皇帝崇拜

皇帝是绝对专制的君王；按理论，连他自己的父母也要向他表示臣服。全天下都是他的私产。刘邦回到家中，对父亲行礼，父亲不敢当，说："帝，人主也，奈何以我乱天下法！"未央宫建成后，刘邦得意地对父亲说："当初您常说我无赖，不置产业，不如哥哥刘仲。现在看一看，我与刘仲谁的产业更多？"（《史记·高祖本纪》）

任何人不能不顾皇帝而自由行动，所以先秦残余的游侠精神必须铲除。例如，汉武帝时，河内轵县（今河南济源）有一个游侠叫郭解，轻财仗义，好为人打抱不平，在当地声望很高。为了充实京师，汉武帝下令将国内超过三百万的富户迁往茂陵居住，郭解虽然并没有达到这个标准，但由于他属于需要严加控制的豪杰巨侠，也在迁移之列。郭解终于被迁移到了关中，为他送行的豪客们送给他的礼金就达上千万，关中豪杰也争相与之结交。更有人为了维护他的威名而与人结怨，发生仇杀。最终，汉武帝下令拘捕郭解，将他灭族。

酷爱个人自由的人现在只有逃避人世，隐遁在人迹不到的深山穷谷，才能脱离皇帝的统治。东汉初年的严子陵，是光武帝刘秀的老同学，他隐居山林，"披羊裘钓泽中"，虽光武帝遣使聘之，亦不愿入仕。

关于这个崇高无比的皇帝，当然有极隆重的名器制度，如皇帝自称"朕"，其言曰"制""诏"，所居曰"禁中"，所至曰"幸"；汉承秦法，群臣上书皆言"昧死言"（蔡邕《独断》）。一般人甚至渐渐感觉，虽无明文规定，连流俗通用而过于尊重的名号也只能施与皇帝。以帝王即位的年岁纪元虽是古制，但到汉代才有皇帝本位的繁复年号制度。年号为中国帝王纪年的名称。最早的年号当属西汉武帝刘彻。刘彻即位之年（前140年），即为建元元年。汉武帝在位五十余年，前后一共使用了十一个年号。自武帝肇始以来，从此历代帝王即位，一般大多立有年号。这也可说是一种新的名分，这样的一个皇帝几乎可说已超过人界，与神明相类，汉代的人并且拿皇帝甚至皇室当神明崇拜。不只死的皇帝是神，皇帝生时已经是神。

## 二、皇权与宦官幸臣

皇权是绝对的，但不免要受事实的限制。皇帝不过一人，大小诸事都须依赖别人。除国家政事须由各级官吏执行外，通常皇帝总有宦官与幸臣日夜陪伴在他左右。如汉武帝时，李延年擅歌舞，因他的妹妹受武帝宠幸，一门显贵。后来，李夫人早卒，李家渐渐失宠，李延年的弟弟李季奸乱后宫，一荣俱荣，一损俱损，汉武帝下诏族李延年和李季兄弟宗族。遇到有作为的帝王，这种小人还可无大妨碍，但一个庸主就很容易受他们的包围摆弄，以致天下骚乱，甚至国本动摇。西汉末年，哀帝宠幸面首董贤，形影不离，甚至同榻而眠。董贤没什么功劳，竟官至大司马，位居三公，常居宫中，领尚书事，百官奏事都须经他手方能上达，朝政荒唐到如此地步。

## 三、皇权与外戚

第二种接近皇帝因而能左右政局的人就是后妃与后妃的父兄宗族。因为皇帝大规模的多妻制，所以宫中的情形总是非常复杂，因争宠而发生的惨剧甚多。同时宠妃的戚族往往操纵政治，后宫的阴谋与朝中的竞争因而时常打成一片，皇帝一人的私事可使全天下的人遭殃。固然英主可利用外戚，为国立功，如卫青、霍去病等，但无能的皇帝也可变成后族的傀儡。最后篡夺西汉帝位的王莽就是外戚。

王莽字巨君，西汉孝元皇后的侄儿，幼年时父亲王曼去世，很快其兄也去世。王氏家族是当时权倾朝野的外戚家族，王家先后有九人封侯，五人担任大司马，是西汉一代中最显贵的家族。族中之人多为将军列侯，生活侈靡，声色犬马，互相攀比。唯独王莽独守清净，生活简朴，声名远播。后被任命为大司马，从此把持朝政，在他的操纵下，他的女儿也顺利地成为汉平帝的皇后。平帝死后，他故意拥立幼帝，以便控制。公元8年，王莽接受孺子婴的禅让，改国号为"新"。

## 四、皇权与地方官

第三种在事实上限制皇权的就是天下郡国的地方官。他们与人民直接发生关系，国家法令的实施可以说全操在他们手中。律令本身虽然固定，但他们可以施行，可以不施行；可以从宽施行，可以从严施行；可以直解律文，可以曲解律文；可以为国为民做官，可以为己为家做官。多数的太守令长或者都是一般不好不坏、又好又坏的中才。但有一部分的守令，无论他们的动机是为公或为私，在当时的可能范围内，的确能使他们所治的郡县达到一种近乎理想的境界。

黄霸是西汉著名的官员，宣帝时任颍川（今河南禹州）太守，他制定安民条款，规劝黎民遵章守法，弃恶从善，勤事农桑，节约资财，就连平民的家常琐事，他也考虑得周到得体。他常派官员微服私访，并亲自以平民身份，深入民间，了解官吏情况，关心百姓疾苦。在颍川任职八年期间，政治较为清明，故一时间，颍川出现了"太平盛世"，黄霸后来出任丞相。

龚遂字少卿，曾任昌邑王刘贺的郎中令，为人忠厚，刚正不阿，敢于犯颜直谏。后来渤海郡发生灾荒，农民起义并起，皇室多次派兵镇压而不能平息。经官员举荐，七十多岁的龚遂被任命为渤海太守。龚遂赴任至郡境，灾民便发兵相迎，致使不得入境。于是遂以文书布告吏民，并命令解除镇压农民起义的官吏，规劝起义者归田。布告发出后，官民对峙局面迅速缓和。龚遂不带兵卒，单车独行赴任，郡中翕然。龚遂开仓廪，济贫民，选良吏，施教化，劝农桑。农民起义队伍看到龚遂的安抚教令，纷纷解散归田，民得以安居乐业。数年，渤海郡出现了一派升平的殷富景象，诉讼案件大为减少。

同时另外一部分的守令，无论动机如何，都能使他们治下的人民时刻处在恐怖的状态中。例如西汉的严延年，曾为河南太守，镇压豪强，手法严酷，据说曾将囚犯聚在一起会讯，流血数里，诛杀甚众，被称为"屠伯"。后为人所告，以诽谤朝廷罪被杀。

王温舒是阳陵人，年轻时督捕盗贼，杀人很多，逐渐升为广平都尉。他选择郡中豪勇者十余人当属官，让他们去督捕盗贼。如督捕不得力，便灭其家族。因为这个原因，齐地和赵地乡间的盗贼不敢接近广平郡，广平郡有了道不拾遗的好名声。皇上听说后，升任王温舒为河内太守。

王温舒命令逮捕郡中豪强奸猾之人，郡中豪强奸猾连坐犯罪的有一千余家。上书请示皇上，罪大者灭族，罪小者处死，家中财产完全没收，偿还从前所得到的赃物。奏书送走不过两三日，就得到皇上的批准。案子判决上报，竟至于流血十余里。河内人都奇怪王温舒的奏书，以为神速。十二月结束了，郡里没有人敢说话，也无人敢夜晚行走，郊野没有因盗贼引起狗叫的现象。那少数没抓到的罪犯，逃到附近的郡国去了，待到把他们追捕抓回来时，正赶上春天，王温舒跺脚叹道："唉！如果冬季再延长一个月，我的事情就办完了。"

在理论上，循吏受赏升迁，酷吏受刑黜罢。但实际上，在如此庞大复杂的帝国中，大多数地方官政绩的实情恐怕永无达到皇帝的要求，一地的祸福在普通情形之下几乎完全要靠所谓父母官的才干与人格。

## 五、中兴之治

皇权政治通常会有种种难以避免的困难。但在汉室中兴后六十年的长久期间几乎完全没有外戚贵臣的操纵与佞幸宦官的捣乱；地方吏治虽严，并不似前汉般残酷。

光武帝刘秀长于民间，了解民生疾苦，熟知稼穑之艰，所以天下初定，能够休养生息，缓解王莽的弊政。当时方经大乱，人口稀少，民生大概比较容易维持。同时光武、明帝、章帝祖孙三代又可说都是少见的开明皇帝。清代史学家赵翼曾发现"东汉功臣多近儒"的事实，他指出，西汉王朝的开国功臣，多出于亡命无赖；至东汉中兴，则军事领袖"皆有儒者气象"。事实上，整个东汉一代，其官僚政治的人才基础，已经大体是儒生。刘秀平定天下后，知天下疲耗，厌倦武事。皇太子曾问攻战之事，刘秀说："这不是你该问的。"刘秀还与功臣宴饮，席间谈笑风生，君臣其乐融融。

刘秀当政的时代，经常召集官员到御座之前，了解吏治得失及民间政治，又亲自考察地方主要官员，选用最有能力者以充分发挥其才干。如杜诗为南阳太守，被当地民众尊称为"杜母"，任延、锡光改变边地落后风气，也有显著的政绩。

在这类百世难逢的因缘巧合之下，天下居然延续了两世的升平境界。这在帝制，甚至任何政制之下，不能不说是个例外。

# 第二十二章

# 秦汉宗教

## 一、神仙家与黄老学

古代的宗教到战国时渐渐破裂，战国诸子大半以理性为根据而立论，只有墨子是一个特殊的例外。但到战国末期宗教精神复兴，除旧有的宗教外，阴阳五行、神仙丹药以及各种新奇信仰都有文人提倡。秦汉的宗教可说是集这种发展之大成，古代的各种信仰，秦汉的人都兼收并蓄，后日的所谓儒道二教都在此时萌芽或成立，此后两千年间日常生活的一切神秘理论也都在此时开始支配人生。

秦汉的神仙家与黄老学就是后世道教的渊源。秦始皇一统天下后，派人带童男童女赴海上求仙，并亲自巡游四海，寻访方士，求长生不死之药。汉武帝也迷信长生，先后听信李少君、齐少翁、栾大的话，终究没有求到神仙。

## 二、儒教之成立——素王

皇帝或由于真正的信仰，或出于牢笼人民的政策，对一切的神仙与各地各种的神怪无不崇奉。但一部分的文人只崇拜孔子，皇帝对他们也不得不有应付的方策。秦始皇用焚书坑儒的蛮法，未见很大的功效。汉武帝于是改变方针，用尊孔的办法去牢笼当时在文人中势力最大的儒家。汉武帝时代，贬斥黄老刑名等百家之言，起用文学儒者数百人，如齐地儒生公孙弘相继任博士、太常，后做了丞相。著名儒学大师董仲舒以贤良身份，就汉武帝提出的命题发表对策，讨论成就治世的策略。他认为，要想达到善治，必须进行文化体制改革，确定儒学独尊的地位，实现天下的"大一统"。

同时儒家尊君的思想与半历史、半理想的古制传说对于皇帝政治的建设也有很大的贡献。在这种皇帝与儒家交相利用的情势之下，就建设起盛极一时的素王教。儒家也不能逃脱当时的浓厚神秘空气的影响，孔子由一个古代的大师变成一个半人半神受命而未得命的素王。

## 三、儒教之成立——经典

孔子被尊为教主，同时儒家历代所传授的五经也成了国家所承认的唯一经典，其他百家杂学都被排斥。经过公孙弘、董仲舒诸人的提倡，五经都立于学官。此外并立学校，由各派的经博士担任教授。

汉武帝元朔五年（前124年）创建太学。太学的创办，是接受了董仲舒的献策。董仲舒指出，太学可以作为"教化之本原"，也就是作为教化天下的文化基地。汉武帝时期的太学，虽然规模很有限，只有几位经学博士和五十名博士弟子，但是这一文化雏形，却代表着中国古代教育发展的方向。太学生的数量，汉昭帝时增加到一百人，汉宣帝时增加到二百人，汉元帝时增加到一千人，王莽时代进一步扩建太学，一次就曾经兴造校舍"万区"。除了太学之外，天下郡国都有学校，初步建立了地方教育系统。

太学的兴立，进一步助长了民间积极向学的风气，同时使大官僚和大富豪子嗣垄断官位的情形得到改变，出身中下层的人也有了入仕的机会。

西汉的经学界几乎完全为富于时代的浓厚神秘思想的今文学家所包办，到王莽时比较富于历史态度而只以孔子为大师的古文学家才渐抬头。当时极力提倡古文的就是刘歆。

所谓今古文的"文"，是指记载经典所使用的文字。今文指的是汉代通行的隶书，古文则指秦始皇统一中国以前的古文字（"蝌蚪文"），即大篆或籀书。可是，经过秦朝焚书的浩劫，儒家经典遭到毁灭性的破坏。西汉流行的儒学经典多无旧典文本，而是靠幸存的经师口授相传，由从习经的学生们记录下来。他们记录所用的文字便是西汉通行的隶书，属当时代的"今文"，故而这类经书被称为"今文经"。

秦朝焚书之时，一些儒生冒死将一些儒学书籍藏在墙壁的夹层里。这些经书到了汉代陆续有所发现。汉武帝末年，鲁恭王拆孔子旧宅以广其宫室，在孔府旧宅的墙壁夹层中发现包括《尚书》在内的大批藏书。这些藏书都是用六国时代的蝌蚪文书写的，所以称为古文经。因为当时识先秦古文的人不多，所以这些古文典籍重新问世以后，主要藏于皇家图书室，并没有得到当时人的重视。

第一个为古文经呐喊的是刘歆。他在协助父亲刘向校书期间，发现了古文本的《春秋左氏传》。刘歆认为《左传》的价值远远超过今文经《公羊传》和《谷梁传》，因此他向朝廷建议将古文经正式列于学官，给予合法地位。但他的这一建议遭到今文经学博士的强烈反对，他们给刘歆扣上了"颠倒五经""变乱师法"的罪名。刘歆的建议最终未被采纳，他本人也离开了首都长安。但中国历史上延续了两千多年的经学今古文之争，则由此开始，刘歆也被称为古文经学的奠基人。

从表面来看，今古文之争主要表现在文字及对经义的理解、解释的不同上。一般来讲，解经时，今文学派注重阐述经文中的"微言大义"，而古文学派则注重文字训诂。今文学派竭力把经书和神学迷信相联系，特别在西汉，今文经学家为迎合统治者的喜好，解经时喜欢掺杂当时流行的谶纬迷信。他们把经学和阴阳五行相附会，把经书说得神乎其神。古文学派虽然还未能完全摆脱神学迷信的羁绊，但反对讲灾异谶纬，注重实学。

到东汉时立于学官的虽然仍只有今文，但从此以后经学就有今文与古文、神秘的与历史的，两个并行的潮流，并且古文的势力渐渐有压倒今文的趋势。


## 四、阴阳谶纬学

秦汉时代第三种宗教的潮流，并且是神秘成分最多，而同时对儒道两家都有极大影响的潮流，就是烦琐的阴阳谶纬学。此学有两个大题目。一个就是附会扩大《洪范》而产生的"五行灾异说"，一切非常甚至平常的事都用这个万能的学说解释。《洪范》原是商代贵族政权总结出来的统治经验。"洪"的意思是"大"，"范"的意思是"法"。"洪范"即统治大法。认为龟筮可以决疑，政情可使天象变化，后成为汉代"天人感应"思想的理论基础。董仲舒、刘向等人均鼓吹阴阳五行、天人感应之说。

阴阳谶纬学的第二个大题目就是"五德终始说"。"五德终始说"是战国时的阴阳家邹衍所主张的历史观念。"五德"是指五行木、火、土、金、水所代表的五种德性。"终始"指"五德"的周而复始地循环运转。邹衍常以这个学说来为历史变迁、皇朝兴衰做解释。后来，皇朝的最高统治者常常自称"奉天承运皇帝"，当中所谓"承运"就是意味着"五德终始说"的"德"运。

秦自认为水德，汉犹豫不定，开始定为土德，但直到西汉将亡时自己仍不能确知以往二百年到底由何德支配。汉室中兴，光武才最后决定汉为火德。五德终始的学说在王莽与东汉之际最为盛行。王莽要假借这种《推背图》式的预言学作为他篡汉的工具。汉朝是火德，他制造各种预言和祥瑞，使世人相信，火德销尽，土德当代。光武又用它作为汉室复兴的根据，告天祭神，以确定自己政权的合法性。

中兴成功之后，光武对谶纬更加崇信，平常极大方的皇帝对于怀疑谶纬的人也很不大方。当时的经学家桓谭上书反对谶纬，认为荒诞不经，光武帝很不高兴，说："桓谭非圣无法，将下斩之！"谭叩头流血，才得以保命，后被贬官外放，病死于途中。

## 五、儒道阴阳糅合之国教

当时，任何的信仰、任何的神祇，皇帝都代表国家对它表示相当的敬意，因为皇帝现在于名实两方都是个天下的君主。社稷山川都有神灵，且有一套完备的谱系，都要由皇帝主持祭拜。

其中，最隆重的典礼就是封禅。封禅，封为"祭天"，禅为"祭地"，即古代帝王在太平盛世或天降祥瑞之时的祭祀天地的大型典礼。战国时齐鲁有些儒士认为五岳中泰山为最高，帝王应到泰山祭祀。秦始皇、汉武帝等都曾举行过封禅大典。封禅活动实质上是强调君权神授的手段。

第二十三章

# 秦汉思想

## 一、思想之学术化

秦汉时代，除宗教的神秘主义外，并没有真正新的思想。一般所谓哲学作品，或是属于战国末年已经盛行的"备天地万物古今之事"的杂家，如《吕氏春秋》，东拉西扯地凑成篇幅；或是研究先秦诸子的哲学批评史，如《淮南子》。天下一统，政治社会问题算是解决了；同时哲学问题也可说解决了；没有人能再真正谈哲学，哲学问题就解决了。除笼罩全社会的宗教信仰外，所余的精神生活也不过是对于先代思想的一点无关紧要的、一知半解的学术研究。

## 二、儒道思想之结束

战国时代纵横交错的各种思潮，秦汉以后都汇合于儒道两大流。而汉盛时，董仲舒把传统的儒家思想综合整理，并尽量地吸收当代流行的阴阳五行学说，鼓吹"天人感应"，认为自然、人事都受制于天命；同时淮南王的一群门客又编了一种道家读本，即《淮南子》。两人可说是古代儒道两大学派的殿军；到南北朝时佛教与中国文化的混合为一，思想界才又有新的发展。

## 三、古代思想之总结束——王充

董仲舒、淮南子如果是儒道两家的殿军，王充可说是给全部古代思想一个总结的人。《论衡》对于古代思想的各方面都重新估价，最后的结论大半都是否定的。全部《论衡》中，尤其《自纪》一篇中，充满了对于宇宙人生一切都看透的一种无可奈何的悲哀。书中说："孔子称命，孟子言天，吉凶安危，不在于人。"这是文化成熟甚至过度成熟的表现，是一般逃出神秘宗教笼罩的人的唯一精神归宿：上下四方古往今来的一切都叫他们深刻地感觉到渺小的人类不过是无情命运的玩物，所有人为的事物都无济于事。王充在《论死》一篇中说"人之死，犹火之灭也"，人死后，形体腐朽，精神也就不复存在了。人生没有不朽和永恒的东西。在这种空气中，无鬼论可说是最后、最大的价值的否定。生前不过如此，死后渺渺茫茫，这是两千年的文化事业所求得的最后结论！

## 四、古代文化之总账

除评价之外，第二种结束文化事业的方法就是在人为的范畴以内给人类已往的言行写一笔总账。在人类的行为方面，司马迁写了一本包括已往一切立德立功的事业的文化史，即《太史公书》，希望藏之名山，副在京师，俟后世圣人君子。在人类的文字方面，刘向父子编了一部包括已往一切立言的作品的目录学提要，即《七略》。此书包含六艺略、诸子略、诗赋略、兵书略、术数略、方技略，再在前面加上一个总论性质的"辑略"，即成我国第一部分类目录《七略》。其目的是"辨章学术，考镜源流"。这可说是一种肯定的工作，承认文化事业有它不朽的价值。

第二十四章

# 大汉帝国之末运

（89—316）

## 一、政治制度之破裂——外戚与宦官

和帝以后百年间是汉室渐趋灭亡的时期，同时也是古代中国大崩溃的开始。外戚与宦官是帝制的两种不可避免的弱点。作为皇权制度的寄生虫，皇权越集中，他们的权势也就越大。随着东汉以来皇权的膨胀和专制政治体制的加强，外戚和宦官的势力也开始狐假虎威，在绝对皇权的庇护下作威作福，甚至达到了操纵皇帝、肆行废立的地步。

中兴之初，虽然极力防范，但到章帝时外戚又渐渐抬头，窦宪是章帝的皇后之兄，在章帝在位之时就已经位高权重，他甚至骄横到用低价强买沁水公主的园田，而公主却畏惮窦宪的权势而不敢吭声。窦宪的气焰，可见一斑。章帝死后，和帝即位，太后临朝，窦宪更加嚣张。窦宪的党羽，遍布朝野，他的奴客甚至杀人越货、横行京师。和帝有心除掉窦宪，苦于身边大臣皆为窦宪党羽而只得依靠宦官。永元四年（92 年），宦官郑众受命指挥自己的亲信禁军除掉了窦宪。郑众因功封侯，并参与政事，这是宦官专理朝政和封侯的开始。

和帝以下政治就又为外戚操纵。历代外戚都故意立幼主，甚至立仍在襁褓中的婴儿，以便国舅假借青年太后的名义把持一切。汉顺帝死后，梁太后及其兄梁冀先后选立两岁的汉冲帝，八岁的汉质帝，十五岁的汉桓帝。梁冀把持朝政近二十年，年幼的汉质帝虽为儿童，亦对梁冀的行为有所不满，称之为"跋扈将军"，梁冀知道后竟将质帝毒害。当时百官迁召，都要到梁冀门下谢恩，然后才能到相关机构报到。若官员不顺从梁冀的各种勒索，往往被之杀害。梁冀当权期间，一门之中，有七人封侯，三人为皇后，六人为贵人，两人任大将军，女子食邑称君者七人，与公主结婚者三人，其余任卿、将、尹、校者五十七人。

皇帝成年之后，往往认为只有宦官能铲除跋扈的外戚；但宦官弄权，国事更无办法。宦官和外戚本是一丘之貉，外戚飞扬跋扈，宦官也同样的横行不法，宦官们可以当官，可以封侯，甚至可以养子袭爵，曹操的父亲曹嵩便是宦官曹腾的养子。汉桓帝时，单超等五位宦官因诛杀梁冀而封侯，世称"五侯"。"五侯"们的生活完全仿照宫中制度，他们的兄弟亲戚勒索州郡，残害百姓，与盗贼无异。

和帝以下百年间的政治史就是外戚与宦官的轮流捣乱史，在这种情形下，一切法定的政治制度都不能维持，政治又返回到原始时代的野蛮斗杀。


## 二、政治制度之破裂——国军消灭与地方割据

光武帝废郡国军，只留中央军与重要边地的驻屯军。这并不见得是中央集权的政策：一般人早就不要当兵，与其继续维持有名无实的地方军，还不如直接废除为便。但人民既然不愿当兵，中央军也是同样的难以维持；所以到后来只有边疆归化的羌胡兵还勉强可用，甚至大家认为这是当然的事，丝毫不以为怪。并且不只衰乱的末世如此，

东汉强盛时最值得纪念的武功胜利，实际亦大半是外族兵的功劳。

窦宪出击北匈奴之时，就曾利用南匈奴和羌胡的军队配合作战，史载窦宪出兵时率"南单于、东乌桓、西戎氐羌侯王君长之群，骁骑三万"（《后汉书·窦融列传》）。东汉末年及三国时期，各军阀利用鲜卑、乌桓、羌族"以胡治胡"和打击敌人更是常态。如军阀韩遂就利用羌族武装进攻州郡，而当时防守韩遂的将领曾建议利用乌桓和鲜卑的力量进行对抗。

郡国军虽然废除，维持各地的治安仍需武力，所以州牧太守一定都要招募士兵。但这是地方官的私军，不属于国家，也不为国家所用。在东汉，各州郡都有独霸一方的豪强地主，这些豪强在他们的庄园中都拥有自己的武装。地主的田庄相对独立，因此往往成为内聚力很强的社会群体，他们拥有的武装实力足可以与政府军对抗。东汉末年，有的豪族武装甚至拒绝地方官入境。

中央军消灭，宦官外戚交互捣乱，天下骚动，拥有私军的地方官尾大不掉，因而形成割据的局面。黄巾军起义后，很多军阀都是依靠地主豪强的武装而割据城池，或者由一个比较有威望的大豪强聚集其他拥有宾客部曲的豪强形成自己的势力。


### 三、政治制度之破裂——财政与一般政治之紊乱


天下骚动的时代，财政一定混乱不堪，吏治也必因而破坏，甚至由正路做官几乎成为不可能的事。安帝永初三年（109年），天下大旱，财政危机开始显现。汉桓帝时期，蝗灾和洪水又席卷大半州郡，同时不断兴起的各族人民反抗起义又耗费了朝廷大量的财力。在东汉王朝这种风雨飘摇的情况下，统治者想的不是稳定局面，而是继续他们的腐朽生活和黑暗统治。汉灵帝后宫彩女千余人，衣食之费，日数千金。为了满足宫廷需要，灵帝公开卖官鬻爵，设专门机构——西邸，以按所售官职的级别收费。公卿这样的高位也是可以卖

的，如公一千万钱，卿五百万钱。汉灵帝甚至还向周围的人抱怨当初有些官职要价过低。在这种情况下，东汉的吏治腐败就可想而知了。为了捞回自己买官时的花费，官员贪赃已是常事，地方官除了苛捐杂税外，更为了报功而虚报赋税和人口，多出的这些税，自然要由百姓来负担。汉安帝时期在这种种积因的推动之下，皇帝即或英明，也不见得能挽回颓局。当时偏逢一些低能的皇帝，天下大势于是一去不可收拾。

## 四、天灾人祸与人口之减少

除人为的各种祸难之外，此时天灾也似乎特别流行。举一年为例，天灾人祸的纷至沓来已很可惊，仅安帝一朝十九年中，水灾即达十一次，旱灾七次，蝗灾七次，受灾范围遍及中华大地。当时，"青、冀之域，淫雨漏河；徐、岱之滨，海水盆溢；兖、豫蝗蝝滋生"（《后汉书·陈忠传》），盗贼遍地，天下成了盗匪的世界。纲纪败坏，国家即或要尽一点救济贫弱的责任，也十分困难。

永初二年（108年），"剧贼"毕豪率部入平原界，于厌次河战败平原县兵，捉县令刘雄，为东郡太守镇压。永初三年（109年）七月，"海贼"张伯路自称将军，率义军三千余人活动于山东沿海九郡之地，杀两千石令长。次年，张伯路与渤海平原诸地义军刘文河、周文光部会合，攻厌次，杀长吏，转入高唐。御史中丞王宗持节调发幽、蓟诸郡兵数万人，与青州刺史法雄共同镇压义军。建康元年（144年）十一月，徐凤、马勉在九江起义，称"无上将军"，攻烧城邑。次年正月，杀曲阳、东城长。三月，马勉在九江以黄色为服色，称"黄帝"，"建年号，置百官"。历阳义军华孟自称"黑帝"，攻九江，杀郡守杨岑，遭到九江都尉滕抚的镇压。

关于当时的人口，虽然没有可靠的统计，但经过长期浩劫之后，所谓"百里无人烟"已成为很平常的现象。

## 五、乱亡经过——羌乱

庞大的帝国，乱亡的因缘虽都成熟，必须经过多次重大的打击才能完全崩溃。第一个打击就是西羌的变乱。周边少数民族的反抗斗争此起彼伏、持续不断，其中规模最大、持续时间最久、对东汉帝国统治打击最大的是西羌起义。羌本是弱小的民族，在西汉时并不能对国家安全构成威胁；中兴以后，政治渐趋破裂，社会日愈散漫，兵制等于消灭，所以连对付弱小的羌也毫无办法。

"时诸降羌布在郡县，皆为吏人豪右所徭役，积以愁怨"（《后汉书·西羌传》），官吏强征兵徭，更为暴虐。永初元年（107年）夏，骑都尉王弘强征金城、陇西、汉阳三郡羌人数百千骑出征西域，群羌害怕远屯不还，行到酒泉，多有散叛。各郡发兵堵击，并捣毁沿途羌人庐落，激起羌人相聚反抗。由于武器缺乏，这些羌人拿起竹竿木棍、门板、铜镜等作为武器，屡败官军。武都、北地、上郡、西河等地羌人都起而响应，"众遂大盛"。他们"东犯赵、魏，南入益州，杀汉中太守董炳，遂寇钞三辅，断陇道"（《后汉书·西羌传》），多次击败进剿的官军。长期的羌乱把当时（也可说把后世历代）中国的弱点暴露无遗。

## 六、乱亡经过——党锢黄巾与十常侍

羌乱未平，党祸又起。经过武帝以下的提倡，经过中兴之后的"表彰气节"，儒教可说完全成熟，儒士成为一个特殊的团体，团体中的舆论称为"清议"，势力甚大。汉末百年间外戚宦官交互弄权，外戚既为士人出身，很自然地就联络清议以排斥宦官，因而引起党锢之祸。

太学生和反宦官的官吏以帝国纲常的卫道者自居，以清流自命。他们把宦官和依附宦官集团的人物视为浊流，对宦官进行猛烈的攻击。他们攻击宦官的手段是向皇帝上书，揭露宦官擅权的腐朽与罪恶。太学生的议政活动和正直官吏剪除宦官的斗争此呼彼应，使作恶多端的宦官集团恨入骨髓，必欲除之而后快。桓帝延熹九年（166年）和灵帝建宁二年（169年），宦官集团唆使皇帝掀起两次"党锢之祸"，疯狂地迫害反对宦官的官员，这些被告皆"下狱，死者百余人，妻子徙边，诸附从者锢及五属"。统治阶级大肆株连，"制诏州郡大举钩党，于是天下豪杰及儒学行义者，一切结为党人"（《后汉书·党锢传》）。当权的宦官集团对于这种疯狂的迫害还不准申诉辩理。熹平五年（176年），"永昌太守曹鸾坐讼党人，弃市。诏党人门生故吏父兄子弟在位者，皆免官禁锢"（《后汉书·灵帝纪》）。"党祸"株连之广，简直前无古人！

政治日非，民不聊生，黄巾之乱又起。这是中国历史上第一次秘密结社以宗教名义为号召的民众暴动，从此之后就成为定例。散漫的人心似乎只有对于宗教式的秘密团体还能衷心拥护。这种团体大概平时潜伏，可惜无从研究；到政治腐败民不堪命时，往往是由这种秘密会社首先起事。

黄巾起义的主导力量是太平道。巨鹿（今河北省邢台市平乡县）人张角、张梁、张宝兄弟三人通过治病救人等手段传布太平道，其信徒高达数十万人，遍及青、徐、幽、冀、荆、扬、兖、豫八大州，几乎占了当时全国的四分之三。许多人为了投奔张角，不惜变卖家产，千里迢迢，争先恐后，沿途挤得水泄不通，据说半途被踩死者就有万多人。张角积极部署大起义的准备，后因机谋泄露，不得不提前起义。黄巾起义声势浩大，朝廷军队一度无可抵御，只得放开权柄，命令地方州牧自行筹备军队镇压黄巾军，地方豪强也以镇压黄巾为借口扩充力量，在各地军队的血腥镇压下，同时也因为黄巾军的战略失误，在几个月之后，起义最终失败。

黄巾军方平，十常侍之乱又起。这是百年来外戚宦官的末次争斗，也是宦官祸国的最烈一幕。汉灵帝时的宦官集团，人称"十常侍"，其首领是张让和赵忠。他们玩小皇帝于股掌之上，以致灵帝称

"张常侍是我父，赵常侍是我母"。大将军何进是皇后之兄，灵帝驾崩后，"十常侍"之一的蹇硕预谋诛杀何进而立皇子刘协，未果，反被何进所诛。不过何进过于轻敌，低估了宦官集团的力量。由于准备不足，事泄后被张让等先下手为强，遭杀身之祸。何进死后，京师大乱，袁绍立刻率兵攻进皇宫诛杀宦官，在杀宦官的过程中，以至于没有胡子的人也被误认为是宦官而遭诛杀。宦官被杀戮殆尽后，董卓又借口平乱而进驻京师，后恃强控制朝政，杀何太后及其母舞阳君，何氏家族灭亡，东汉最后一个外戚专权势力被铲除。乱平之后，宦官外戚一并败亡，汉室也只遗空名。

## 七、乱亡经过——董卓与李郭之乱

外戚宦官两败之后，汉室也就名存实亡。一百年来这两种人固然祸国，但从另一方面也可说汉室曾由他们维持。外戚宦官就是国家，他们一旦被消灭，国家也就失了依据，地方握有重兵而能控制皇帝为傀儡的人现在就是实际的统治者。最早利用这种机会的人就是董卓与他的部下李傕、郭汜。

董卓入京后，废黜刘辩，另立灵帝九岁的庶子刘协为帝（汉献帝），而独揽朝政大权。董卓擅兴废立和专制朝政，激起关东地方势力的强烈不满。关东的州郡牧守推举袁绍为盟主，组成讨伐董卓的联军。董卓为避关东兵锋，乃迁都长安。他纵兵掠抢，焚毁洛阳及周围二百里的宫室、民居，驱逼洛阳百姓数百万口西去。董卓一走，关东联军则作鸟兽散。初平三年（192年）长安发生政变，董卓被部下吕布杀死，后来他的部将李傕攻入长安，掌握朝政，又引起郭汜不满而相互攻杀。东汉朝廷名存实亡，皇帝和公卿如丧家之犬，在流亡中辗转返回洛阳。各地拥有私军的州牧太守至此也不再客气，各占地盘。至建安元年（196年）汉献帝辗转返回洛阳时，割据局面已经形成：袁绍占据冀、青、并三州；曹操占据兖、豫二州；公孙瓒占据幽州；

陶谦占据徐州；袁术占据扬州；刘表占据荆州；刘焉占据益州；孙策占据江东；韩遂、马腾占据凉州；公孙度占据辽东；而刘备立足未稳，依附于各割据势力之间。长期的割据大乱由此开始。社会又渐渐返回到野蛮时代，人命成了一种最不值钱的物件。

## 八、乱亡经过——曹操与三国

自董卓以下，中央成为大军阀的傀儡，地方则由大小的军阀割据。董卓没有远大的计划，失败之后，曹操取代他的地位。

曹操（155—220），字孟德，沛国谯县（今安徽亳州）人。其父曹嵩是大宦官曹腾的养子，官至太尉。曹操少机警，有权术，20岁时举孝廉为郎。灵帝中平五年（188年）组建西园新军，他任典军校尉。董卓专权后，曹操到陈留聚兵五千人，参加讨董联军。初平三年（192年），青州黄巾军攻杀兖州刺史，曹操入据兖州，击败黄巾军，收降卒三十余万，男女百余万口。他改编其中精锐者，号称"青州兵"，从此势力大振。后曹操迎汉献帝入许昌，取得了"挟天子以令诸侯"的政治优势。当曹操大体上平定黄河以南时，袁绍也平定了黄河以北。建安五年（200年），双方决战于官渡（今河南中牟境内）。曹军在官渡以少胜多，歼灭袁军主力，取得了统一北方的决定性胜利。官渡战后，袁绍病死，其子袁谭、袁尚自相攻击，曹操乘机挥师北上，消灭了袁氏残余势力。此后，曹操集团成了当时势力最大、军事实力最强，同时拥有着很大政治号召力的割据势力。

割据的局面渐渐分明，形成鼎足之势，赤壁之战可说是决定三国局势的战争。曹操平定北方后，欲借胜利之余威扫荡南方，攻灭荆州、江东以统一天下。不过志得意满的曹操由于轻敌和出兵过于迅速而没有考虑到其他的复杂因素，终于被一心抗曹的孙权和刘备在赤壁击败。曹操退回北方后，刘备以荆州地区为根据地，又占领了益州、汉中等地，巩固了自己的势力。三国鼎立局面实际形成。后来曹丕篡汉，吴、蜀称尊，不过是正式宣布一件既成事实。

此后五六十年间，天下处在不断的战乱中。在这种混战中，挟持天子的曹氏实力最为雄厚，所以最后仍是魏与它的继承者晋占了胜利。长期大乱之后，社会生活又返回到原始的状态，交易方面甚至又退化到以货易货的地步。

## 九、乱亡经过——西晋与中原之沦丧

经过汉末的大乱与三国的扰攘之后，天下一并于晋，大局似乎又安定下来。但这只是片时的安定，不过是大崩溃前的回光返照。自殷商以下两千年来建功立业的华夏民族至此已颓废堕落到可惊的程度，无人再能真正振作，大家好似不约而同地走向自杀之路。政治腐败，目的不在治民而在吃民，贿赂公行，钱能通神。

晋武帝是开国之君，却是平庸之主，无经国远图，宽纵大臣，信用佞臣。朝中权贵结党营私，政出多门。他贪婪成性，公然卖官鬻爵，以为私财。自灭吴之后，更加志得意满，以为江山一统，天下太平，"骄泰之心，因斯而起"（《晋书·世祖武帝》）。他的后宫原有宫女五千，又选取吴宫女五千，终日耽于嬉戏。君主如此，臣僚更甚。西晋权贵大多是曹魏权贵的子孙，生于富贵，安于逸乐，以奢靡相高，纵情于声色。为维持奢侈的生活方式，他们千方百计地聚敛财富，广占园田土地，收受贿赂。如鬲令袁毅行贿遍朝中，以求升迁。当时求官买职成风，王沈在《释时论》中说，"京邑翼翼，群士千亿，奔集势门，求官买职"（《晋书·文苑·王沈传》）。连荆州都督杜预也不得不给朝中权贵送礼以求平安。更有甚者，石崇在荆州任上竟然派人抢劫过往的使者、客商。对此，时人鲁褒讽刺说，"凡今之人，唯钱而已"（《晋书·隐逸·鲁褒传》）。西晋统治集团腐败到这个地步，它的灭亡已经不远。

大乱之后政治破裂，豪右遂得操纵地方。这最少是晋又行"封建"制的一个原因。但封建并不足以挽回颓局，反而促进崩乱的来临。地方都督，都是由皇帝任命的。建立都督制的目的也是为了巩固皇权捍卫统一。但都督坐镇一方，手握一方军政大权，可以成为维护皇权的力量，也可以成为地方割据的势力。晋因惩魏氏孤立之弊而建立的宗室诸侯王的特权，由于缺乏必要的法度和统治集团内部矛盾的发展，宗室诸侯王恰好成为分割皇权的势力。

社会的萎靡与政治的腐败同时并进。有能力的人都采取及时行乐主义而癫狂般地享用。内部腐化破裂到不可收拾的时候，杂居中国边地甚至内地的夷狄就乘机喧宾夺主，人民的颠沛流离达到一个难以想象的地步。汉末以下的扰乱至此可说收到了最后的恶果。永兴元年（304年），匈奴族首领刘渊在离石（今属山西）起兵反晋，自称匈奴大单于，后建国号汉，改称汉王。刘渊子刘聪继立，派兵消灭西晋。其后，匈奴、羯、氐、羌、鲜卑等各族纷纷在北方建立政权，各政权之间此起彼伏、互相攻杀，昔日中原胜地沦为炼狱，百姓或被杀，或携家带口流离失所，在流亡的道路上，尸骨成堆、哀号满路。这就是所谓的"五胡乱华"[①]和"永嘉之乱"。

最可怜的就是少数的明眼人，在晋武帝的盛期他们已知自己是处在衰乱的末世，但他们的大声疾呼并没有发生效力。一般的人似乎都抱着一种"日暮途远倒行逆施"的宗旨度日；人心既死，一切在理论上可行的办法都无济于事。

---

① 这一提法为遵照原文，予以保留，如今的提法是"北方游牧民族内迁"。——编者注

第二十五章

# 末世之宗教与人生观

## 一、儒教之凝结与衰颓

儒教到东汉晚期已发展到尽头，内部开始凝结。六经刻石，经文由此固定。马融、郑玄注经，兼采今古文，由此宗教派别式的经传学说也趋于固定。东汉"表彰气节"，太学大盛，儒生也居然结合成了一种势力遍天下的团体，但党锢之祸由此发生，儒生大受摧残。汉末大乱，经典焚毁殆尽。人书两丧，儒教由此消沉。

随着经学走到穷途末路，一些士大夫开始转而从道、名、法诸家学说中去发掘有用的思想资料，思想界非常活跃，动摇了儒家独尊的地位。到三国时，国家甚至公然提倡一种非伦理的人才主义，这与儒教的精神完全相反。

在西晋的粉饰太平之下，儒教又暂时受了口头的尊仰；但风靡一世的颓废主义使枯燥乏趣的儒教无法继续维持，于是主张"以无为本"的玄学开始兴起。玄学发展到西晋，已经成为一种时髦的谈资。许多士族中人其实不懂玄学为何物，不过手执麈尾，口中雌黄，附庸风雅而已。

傅玄是最后诚心提倡儒教的人。此后五百年间学术思想方面的人才都在儒教范围之外。大多数所谓文人学士的心灵完全枯竭，几个世纪间只作出些无病呻吟的造句文字。


## 二、清谈与隐逸

参透宇宙人生一切因而产生的悲观主义于战国时代已经萌芽；到王充而大盛，不过仍含有一点悲壮慷慨的成分；到魏晋以下就笼罩了精神界，并且全成了放荡颓废的消极主义。这是一个文化由成熟以至衰老所必经的过程。过度庄重的儒教式微，极端任性的清谈大盛。一般文人以老、庄为借口而尽量发挥道家思想中的颓废倾向。庄子的书尤为时髦，甚至有人窃取别人的庄子疏注以出风头。同时这些人在著作与行为方面也极力地宣扬实行他们的主义。

这些人"妙善玄言，唯谈《老》《庄》为事，每捉玉柄麈尾，与手同色。义理有所不安，随即改更，世号'口中雌黄'。……累居显职，后进之士，莫不景慕仿效。选举登朝，皆以为称首。矜高浮诞，遂成风俗焉"（《晋书·王戎传·从弟衍附传》）。其卑下者，更以无耻为放达，以肉麻为有趣，乃至脱衣服，露丑恶，偷酒喝，挑逗女人，行同禽兽。无怪乎在西晋灭亡后，人们谴责玄学清谈误国！

但有少数的人，虽不能脱离时代精神的影响，却也不甘于自暴自弃，陶渊明就是一个这样自爱的人，言行一致地服膺一种超脱人世的隐逸主义。陶渊明一反玄言诗风，经常以田园生活为题材，风格清新平淡，语言质朴自然。东晋时代那些表述老庄哲理的玄言诗，虽然已几乎失去了文学趣味，也已不成其为诗了，然而，东晋的玄言诗中却酝酿着一种新的重要的东西，这就是山水诗的萌芽。陶渊明的田园诗，开创了新的审美领域和新的艺术境界。虽然一般玄言诗人都注意到从审察自然来体会哲理，并由此产生了山水诗的萌芽，但没有人把目光投向平凡无奇的乡村。只有在陶渊明的笔下，农村生活、田园风光才第一次被当作重要的审美对象，由此为后人开辟了一片情味独特的天地。

陶渊明对后世影响最大的是"真"与"自然"。这两点从某种意义上讲也是魏晋风流名士们所汲汲追求的，但是他们都没有做到。提出"越名教而任自然"的嵇康没做到，阮籍没做到，此后会稽名士、中朝名士都没有做到。也许是当时社会历史条件的限制，又或者他们对"真"与"自然"的理解不同。他们走向的只是反面，即"佯"与"狂"。陶渊明不像他们那样放诞和极端，他虽有孤傲的性情，但更多一分理性的节制。钟惺、谭元春则说陶渊明"竟是一小心翼翼、温慎忧勤之人。东晋放达，少此一段原委。公实补之"。

基于以上论述，我们便可以回答另一个问题，即《世说新语》何以不收陶渊明？原因就在于陶渊明的表现与魏晋风流是有所背离的。可以说，陶渊明之所以伟大，并不在当时，而在于后人对他的发现与解读。


## 三、道教

在几百年来神秘空气的熏陶之下，道家所宗的老子到汉末也成了神。同时在民间，于儒士团结最盛时，神仙黄老派也组成秘密团体，如黄巾起义失败后，太平道被禁止。张鲁投降曹操，五斗米道继续流传，因而奠定了后世道教会的基础。修仙、炼丹、治鬼、符箓等的道教信仰与法术也渐渐都发展成熟。两晋之际，葛洪对道教实行改造，提出以道为本，以儒为末，道儒结合；宣扬服食炼丹、延年益寿之术，迎合大族官僚的需要。从此，道教完全变成统治阶级的宗教，皇室、门阀士族中出现了许多道教信徒。

## 四、佛教之输入

在文人消极颓废与民众迷信法术的环境之下，最利于神秘宗教的产生或输入。儒学的式微和玄学的兴起，使佛教乘虚而入，借助玄学去推行佛法；而玄学家也对佛教的"空""无"哲学发生兴趣，从中吸取营养。佛教关于"来世"的许诺，更容易使在长期动乱中饱受苦难折磨的人们产生出幻觉而皈依到佛门之下。自东晋十六国以后历代君主的提倡，则进一步推动了佛教的发展。

佛教何时输入虽不可知，但最晚到东汉初期已有人信仰，到汉末无论宫中与民间都很欢迎这个新的宗教。但起初的信徒并没有深刻的认识，浮屠也不过是一种新的神祇而已，直到三国时代仍有此种情形。当初国家不准汉人出家，到五胡乱华时人民才有为僧尼的完全自由；风气所趋，许多动机不纯的人也都出家。"看破红尘"的现象日渐加盛，摒弃财色隐遁修行的神秘过程中的种种特殊心理表现也发生于向来实事求是的汉族中。在四民之外，无形中产生一个打破家族的出家阶级，相率以"释"字为标志，甚至有超脱国家管束的趋向。

面对佛教兴起带来的统治危机，许多统治者对佛教利用的同时，也不时地对发展过盛的佛教进行抑制。北魏太武帝镇压盖吴起义时，发现长安佛寺中私藏武器，遂禁断佛教，坑杀僧人。北周武帝出于经济上的原因，也采取灭佛措施，勒令僧尼还俗。

而此时佛教的内容也渐渐充实，不只是作为一种神祇。有人往西域留学求经，认真研究。到东晋时代，译经日多，以至需要整理篇目。翻译之外，汉人也从事著作，最早的一种重要作品就是无名氏模仿道家圣经的《老子》所撰的《四十二章经》。这可说是一本佛法入门的宣传品。

## 第二十六章

# 五胡乱华

## （317—383）

### 一、背景

土著开化的富裕地带对于游牧民族有不可抵御的诱惑。除非土著人民有能力把他们完全歼灭或驱逐到绝远的地方，这些逐水草而居的人终究要冲破文明区域的壁垒。中国北边及西北的民族，只有北匈奴曾被驱逐远窜，但一大半是靠南匈奴与西北羌胡的助力。至于任何异族的完全歼灭，在漫无涯际的沙漠旷野中全谈不到。中国因此感到只有容他们进到边地居住，给他们一种享受文明社会生活的机会，才能满足他们的欲望，减少他们不断扰边的麻烦。同时中国自己也相信夷狄移近内地易于监视控制，所以两汉魏晋数百年来就一贯地实行这种双方尚可满意的政策。这是中国对于外族不能捕灭、不能逐远，最多只能战胜，而往往被战败的局面之下不可避免的政策。

但中国既把夷狄迁近内地，却无通盘的计划，一任地方官摆布。地方官对他们不知牢笼，往往欺压掳掠，不只时常引起叛乱，并且使他们对中国发生恶感，时刻怨恨，因而阻止了他们华化的趋向。数十年以至数百年与中国人杂处而不同化，这是后代所绝无的例子。夷狄中最著名的例子恐怕就是石勒。

石勒是上党武乡（今山西榆社北）人，其祖父和父亲当过部落小帅，但社会地位并不高。石勒从小在家务农，因家境贫寒，没有机会读书，目不识丁，14岁便出外谋生，曾随同族人在洛阳当小商贩，后来又当过雇工。石勒在当小贩时异常贫苦，甚至为争一块麻地与邻居李阳数次殴斗。其后并州刺史东瀛公司马腾，令将军郭阳、张隆等虏捉诸胡，两人共锁于一枷，驱向山东（太行山以东一带）出卖。二十多岁的石勒，也在被掠卖者之中。到山东后，石勒被卖与茌平（山东茌平县）人师懽家为奴。石勒的青少年时代，就是在不断被汉人豪强驱赶、贩卖中度过的。

除以上种种因缘之外，东汉建都洛阳的失策也与五胡乱华有关系。若都长安，西北或者不致大半成为羌胡的居地；由长安方面看，并州，最少并州南部是后方内地，或者也不致由匈奴任意蔓延占据。所以建都洛阳无论本意如何，结果等于向夷狄表示退缩，把西北与正北的国防要地拱手让人。明朝永乐皇帝为防备蒙古南侵，将国都迁到离蒙古人比较近的北京，就是出于此种考虑。建都长安不见得能永久防止胡人内侵，但建都洛阳的确给外族一个内侵的莫大便利。刘渊起事是中原正式沦丧的开始，但实际上中原的一部分，并且是国防上最重要的部分，早已成了胡人的势力。

上列种种原因虽很重要，但可说都是可轻可重的外因。根本讲来，五胡乱华还是由于政治瓦解、民气消沉的严重内因。


二、中原沦丧

由刘渊起事到元魏统一中原，中国经过一百三十六年的大乱，就是所谓五胡十六国的时代，最早发动的就是自汉宣帝以下蔓延内地的并州匈奴。所谓大晋一统的虚伪局面被立刻揭开，真正抵抗的能力全告缺乏。

怀帝永嘉三年（309年），刘渊派儿子刘聪两次进攻洛阳。永嘉四年（310年），刘渊死，刘聪继位。这时洛阳周围地区或遭破坏，或为刘聪、石勒占领，洛阳饥困日甚。掌权的东海王越，眼看洛阳难守，遂以出讨石勒为名，率领仅有的一些军队和满朝文武公卿离开洛阳，东屯项。永嘉五年（311年）三月，司马越病死。石勒率骑追司马越军，在苦县宁平城（今安徽鹿南郸城东）大败晋兵，"从骑围而射之，将士十余万人相践如山，无一人得免者"（《资治通鉴》卷八七晋怀帝永嘉五年）。同年五月，刘聪攻陷洛阳，晋王公百官及百姓死者三万多人，怀帝被掳到平阳。

但这些外族大半都受过中国文化的影响，占领中原之后就极力汉化，甚至忌讳"胡"字。后赵王朝的建立者石勒，本是入塞的羯族人。他在襄国（今河北邢台）登基做皇帝后，对自己国家的人称呼羯族人为胡人大为恼火。石勒制定了一条法令：无论说话写文章，一律严禁出现"胡"字，违者问斩不赦。可见此前中国对他们的虐待是防止他们汉化的最大原因。但"非我族类"，种族间的冲突难免。

公元349年，羯赵皇帝石虎死后，其子十余人互相残杀。公元350年正月，冉闵杀死羯赵皇帝石鉴，同时杀死石虎的三十八个孙子，尽灭石氏。其后冉闵即皇帝位，年号永兴，国号魏，史称冉魏。冉闵建魏后，便颁下《杀胡令》："凡内外六夷胡人，敢持兵仗者斩，汉人斩一胡人首级送凤阳门者，文官进位三等，武职悉拜东门。"冉闵亲自带兵击杀邺城周围的胡人，三日内斩首二十余万，尸横遍野，同时冉闵还扬言要六胡退出中原，"各还本土"，否则就将其统统杀绝。


## 三、汉族南迁

五胡乱华时的丧乱情形恐怕是此前内乱时所未有。许多地方的人

（除一部分绝对运命论的信徒）都觉得不能再继续支持，只有另寻乐土。巧逢晋室有人见到这一层，在江东已立了新的根据地，于是中原的人士就大批地渡江避乱。

当时，琅琊王司马睿为镇东大将军，都督扬、江、湘、交、广五州诸军事，驻建邺（因避愍帝司马邺讳，改称建康，今江苏南京）。因为江南比较稳定，当权的官僚们极力设法把自己的子弟、亲属安插到江南任地方官吏，以为将来自保之地。如宰相王衍就任命其弟王澄为荆州刺史，族弟王敦为扬州刺史。在永嘉南渡时，北方的许多士族、大地主携眷南逃，随同南逃的还有他们的宗族、部曲、宾客等，同乡同里的人也往往随着大户南逃。随从一户大地主南逃的往往有千余家，人口达到数万之多。有的逃到广陵（今江苏扬州），有的逃到京口（今镇江）以南。（《晋书·王导传》曰："洛阳倾覆，中州士女避乱江左者十六七。"）

当时流亡的情景，我们只能想象，不能详知。但由丧礼的成为问题就可知骨肉离散是如何的普遍。

方才过江的时候，一般的人还以为这不过是暂时的避难，并不是长久的迁移，但不久都渐渐觉得中原的故乡永无归还的希望。敌国外患似乎不是兴国的绝对良药，南渡之后政治的腐败、人心的麻木仍与先前一样。东晋孝武帝和司马道子，一君一相，耽于享受，官以贿迁。道子又好做长夜之宴，政事多阙。腐败的政治，加深了人民的痛苦。当时有人就曾上疏，指出："时谷贱人饥，流殣不绝，由百姓单贫，役调深刻。"（《晋书·简文三子·会稽王道子传》）

## 四、南北分局

汉人渡江是出于不得已，野心较大的人总希望不久能恢复中原。东晋初年，在门阀士族忙于建立江南小朝廷的时候，著名将领祖逖毅然率军北伐。他率领旧部数百人过江。他中流击楫而誓说："祖逖不能清中原而复济者，有如大江！"其辞色壮烈，众皆慨叹。

同时统治集团内的人实际上没有真正收复失地的能力，即或收复也没有继续保持的把握，并且一般的人也没有再回中原的意志。正当祖逖抓紧练兵，准备进军河北时，朝廷反而派戴渊为都督指挥祖逖，并扼制祖逖后路。祖逖眼见北伐功亏一篑，忧愤成疾，病死军中。

同时北方外族中的野心家却希望能克服长江的天险而吞并整个中国，但这也是时势所不许。从太元三年（378年）起，前秦开始发动对东晋的进攻，占领了梁、益二州。尽管当时前秦国内民族矛盾仍然很严重，但苻坚企图一举统一全国。苻坚自认为兵强马壮，企图"投鞭断流"。不过，他没有充分估计到前秦内部尖锐的民族矛盾和东晋的军事实力，结果在淝水之战后换得个"风声鹤唳"的下场。苻坚退回北方后，北方重新分裂。

自此，南北分立的局面渐渐确定，在很长时段内无从打破。

江南虽未受胡蹄践踏，但两千年来以中原为政治文化重心的古典中国至此已成过去。然而在此后二百年间的南北分裂中，却孕育着一个新的中国。

第二十七章

# 南北朝

（383—589）

## 一、南北互诋

南北并立的二百余年间，双方都以正统自居。北朝的根据是地理的线索，认为中原旧地足以代表中国文化的正统，所以就呼南朝为岛夷。南朝的根据是历史的与种族的线索，认为自己是纯粹的汉人与汉人的正统政府，所以就呼北朝为索虏。

## 二、南朝

南朝篡乱相继，二百年间政治始终未上轨道，政治社会一般的情形也非常混乱。东晋将领刘裕灭亡东晋建立刘宋，刘裕、刘义隆在位期间，刘宋尚有生气，不过刘宋末期，皇室兄弟间相互残杀，政治一度混乱。在此期间，南兖州刺史萧道成趁乱灭宋，建立齐。南齐的命运与刘宋相若，开国之主尚能控制局面，此后南齐皇室间的相互残杀更甚于宋末。永元三年（501年），宗室雍州刺史萧衍自襄阳起兵攻占建康，次年称帝，建立梁朝。梁武帝萧衍在位四十八年，他统治的晚期迷信佛教，大兴寺庙，甚至以皇帝之身出家为僧，而让大臣们花巨资赎他还俗。糊涂的萧衍妄想北朝叛将侯景能够助他北伐中原，结果反被侯景乘机围困于台城被活活饿死。待到陈霸先建立陈朝，南朝与北朝的差距进一步拉大，陈朝的疆域是南朝中最小的。

当时，只有商业似乎还有相当的发展。南方商业发展的一个重要表现，是非官方的草市的出现。当时，建康城除了城内官立的大市、北市、东市、宫市等以外，沿着秦淮河东北岸一线，又有备置官市征税的大市及十余所小市。这些小市也就是草市，是一种因商业发展而自然兴起的交易市场。随着商业的发展，长途贩运趋于活跃。江南江河纵横，水运也随之发达。

但南朝有它历史上的作为，就是将长江流域完全汉化。南迁侨人中的士大夫，代表一种特殊的势力，可说是南方的征服者，正如胡人是中原的征服者一样。南土虽从春秋时代以后就开始与中国同化，但这种同化的过程直到魏晋时代仍未完成。历代中原迁移的人与南土汉化的人虽已占多数，生熟的蛮人仍有他们自己的地盘，风俗习惯仍保留原始的状态。南迁的中原人士带有殖民的性质，与本地的汉人恐怕已不免冲突，与族类不同文化幼稚的蛮夷当然势不两立，蛮人因而时常暴动反抗。汉人虽然衰弱，但对付蛮人还无大的困难。到南北朝的末期，虽然江汉一带的蛮夷问题尚未完全解决，但一部分的蛮人却已汉化，蛮人的部分土地也被汉人占领。


## 三、北朝

北朝最大的特点就是有种族的分别，最少在初期胡主汉奴的情形很明显，到末期也没有完全消灭。至于政治，虽较南朝或者略为健全，然而大致也未上轨道，如北魏前期实际上实行的是一种"胡汉杂糜"的政治制度，有"胡汉分治"的色彩。政治社会一般的情形也与南朝同样的混乱。淝水之战后，鲜卑拓跋部酋长拓跋珪重新纠集部众，于公元386年恢复代国，不久，改国号魏，史称北魏。北魏比较有作为的皇帝孝文帝死后，北魏日趋衰落。朝政混乱之时，大将尔朱荣率军攻占洛阳，掌控朝政，史称河阴事变。他在河阴将北魏幼主和胡太后沉入黄河溺毙，杀死大臣两千余人。后北魏分裂为东魏、西魏，而东、西魏的命运与南朝各政权有很大相似性，经过一个个的宫廷剧变和兄弟相残，东、西魏又相继被北齐、北周等取代。但北朝对农业社会土地分配的基本问题有比较周密的计划，不似南朝的自由放任。北魏开始所实行的均田制，为北朝各代所沿袭和发展。直到隋唐，其与土地有关的制度设计都与均田制有很大关系。

胡主汉奴的北朝也有它的作为，就是使胡人汉化。当时中原——最少中原的一部分——恐怕已退化到半野蛮的状态，以致连孔子都变成巫人求福的工具。胡人汉化的初步工作就是由代北迁都洛中。中原文化退步，数百年来受胡蹄蹂躏最烈的并州边地恐怕更退化到难以设想的地步。所以北朝若要完全汉化，非向南迁都不可。但保守派的旧族故老极力反对，最后迁都的计划也不得不略为缓和妥协。迁都之外，官制、姓氏、宗教典礼、婚制，也都汉化。孝文帝鼓励胡汉联婚，禁绝北语，废除胡服。孝文帝本人几乎变成一个儒生式的皇帝，而最能说明胡人汉化的就是两族的通谱连宗。

## 四、门阀

自三国时代建立了九品中正的制度，富贵贫贱的分别渐渐形成望族寒门的阶级。乱世的流浪人多投身到富贵之家以求保护，自由平民通过投靠、赐予等途径降为大族豪强的依附民；奴隶解放，一般也不是直接解放为自由平民，而是解放为依附民，通常被称作客。依附民代替了自由平民和奴隶，成为突出的社会阶层。阶级的分别因而越发显著。到南北朝时期门阀的制度可说完全成立。门阀的一种表现就是士庶不通婚姻，并且不只南朝如此，北朝也有同样的制度。第二种表现就是望族的谱学发达。第三种表现就是风水的信仰大盛，这可说是保障士族永为士族的方法。第四种表现就是士族阶级中出现"诔墓文"的时髦。


## 五、南北消长与混一

南北对立的二百余年间，大致南朝比较衰弱，有时甚至遭北朝的轻视嘲笑。刘宋虽有所谓的"元嘉北伐"，不过换得了"仓皇北顾"的结果。梁武帝妄想借侯景之力收复失地，更是被侯景困死。北朝除称南朝为"岛夷"外，由于北朝兵力比南朝强大，因此北朝诸政权的皇帝都没有将南朝放在眼里。

北朝的劲敌却在远北的塞外。现在北朝反成了中国文化的保护者，抵抗外边的北族不使内侵。经过汉以后外族的陆续南徙与西晋以下的大批南闯，长城必已破烂不堪。长此以往，中原必将循环不已地受新外族的蹂躏，最后的结果甚至可使中原完全野蛮化。为使中原安定，容已经进来的外族一个休息与汉化的机会，北朝非重修长城不可。北魏初期，大军南下作战时，柔然的骑兵经常侵入北魏境内。为防备柔然等北方民族的入侵，太平真君七年（446 年）六月北魏太武帝拓跋焘调发司、幽、定、冀四州十万人在东起上谷（今北京延庆），西至今山西河曲一带大规模修筑边防工程，后在北方边界成立六大边防军镇，史称"六镇"。

在二百年的南北消长中，南朝的领土大致日渐缩小。时机成熟之后，北朝把南朝吞并，天下又归一统。

# 第二十八章

# 新宗教之酝酿与成熟

## 一、新宗教之酝酿

南北朝二百余年间是佛教渐渐酝酿成为中国的新宗教的时期。西僧开始有系统地介绍佛经，中国僧人也开始远去印度研究佛理，并大批地运回佛经。

来自西域的鸠摩罗什是当时闻名遐迩的高僧，影响很大。他译出约三百卷佛经，"辞义通明，至今沙门共所祖习"（《魏书·释老志》）。法显是中国僧人西行的代表。后秦时，法显从长安出发，经敦煌，渡流沙，逾葱岭，长途跋涉，终于到达天竺。他克服种种困难，学习梵语梵文，抄写佛教经律，又到师子国（今斯里兰卡）求经。历时十五年，他才从海路回到祖国，译出所获经典百余万言，并且把自己的见闻写成《佛国记》一书。

中印文化交流最盛的时期，除佛教之外，各种所谓外道也间或流传到中国。

佛教地位日高，因而时常与政治势力发生冲突。


## 二、辩教

在佛教发展的过程中，总有一个鬼影紧紧随着它，这就是道教。道教对佛教一方面模仿，一方面攻击，它自己始终没有一个真正独立的灵魂。

这个怪现象可说是中国对外来文化势力所起的一种自然反应。佛教当初势力微弱，中国的态度几乎完全是放任的。但到南北朝时佛教已发展到一个不可侮的程度，至此传统文化方才感到威胁，因而开始反攻。反攻最厉的就是道家，同时自王充以后大盛的怀疑主义与自然主义也加入排外的阵营。

生活在魏晋时期的杨泉用他的元气说解释人的形神关系，他说："人含气而生，精尽而死。死犹澌也，灭也。譬如火焉，薪尽而火灭，则无光矣。故灭火之余无遗炎矣，人死之后无余魂矣。"刘宋时，范晔也认为死者神灭，天下绝无佛鬼。数学家何承天针对宗炳所写的，指出："生必有死，形毙神散，犹春荣秋落，四时代换，奚有于更受形哉？"（《弘明集》卷四）

中国传统文化的势力在江南较大，因而这种冲突也比较热烈，但在北朝也有相当的接触。

佛教对一切的攻击都针锋相对的抗战，并且到南北朝末年可说已得了最后的胜利。

### 三、佛教之成熟

南北朝时中国对佛教已超越模仿盲从的阶段，少数人已能自悟新理，创造中国本位的佛教。如慧远传布佛教宣扬佛法，他的思想就和玄学家"以无为本"的思想是接近的。慧远早年曾研究过儒学和老庄玄学。他在庐山讲过儒家的经典。他讲《丧服经》，也讲《诗经》。他在讲《般若经》时，为了使听众容易听懂并接受，常引用《庄子》的话来做说明，使听众晓然。慧远讲儒家经典，用玄学比附佛经，解释佛教教义，使得佛教在上层知识界得以广泛传布。南北朝末年天台宗的成立与《大乘起信论》的产生可以象征这种新宗教的完全成熟。

第二十九章

# 隋唐政治与社会

## （589—755）

## 一、官制

官制经过汉末以至周、隋四五百年间，名称上的变化甚多，本质上却大致固定。唐代官制的演化与汉代相同。皇帝喜欢用私人或低级官吏，以致政治的实权时常转移。这也是后世历代的通例。唐太宗常以品位较低的官员以"参知政事""参与朝政""参议得失"等名号，执行相职。以后又出现"同中书门下三品""同中书门下平章事"等宰相名号。唐太宗的这些做法，表明皇帝任用宰相的范围扩大了，已不限于三省长官。宰相成员增多，既便于集思广益，又使之互相牵制，从而避免出现权臣专权的局面。

唐朝盛时的官制就是后代谈政治理论的人所喜欢称赞的三省六部的制度。唐朝的三省为中书省、门下省、尚书省。中书省负责定旨出命，长官中书令二人。门下省掌封驳审议，长官侍中二人。中书、门下通过的诏敕，经皇帝裁定交尚书省贯彻。尚书省职责为执行，长官尚书令一人，副长官左、右仆射各一人。尚书省下辖吏、户、礼、兵、刑、工六部，长官尚书，六部分理各种行政事务。三省长官共议国政，执宰相之职，他们议政的场所叫政事堂。

御史台负责监察百官，弹劾不法，在中央及地方各级政府都设有谏官，有一套独立的垂直机构，是保障整个官僚制度健全推行的机关。

地方官的制度也与汉代以及后代实质相同，均是想方设法以各种制度防止地方势力的独大。

但有一点新的发展，就是魏晋以下萌芽的地方官回避乡土的规律到隋唐时代发展成熟。东汉时期就有"三互法"，即"三互谓婚姻之家及两州人不得交互为官"。到唐朝时则进一步规定不许官员任本籍州县官及本籍邻县官。


## 二、兵制

自汉代兵制破裂以后，到周隋盛唐才又有半征兵的府兵制出现，但这只是昙花一现。府兵制虽然从制度上看似增强了军队的战斗力，在唐初也确实具有较强的战斗力，他们是军队的骨干。不过由于府兵制依赖于均田制等经济制度的有效实行，随着唐朝经济的发展和土地兼并程度的日益加深，府兵制赖以存在的经济基础不复存在，从前备受尊重的府兵们有的竟沦为权贵役使的仆从。所以府兵制在隋唐的时候仅在前期得以有效实行，到唐玄宗统治时终于被废除。

至于天子的禁军，自初就是一种装饰品。此后历代也永未能再建设一个健全的军制。

## 三、均田与赋役

经过魏晋以下的长期分裂之后，隋室统一，天下安定，并且只需维持一个政府，所以人民的经济与国家的财政都感觉非常充裕，暴富后的浪费现象也很自然地随之产生。隋开国皇帝杨坚开创所谓"开皇之治"使隋朝国库异常充盈，不过他的儿子杨广即位后，虽踌躇满志，却也好大喜功。他开凿大运河供自己巡游，巡游时其龙船由征发而来的纤夫拉着走，船上的食物吃不完便倒到河里。杨广面对万里江山犹觉不足，因此征发壮丁，三征高句丽[1]，结果大败而回。几经折腾之下，隋朝的繁荣景象不再，充盈的国库亦被这位皇帝花个精光。

唐承隋业，对民生与国用有大规模的设计统制。经过李世民、武则天和李隆基的励精图治，唐朝终于在开元年间走到极盛。天宝乱后，唐制破裂，国计民生的各方面就呈现出后世大致不变的制度。

经过南北朝时期的开拓，东南一带不只文化地位提高，经济上的位置也日见重要。隋唐时代东南的漕运成了维持京畿的必需条件，特别是安史之乱之后，由于北方战乱的破坏，唐朝廷在缺粮的情况下只能依靠相对安定的南方通过运河维持生计。此后凡在天下统一时期，也无不如此。

## 四、学校与选举

隋唐统一，创立有系统的学校与科举制度，此外又为特殊人才与军事人才谋出路。科举制度自隋朝创立之后就一直被唐代君主所完善。到了武则天时代，创立了武举，从此科举的选拔范围扩大到了军

---

[1] 现在的提法是"三征辽东"。——编者注

事领域。

后世历代求人才的方法，都没有超出隋唐的范围，在理论上，科举出身的人都可做官，并且实际上有官做的也不在少数。但天下虽大，仕途虽广，若所有科举出身的人都要做官也是办不到的。在唐朝，常科登第后，还要经吏部考试，叫选试。合格者，才能授予官职。唐代大家柳宗元进士及第后，以博学宏词，被即刻授予"集贤殿正字"。如果吏部考试落选，只能到节度使那儿去当幕僚，再争取得到国家正式委任的官职。韩愈在考中进士后，三次选试都未通过，不得不去担任节度使的幕僚，而后才踏进官场。这也是后世总没有解决的一个严重问题。

第三十章

# 大唐二元帝国

（618—755）

## 一、疆土

唐代盛时，中国文化的地域完全统一，属国与半属国也达到汉所未达到的疆界。唐太宗时"其地东极海，西至焉耆，南尽林州（今越南境）南境，北接薛延陀界。凡东西九千五百一十里，南北万六千九百一十八里"（《旧唐书·地理志一》）。到唐玄宗"开元、天宝之际，东至安东，西至安西，南至日南（今越南义安），北至单于府"（《新唐书·地理志一》）。其疆域超过西汉盛期，是当时世界上版图最大、势力最强的帝国。

与汉代匈奴地位相等的突厥，不久就为唐所解决。唐朝初建之时，突厥曾一度构成相当大的威胁，唐自太宗以来就一直采取积极的进取政策，团结突厥的一部分和其他民族，驱逐突厥势力以维护唐朝的安全。直到天宝四年（745年），回纥怀仁可汗兵击突厥，杀白眉可汗，后突厥汗国灭亡。突厥人，一部分归附唐朝，一部分迁中亚，大部分转入回纥国。

甚至中国实力绝难达到的地方，一半靠大唐的威名，一半靠一两位冒险家的勇敢，也居然令其感觉到大唐的可畏。如我们今天耳熟能详的"唐三藏"——玄奘高僧，远赴天竺（印度），就将唐太宗的事迹散布到那里。《西游记》中提到唐僧西行到一些小国，凭"大唐"的文牒多半畅通无阻并受到相当礼遇，也并非完全虚构。

　　大唐帝国可说是二元性的，天子对内为皇帝，对外为天可汗，虽然不能说内外完全平等，但不似过去与未来各帝国的过度内中国而外夷狄。唐太宗就曾说过"自古皆贵中华，贱夷狄，朕独爱之如一"的话。


## 二、外蕃之威抚与恩抚

　　唐对外蕃恩威并施。威抚的方法为设置羁縻府州与都护府。恩抚的方法为通商，鼓励外蕃子弟留学中国与外蕃的中国化，藩属人才的擢用，四方宗教的放任、保护与和亲等。因回纥信仰摩尼教（明教），所以唐朝为笼络回纥也放任摩尼教在唐朝的传播。摩尼教的寺庙在唐朝各地的兴建也曾有相当规模。后回纥式微，且摩尼教带来许多社会不稳定因素，所以唐统治者立刻改弦更张，弹压摩尼教。

　　和亲也可说是一种间接同化外蕃的方法。著名的文成公主入吐蕃，就是唐朝和亲政策成功的典型代表。


## 三、内政

　　除历史的时机成熟之外，唐太宗个人可说是唐所以为唐的主要原因。他是文武全才的人物，性情仁恕，肯行仁恕的政策，并且对各种人才都善于笼络任用。所以后世的人把"贞观之治"理想化，并非无因。玄宗继承前业，大致仍能维持盛时的旧状，但衰微的征兆渐渐明显。

玄宗于开元年间开创盛世不免志得意满，大抵骄横之主多不喜逆耳之忠言。在这点上，玄宗与太宗相比，少了很多虚怀若谷的胸襟。早先帮助玄宗开创盛世的张九龄、韩休等被他逐渐疏远，所谓"宫殿千门白昼开，三郎沉醉打球回。九龄已老韩休死，明日应无谏疏来"，就是对玄宗晚年怠政贪玩的真实写照。"亲小人、远贤臣"永远是昏君亡国的重要因素，张九龄等"贤人"离去后，自然有口蜜腹剑之李林甫和杨国忠等人围在玄宗的身旁，于是朝政越发混乱。

　　衰乱的引线就是自汉以下皇帝政治所永难避免的女祸——宫闱不正。不过，杨贵妃再有倾城之貌、倾国之姿，也终不至于是所谓的"红颜祸水"，祸国殃民。"马嵬驿兵变"也只不过是一场借诛杀杨氏而进行的争权夺利的斗争。可怜杨贵妃，成了主政者李隆基自己堕落导致山河破碎的替罪羊。

第三十一章

# 隋唐佛学

## 一、教会

南北朝以下，佛教大盛。隋唐虽又将长期分裂的天下统一，皇帝虽又恢复秦汉盛时的独尊地位，但仍感到佛教势力太大，不得不加以限制管理。唐武宗会昌（841—846）年间下令灭佛，"其天下所拆寺四千六百余所，还俗僧尼二十六万五百人，收充两税户，拆招提、兰若四万余所。收膏腴上田数千万顷（数字有误差），收奴婢为两税户十五万人"（《旧唐书·武宗本纪》），使佛教势力遭到空前沉重的打击。

隋唐时代佛教在中国已完全达到独立发展的程度，但仍有人往印度去吸收新的经典与经说。佛教在唐朝的发展，表现在大量佛经被翻译过来，通过对佛经的钻研，中国佛学的水平超过了佛教的诞生地印度，其重要标志便是贞观年间玄奘在天竺曲女城大会的胜利。同时，经过从东汉至南北朝的发展，佛教已经中国化了。由于新的佛经不断传入和大量翻译，以及人们对教义的不同理解，至唐朝逐渐形成了许多佛教宗派。当时的主要教派有：崇奉《法华经》的"天台宗"，又名法华宗；以玄奘为代表的"法相宗"；法藏所创的"华严宗"，以阐释发扬《华严经》而得名；专迷信法术的"密宗"；主张专心念佛即可得救的"净土宗"等。

唐为牵制深入人心的佛教势力，就极力地推崇凑巧也姓李的老子，以附会老子成立的道教。道教尊奉老子李耳为教主，因唐朝皇帝姓李，所以从李渊起，便以教主后裔自居，而积极扶植道教，力图借助神权来巩固其统治。唐高宗乾封元年（666 年），尊老子为太上玄元皇帝，唐玄宗即位后，自称梦中见到老子，便画老子像颁于天下，并令王公以下官员贵戚习诵《老子》，又封庄子为南华真人，文子为通玄真人，列子为冲虚真人，庚桑子为洞灵真人，以壮大道教势力。唐武宗采取灭佛措施，独尊道教，奉道士赵归真为师，在宫中设道场。从此以后，最少在一般人民外表的宗教生活上，如疾病生死吉凶祸福的仪节之类，释、老二教处在平等的地位。

## 二、佛学

唐朝真正的宗教仍是佛教，道教不过是靠国家势力所扶持而成的与佛教并行的一个教会，也可说是旧的文化对外来势力始终反抗的一种表现。

经过南北朝的辩教之后，隋唐的思想界就成了佛学的天下。佛学各派中对后代思想发展影响最深的恐怕要算禅宗，内容包含最广的要数华严宗。

"禅宗"起于北魏末，始祖达摩，至唐前期分为南北两派。禅宗五祖弘忍有两大弟子，神秀创立北宗，慧能创立南宗。南宗战胜了北宗，得到了广泛的流传。到唐后期，它几乎取代了佛教的所有宗派，垄断了佛坛。

## 三、唐诗中之哲学

唐时佛理浸透人心，大唐文化结晶的唐诗中充满了时间无限、空间无限、人类渺小轻微的观念。如李白诗中便有"生者为过客，死者为归人"之句。但这并不是悲观。人虽微小，却是宇宙所必不可无的。若无人，宇宙就不成其为宇宙。人与无限的宇宙不可分离，甚至化而为一，这可说是诗人的明心见性与顿悟成佛。除上下四方古往今来的一切都可提示这种玄妙外，深山隐士最易明了这个道理，古寺钟声最足使人体会这种不可言传的神秘。如唐代诗人常建便在禅院中写下"清晨入古寺，初日照高林。曲径通幽处，禅房花木深。山光悦鸟性，潭影空人心。万籁此俱寂，但余钟磬音"的诗句。

# 第三十二章

# 二元帝国之灭亡

（756—960）

## 一、外患频仍

安史之乱靠回纥的协助，方得平服。中国自己渐无可用之兵，外族的势力日愈强大。回纥与吐蕃相继扰乱西北边地以至内地。安史之乱后，唐朝国力削弱，吐蕃完全控制了西域，夺去了河西、陇右地区。广德元年（763年），吐蕃一度攻陷长安，其实力达到鼎盛阶段。虽然回纥曾多次帮助唐军平定内外忧患，不过唐朝势力衰微之后，回纥也看见了可乘之机，遂在叛将仆固怀恩的引导下进攻唐朝。幸亏名将郭子仪凭借其在回纥兵中的声望加以阻止，回纥才班师北还。此后，回纥不时蚕食唐朝边土，唐政府也疲于应付。

西南边外貌小的南诏，中国也感觉到无从应付。天宝年间，唐军就曾三败于南诏，被南诏夺取了不少土地。大唐天可汗的藩属实际上完全丧失，从此以后二元帝国也永未恢复。

## 二、藩镇

安史之乱平定之后，降将功臣都任节度使，地盘私相授受，实际已成割据的局面。最先成为藩镇的是安史降将：张忠志（李宝臣）任成德节度使，治恒州（今河北正定）；田承嗣为魏博节度使，治魏州（今河北大名）；李怀仙为卢龙节度使，治幽州（今北京）。这就是著名的河北三镇。他们表面上尊奉朝廷，而实际上各拥强兵，自署将吏，自收赋税而不入朝廷，成为割据一方的军事政治势力。节度使的职位也往往是父死子继、兄终弟及，或由部下拥立，唐朝廷只能事后追认。除河北三镇外，重要的藩镇还有淄青镇，治青州（今山东益都）；淮西镇，治蔡州（今河南汝南）；宣武镇，治汴州（今河南开封）；泽潞镇，治潞州（今山西长治）；沧景镇，治沧州（今属河北）。他们仿效河北三镇，专横跋扈，割据称雄。这些藩镇之间也经常找借口互相攻伐吞并，更有甚者公然反抗朝廷。藩镇"喜则连横而叛上，怒则以力而相拼"（《旧唐书·田承嗣传》），使唐后期的政局极为动荡不安。

藩镇是后来唐室灭亡的主因之一。黄巢起义虽使唐朝奄奄一息，但并未就此崩塌，最终给唐朝以致命一击的，是藩镇朱温。

## 三、宦官与禁军

宦官弄权，是唐亡的第二个原因。地方的兵既已都归藩镇，中央的禁军又渐渐由宦官把持。唐肃宗时，宦官李辅国以拥立有功，而内掌玉符，外管禁军。唐代宗时宦官程元振、鱼朝恩相继掌禁军。唐德宗时，设神策军护军中尉二人、中护军二人，全由宦官充任，统率左右神策军、天威军等禁军。从此，宦官典掌禁军成为定制。所以无论中央与地方的实权，都不在皇帝手中。朝中制定国策、进退将相大臣，甚至皇帝的生杀废立都操纵在宦官手中。唐后期的皇帝，顺宗、宪宗、敬宗均死于宦官之手，穆宗、文宗、武宗、宣宗、懿宗、僖宗、昭宗，都是由宦官拥立的。

## 四、财政紊乱、起义军兴起与唐之灭亡

法制破裂之后，财政必然紊乱；民生困难，起义军起伏无定。唐懿宗即位不久，大中十三年（859年）十二月，就爆发了裘甫领导的浙东农民起义。咸通九年（868年），又爆发了庞勋领导的桂州戍卒兵变，他们向北直攻入徐州。大批农民加入，使兵变转变为农民起义，并控制了淮北、淮南广大地区，起义队伍发展到二十万人。庞勋起义，从桂林北上，进行流动作战，对黄巢领导的唐末农民大起义有着重大的影响。

起义军利用《推背图》式的谶文煽惑人心。懿宗年间，曹州（今山东定陶西）流传歌谣，"金色虾蟆争怒眼，翻却曹州天下反"（《旧唐书·黄巢传》）。这也是秦汉以下的惯例。

黄巢之乱把二元帝国所残留的一点规模也完全打破。黄巢起义军从数千人发展到六十余万，转战南北，横扫大半个中国。起义军虽被镇压，唐朝也从此一蹶不振，名存实亡。末世的皇帝虽想振作，也无济于事。

在唐末的大乱中，有一个外族一方面防止混乱，一方面又增进混乱，这就是沙陀。沙陀族是突厥别支。唐末之时，沙陀族士兵帮助唐朝抵挡了许多内忧外患。沙陀贵族李克用曾帮助唐军镇压黄巢，不过后遭朱温暗算，其势力也不如朱温。李克用病死后，其子李存勖立志灭朱温，不过志成之后却宠信伶人，最后身亡。五代十国中，后唐、后晋、后汉的建立者均为沙陀人。

## 五、五代十国

天宝乱后的割据局面最后表面化，就是所谓五代十国时代。五代是指后梁、后唐、后晋、后汉、后周五个次第更迭的中原政权；十国是指前蜀、后蜀、吴、南唐、吴越、闽、楚、南汉、南平（荆南）、北汉等十几个割据政权，十国乃称其"大"者，实际上还有不少割据政权。

在这种大混乱中，东北的国防要地就丧失于契丹。公元907年，契丹迭剌部的首领耶律阿保机统一各部取代痕德堇即可汗位。公元916年，耶律阿保机称帝，建立了契丹国。公元925年，耶律阿保机亲率兵征服渤海国，改渤海国名为东丹国，册立皇太子耶律倍为东丹国王。公元938年，后晋石敬瑭把燕云十六州的土地和人民割让给契丹。因燕云十六州地形险要，是中原抵御北方民族入侵的屏障，燕云要地一失，契丹兵便可长驱直入。

此外尚有两种无形而非常重要的变化，就是政治重心的东移与印刷术大规模应用的成功。长安经安史之乱的破坏和此后的历次战乱已经破败不堪，而由于大运河的开凿，洛阳作为运河的中点显得越发重要。特别是北方农业被战争破坏后，农田已经养不起北方的人民。因此，依靠运河而自南方运来的粮食就越来越重要。早在隋朝时，洛阳就是"东都"，唐朝时，洛阳也是重要的第二都城。唐末朱温将唐昭宗掳到洛阳，将都城东迁。后晋以后直到北宋，中原王朝的政治中心又东移到开封。隋唐时，雕版印刷术已大规模运用，多印刷佛经、日历等与百姓日常生活息息相关的印刷品。到五代十国时期，雕版印刷品已经"流布天下，后进赖之"（《旧五代史·冯道传》）。

第三十三章

# 新儒学与复古运动

## 一、背景

魏晋以下儒教消沉，佛教几乎占据了全部的精神领域。但汉武帝所完成的政治规模，与儒经有不可分离的关系，所以后代无论如何尊崇释老，孔子的地位也不能完全抹杀。

隋文帝开皇九年（589 年），统一全国。文帝虽好释佛，但曾一度"超擢奇隽，厚赏诸儒，京邑达乎四方，皆启黉校"。炀帝"征天下儒术之士，悉集内史省，相次讲论"，"复开庠序、国子郡县之学，盛于开皇之初"。"以《三礼》学称于江南"的吴郡人褚辉、"明《尚书》《春秋》"的余杭人顾彪、"撰《毛诗章句义疏》四十二卷"的余杭人鲁世达，均被征召。（《隋书·儒林传》）

旧的中国虽已成过去，古典文化的基础却未完全推翻。隋代已有人以新的孔子自居，这可说是二百年后新儒教复古运动的预兆。

## 二、武宗废浮屠与韩愈辟佛老

唐代末期，由于财政的原因（因为寺院经济恶性膨胀，僧侣享有免租税，不服兵、徭役的特权，他们利用这些特权与世俗地主争夺地租和劳动力）和文化潮流的转变，发生了所谓"三武之祸"的第三次，也是最严重的一次。

"三武"指北魏太武帝拓跋焘、北周武帝宇文邕、唐武宗李炎。唐代后期，由于佛教寺院土地不输课税，僧侣免除赋役，佛教寺院经济过分扩张，损害了国库收入，与普通地主也存在着矛盾。唐武宗崇信道教，深恶佛教，会昌年间又因讨伐泽潞，财政急需，在道士赵归真的鼓动和李德裕的支持下，于会昌五年（845年）四月，下令清查天下寺院及僧侣人数。八月，令天下诸寺限期拆毁；拆天下寺四千六百余所，兰若（私立的僧居）四万所。拆下来的寺院材料用来修缮政府廨驿，金银佛像上交国库，铁像用来铸造农器，铜像及钟、磬用来铸钱。唐政府从废佛运动中得到大量财物、土地和纳税户。唐武宗灭佛在中华佛教史上被称为"会昌法难"。

佛教会在财富与人力上受了绝大的打击，此后永未恢复旧有的地位。但较皇帝势力尤大的却是韩愈一流人辟释老尊周孔的热烈宣传。这种复古的新儒教需要一种新的文字，就是也带复古色彩的古文。

韩愈认为"天命圣人来为民君师，以仁义来教化人民"，建立起理想的秩序，称之为"道"。他还认为，尧、舜、禹、汤、文、武、周公、孔子、孟子递相传授，这同佛教传法一样，但儒家道统传到孟子便中断了。韩愈认为，自己当仁不让要继承这个道统，"使其道由愈而粗传"（《全唐文·论佛骨表》）。"古文"这一概念由韩愈最先提出。他把六朝以来讲求声律及辞藻、排偶的骈文视为俗下文字，认为自己的散文继承了先秦两汉文章的传统，所以称"古文"。韩愈提倡古文，目的在于恢复古代的儒学道统，将改革文风与复兴儒学变为相辅相成的运动。

### 三、李翱

如果韩愈是新儒教的宣传家，李翱可说是新儒教的哲学家。他与名僧来往甚密，但谈到思想的差别上他却毫不客气。然而李翱实际上是自欺的，他的思想不过是改头换面的见性成佛论。他的学说中有很大一部分来自佛学，特别是佛教禅宗的理论。李翱任朗州刺史时，有赠禅宗僧侣药山惟俨诗二首，其中有"我来问道无余说，云在青天水在瓶"之句。他在心性方面吸收佛教的学说，尝试创立一套新的心性论，以发展儒学，弥补儒学在这方面的不足。他的理论成就主要体现在其《复性书》中。

第三十四章

# 宋之积弱与变法失败

（960—1085）

## 一、兵制

宋代的统一只能说是长期大乱后的消极治平时代，对内对外实际上都无办法。宋太祖集中兵权，似可矫正时弊。但他所招的兵太多，分子杂滥，甚至往往以招兵为救荒的方法。

赵匡胤在登上皇帝位后的第二年，免除握有重兵的慕容延钊和韩令坤的殿前都点检的职务，"罢为节度使"。禁军殿前都点检被取消，由皇帝控制禁军。同一年，在一次酒宴中，赵匡胤"劝"大将石守信等人交出兵权，说此后他们可以购置田宅，多置歌儿舞女，"日夕饮酒相欢，以终天年"。大将在利诱胁迫之下，一个个交出了兵权，这就是"杯酒释兵权"。

北宋把禁军分而为三，由"三衙"统领。其将领的名位较低，大权实际上由皇帝掌握。北宋设枢密院，枢密使有调动军队的权力。而实际领兵作战的将领往往是临时委派，没有调动军队的权力，"有握兵之重，而无发兵之权"。同时，宋朝的募兵制有很强的以职业兵身份养穷苦老百姓的色彩。每一地灾荒，政府即招兵，意为常有乱民而少有乱兵。北宋一朝，很多农民军起义后迅速被招安，摇身一变成为朝廷军队，就赖宋朝养兵政策。兵权过于集中于上，导致将领临敌少有独断之权，不能权宜行事，而且养兵政策使得军队很难形成有效的战斗力。

同时朝廷对军将过于姑息，不加督责。将既如此，兵又如彼，难怪宋代对外始终不能振作。

## 二、财政与民生

宋初集中财政，并谋增进民生。北宋初年于各路设置转运使，将地方上财赋收入，除一小部分留做"诸州度支经费"外，要全部送至京师。中央还派京官去地方上监收。但赋役的分配过于不均，以致占人口大多数的小农与贫民无法谋生。宋代建朝后，不但不抑制兼并，反而纵容功臣、大将们兼并土地。太祖要石守信等交出兵权时，便鼓励他们去购置田产。土地买卖与典卖相当普遍，土地集中的趋势加速，农民失去土地，客户的数字在增加，"富者有弥望之田，贫者无卓锥之地。有力者无田可种，有田者无力可耕"（《续资治通鉴长编》卷二十七）。

役法的不良尤其使人民感受痛苦。宋代的居民有主户和客户之分。主户分成五等，乡村上三等户为"上户"，是各类地主。四、五等户称为"下户"，有少量的土地。客户是没有土地的农民，占总户数百分之三十五左右。五等户和客户都要租种土地，地租根据具体的情况或对半分成，或四六分成，没有耕牛的佃户要把六成以上的收成交给地主。宋代名义上虽对没有土地的客户不征税，但是客户租种大户的土地，国家收税越重，则主户想方设法的盘剥手段就更多。一切负担几经辗转，又全压到了穷苦百姓的身上。

财政与民生是任何国家对内的主要问题，这个问题宋代也始终未能解决。


### 三、科举

由唐至宋，科举制度在外表上没有多少变化。但科举的内容日益空洞，最后只余下浮华的赋论与大言不惭的经义，因而所产生的人才都是些与实际完全脱离关系、能说不能行的书生。

宋代科举考试依据的是儒家经典，但是很长一段时间内，对儒家经典注释不一，还不能达到统一思想的目的。王安石创立的"新学"派，是新兴的"宋学"中体系相对完整的学派。宋神宗对王安石说："今谈经者人人殊，何以一道德，卿所著经，其以颁行，使学者归一。"以王安石为首的改革派以"新学"派的观点撰注《诗义》《书义》《周礼义》，合称《三经新义》，于熙宁八年（1075 年）颁布学校，作为教科书。此后，《三经新义》成为科举考试的依据，以此选拔拥护改革的官员。（《宋史·选举志三》）

绍兴末年以前，科举虽仍以"新学"学说解释经义为主，但"理学"在秦桧、赵鼎扶植下，在科举考试中也逐渐得势。高宗末孝宗初，"理学"遂与"新学"并为显学，科举中随权臣及主考官的倾向而变化。宁宗中期以后，理学派在科举中逐渐占优势，至理宗淳祐元年（1241 年）后，理学成为统治思想，新学、蜀学在科举中遂完全被排斥。可见，宋代科举无论形式如何变化，归根结底，在于选拔听话之官吏，这与后世所诟病的明朝八股取士没有多大区别。

法制不良，犹可改善；人才缺乏，最无希望。这至少也是宋代对内对外始终无办法的一个重要原因。

## 四、缠足

在宋代各方面的积弱之下，妇女缠足的风气也渐渐普遍。缠足除对身体的戕害之外，在心理方面也代表一种变态的审美观。男子既不能当兵，又不成人才，女子又故意地加以摧残，整个的民族不知不觉间都进入麻木昏睡的状态。

## 五、国防生命线之始终缺乏

以往中国在统一时代总有藩属，积弱不振的宋朝不只没有对外发展的能力，连中国本部的国防要地也不能占有。

东北的燕云仍为辽侵中国的根据地。燕云之地历来为农耕民族防备游牧民族南侵的重要屏障，历代长城必须依燕、云、幽等地的险峻地形方能起到金汤之作用。自石敬瑭割燕云十六州之后，辽国铁骑毫无阻挡，而中原军队北进却又难上加难。雍熙北伐宋军由胜转败，失却地利实为重要的原因。而澶州之战，辽国轻易逼近宋京，实也是因没有抵御的屏障。

西北的边地始终是西夏的势力。西北宁夏、陕北地区，是北方游牧民族南侵的又一个通道，尤其是中原王朝之政治中心在长安之时，此地比幽、云还要重要。如今此两大重要通道为辽、夏所据，则战争的主动权就掌握在了彼方手中。

并且宋须每年向两国输纳重币，方能维持和平，这也是宋代财政困难的一个原因。

## 六、王安石

王安石是宋代的非常人物。他曾于嘉祐四年（1059 年）上《言事书》，列举时政弊端及改革意见，虽未被采纳，却代表了要求改革者的共同意志，声望日益高涨。神宗即位时，王安石已经独负天下盛名多年，司马光也说大家都认为只要王安石当政，"则太平可立致，生民咸被其泽"（《司马温公文集》卷六十《与王介甫书》）。他看出中国积弱的情形，认为非改革不可，并且断定当时的基本问题就是人才问题。

## 七、王安石变法

神宗给王安石一个彻底改革的机会。新法的目的是要解决财政与民生的问题，使国家有可用的兵，使读书的人能真正明理，成为有用的人才。正如王安石所说，"修吾政刑，使将吏称职，财谷富，兵强而已"（《宋会要辑稿》食货一之二十八）。熙宁二年（1069 年）二月，王安石任参知政事，首先创设变法改革的指导机构"制置三司条例司"，由王安石和枢密副使韩绛兼领，吕惠卿任"检详文字"，章惇为编修三司条例官，曾布任检正中书五房公事。同年七月至十一月先后颁布实行均输法、青苗法（常平法）、农田水利法。熙宁三年五月，废"制置三司条例司"，并其职权归中书（宰相府），司农寺成为推行新法的机构，吕惠卿改任判司农寺。同年十二月，王安石与韩绛同时拜相，变法一直在守旧派的攻击和变法派内部意见不一致的艰难情况下进行。熙宁七年四月，王安石在实行免行法时，受到神宗和曾布的联合抵制，辞相就任江宁知府，吕惠卿升任参知政事。八年二月王安石复相，受到吕惠卿的攻击，神宗对王安石的意见也多不从。加上爱子王雱病死，王安石精神受到重大打击，遂力请辞相。同年十月王安石第二次罢相，出任判江宁府，次年六月又辞官闲居江宁，元祐元年（1086 年）四月去世。

新法未得尽量推行。但兵制改革之后，虽对辽、夏仍无进展，对蛮人方面却有相当的成功。王安石变法的兵制改革包括将兵法、保马法、保甲法、团教法等，其中保甲法等依靠民间乡村基层单位为兵员来源地的方法为后世所效法。

## 八、变法失败

一般以正人君子自居的人保守成性，对新法用种种正当与不正当的方法诋毁攻击，附和新法的又多是些动机不纯的人，所以人才以至人格的缺乏使新法没有一个好好施行的机会。不过，王安石过于激进，很多措施也并不符合当时的客观实际。特别是他为追求变法效果，对地方官员勒逼过紧，许多地方官疲于应付，只得弄虚作假。这种上有政策、下有对策的做法，使得王安石变法所背负的恶名越来越多。

旧党上台之后，不顾利害，在可能的范围内把新法几乎全部推翻。当时苏轼还算比较清醒，他既反对王安石的暴风骤雨式的改革，也反对司马光等人对王安石变法不分青红皂白地全盘否定，结果遭到了新旧两党的共同排挤。

王安石虽不免抱负过高，但他认为中国把千载一时的机会白白放过，并非全是一时痛愤的论调。

第三十五章

# 宋亡

（1086—1279）

## 一、北宋灭亡

王安石失败之后，新旧党争变成夺取政权的工具。宋神宗死后，曾经和王安石一起变法的人如吕惠卿、蔡确、章惇等都遭到打击。司马光死后，朝中又展开内部的争斗。程颐等为"洛党"，苏轼、吕陶等是"蜀党"，刘挚及刘安世、梁焘等为"朔党"。在这之后，朝政日益混乱，所谓新法旧规，完全成为一种旗号。到了宋徽宗亲政之时，再复新政。这时的变法，已经走了样，推行变法的人实际上是在争权夺利，当时蔡京、高俅等人完全凭自己的意愿划分新旧之党，稍有拂逆己意之人，便攻击其为旧党。还有人借着变法之名，行搜刮之实。政治日益腐败，以致引起严重的民变。当时就有今天我们耳熟能详的宋江等人领导的梁山泊起义。时睦州青溪（今浙江淳安）人方腊，因不满朝廷盘剥，利用摩尼教（明教）号召民众，组织起义。方腊起义军先后攻下六州五十二县之地。为镇压方腊起义，宋徽宗命童贯带领十五万大军包围起义军。方腊寡不敌众，起义失败。当时金国兴起，相约北宋一起攻辽，北宋朝中意见不一，相当一部分人认为应靠辽国牵制后起之金国。但是宋徽宗认为这是收回失地的好时机，遂命童贯带镇压方腊之兵北上攻打燕京。不过，辽军虽在金国攻势下屡战屡败，在燕京城下打击宋军却是节节胜利。童贯黔驴技穷，只得请求金国代劳，最终燕京被金军攻破。后来，金国借口宋不守盟约，大举攻宋。宋徽宗惊慌失措，慌忙让位于钦宗。但是这二人最终都在东京城破之际，被金军掳走。这就是著名的"靖康之变"。中原于是第二次陷于外族。

## 二、南宋

自宋室南渡之后，中国政治社会的黑暗通史就成了永久固定的状态。这种情形自唐末以下渐渐明显，宋虽统一，政治社会的基础仍不健全，王安石的改革计划也大体失败。从此之后，大家都安于堕落，并不觉得有彻底改良的需要。南宋是在风雨飘摇中建立起来的，但是这个偏安江左的朝廷，仍是醉生梦死，对百姓继续进行残酷的压榨和剥削。土地兼并加剧，大批农民失去土地成为无地的客户。长江中下游的圩田多被皇室、大官僚、文臣武将所占领。

人才的缺乏与吏治的腐败是这个没落社会中最惹人注意的现象。暴政是常事，善政几乎成了梦想不到的奇迹。南宋统治者在生死存亡的关头，内部的斗争一直没有停止过。高宗时由秦桧把持朝政，打击、迫害不同意见的人，实行文化专制政策，贿赂公行。到了宁宗、理宗、度宗，一直到南宋的灭亡，政治异常黑暗。史弥远、丁大全以后又有贾似道，在这些奸相控制下，政出私门，奢侈腐化，卖官鬻爵，人民的生活更加痛苦，社会的危机更为严重。这样的社会当然没有强盛的可能。宋自认为金的属国，方得偏安江南，但最后仍不能自保，以致整个的中国亡于异族。

公元 1276 年，元朝军队攻破临安，南宋灭亡。1279 年，张世杰、陆秀夫等拥立的南宋小朝廷被元军追击到厓山（今广东南海）。经过一番挣扎后，南宋最后的一点象征随着陆秀夫背着小皇帝跳海而结束。


## 三、金

金朝盛衰的经过与汉人自创的朝代大致相同，也有朝廷草创时的励精图治，也有诸如完颜亮这样的暴君，也有金哀宗作为末世皇帝的悲伤与无奈。金朝占据中原之后，不久就完全汉化。虽也有人感到此事的危险，但这似乎是不可避免的命运。汉化的程度越深，兵力越发不振，最后甚至与宋同样没有可用之兵。最堪玩味的，就是连亡国时的可怜状态也与宋的两次亡国如出一辙。

蒙古军南下，金朝内部分裂为抵抗与投降两派。金宣宗屈辱求和，蒙古军暂自中都（今北京）撤退。宣宗弃中都迁汴（今河南开封），金朝从此走上灭亡的道路。中都北京（今内蒙古巴林左旗东南）失陷，官员、地主纷纷叛金降蒙或自立。张鲸、耶律留哥、蒲鲜万奴称王，标志着各族以及女真族内部的分裂。1229 年，窝阔台继汗位，继续征讨金朝。1231 年，窝阔台亲自带领中路军伐金，同时命令东路军直指济南，西路军假道宋汉中，直下汉水，再进而入金境。次年三月，汴京被围，金人坚持斗争，最后粮尽援绝，金哀宗逃至归德。1233 年年初，金军的守将投降，蒙古军占汴京。金哀宗又由归德逃往蔡州（今河南汝南）。南宋与蒙古约定联合攻金，这是北宋联金灭辽的故技重演。这一年的七月，南宋将领孟珙出兵消灭了金人的一支重兵，与蒙古军包围了蔡州。宋理宗端平元年（1234 年），蔡州城破，金哀宗自杀，金灭。

第三十六章

# 宋代理学

## 一、朱陆

韩愈、李翱所提倡的新儒学，到宋代发扬光大，被称为"道学"或"理学"。这种新儒学名义上为孔孟思想的正传，实际上却导源于释老的玄理。理学大致流为两派：一派是调和的实在论，由朱熹集其大成；一派是绝对的唯心论，由陆九渊集其大成。两派见解根本不同，来往论辩甚多，但"同植纲常，同宗孔孟"（黄宗羲语）。南宋后期，理学的发展出现了朱、陆合流的趋向。南宋灭亡，理学北传，至元代出现一大批理学大儒。

朱熹为《大学》《中庸》《论语》《孟子》作注释，这本书称为《四书章句集注》，简称为《四书集注》，它宣扬从孔、孟到二程的道统，强调天理纲常和名分等级的永恒性。元朝统治者为强化统治，以程朱理学为官学；科举考试以"四书""五经"为准。《四书章句集注》对帝制时代后期的政治、文化、教育产生了重大的影响。

## 二、书院

一种文化潮流必有它借以表现的机关或工具。书院就是理学的机关。于唐朝后期，书院与新儒学同时产生，宋初两者也同时盛行。南宋时理学极盛，同时书院也最多，甚至已发展到泛滥的程度。

北宋初年，私人讲学的书院大量产生，陆续出现了白鹿洞、岳麓、睢阳（应天府）、嵩阳、石鼓、茅山、象山等书院。其中白鹿洞、岳麓、睢阳、嵩阳书院并称为中国古代四大书院。绍熙五年（1194年），朱熹扩建岳麓书院，学生达千余人。他又以白鹿洞书院作为研讨、传布理学的中心。其建置、规约，乃至讲授、辩难等方式，无不受禅宗寺院的影响。各派理学家的书院相继而起，如理学心学派陆九渊的象山书院、理学婺学派吕祖谦的丽泽书院等。南宋先后兴建的书院总数达三百所以上，书院大多得到官方的支持。书院与州县官学，成为南宋地方的主要教育机构，书院大多又是理学的传布中心，理学因而益盛。

## 第三十七章

# 亡国政治——元

## （1279—1368）

### 一、非中国重心之欧亚大帝国

这里所讲元朝的疆域，是指元朝直辖地区，不包括后来走上独立发展道路的钦察汗国、察合台汗国、窝阔台汗国、伊利（又译伊儿）汗国。史载，元朝疆域"北逾阴山，西极流沙，东尽辽左，南越海表"（《元史·地理志一》）。史称汉唐为盛，但"幅员之广，咸不逮元"，"元东南所至不下汉唐，而西北则过之"（《元史·地理志一》）。唐朝时期边疆地区的羁縻州县，在元朝几乎都同于内地，以往由少数民族政权统治的地区，也正式划入了元朝的版图。

大元是横亘欧亚的大帝国，并不以中国为重心。这是与此前外族统治中国大不相同的一点。政治中心原在上都，全在中国本部的范围之外。后来虽迁都燕京，但这是事实的问题：中国虽无意间成为大元帝国的主要部分，在蒙古人心目中他们仍是以外族入主中国。国家用人并不限于汉族，更不限于儒生，例如元朝的著名宰相耶律楚材便是原契丹贵族。由于李璮之乱牵涉忽必烈倚信的王文统，使忽必烈极为震动，以致他对许多藩府旧臣和汉人军阀产生很大的猜忌。平灭李璮之乱后的一系列措施，既有加强中央集权的意义，同时也是出于对汉人的防范之心。王文统被杀后，忽必烈转而重用出身回族的察必皇后宫帐侍臣阿合马，把他"超擢"为中书平章政事。凡是帝国以内甚至帝国以外的人都可擢用。

## 二、种族与阶级

因为蒙古人始终以征服者自居，所以种族间有很严的阶级分别。在官制上，总是蒙古人为长；在刑法上，蒙、汉两族的待遇也不相同。忽必烈把各地的人分成为四等，即蒙古人、色目人、汉人和南人。这种区划，便于忽必烈的分而治之，但是它加深了各民族之间的矛盾。各民族在政治和经济上的地位很不平等。在政府机构中，重大权力为蒙古人和色目人的贵族所掌握，高级官员主要由蒙古人和色目人担任。汉人的地位次一等。而南人在南宋灭亡后的一个时期内几乎没有在中央担任要职。地方上，也主要是蒙古人掌握大权。按规定，达鲁花赤由蒙古人担任，同知由色目人担任，汉人做总管。

法律还规定汉人和南人不能收藏兵器。土地的占有状况同样反映了阶级压迫剥削和民族上的差异与不平等。蒙古贵族在消灭南宋的过程中，没收各种官田，占有大量的无主荒田，侵夺民产。元朝皇帝赐给皇亲、贵戚、勋臣、大将以及各种寺观田产的数量相当惊人。如忽必烈赐给撒吉思益都田达一千顷，元文宗以半江的三百顷田赐给西安王阿剌忒纳失里。

## 三、兵制与驻军

蒙古自己行征兵制，对汉人也行半征兵制，兵的数目一定很大。

但军机重务汉人不得参与，所以元兵的数目至今无从稽考。元朝末年，天下纷乱。

### 四、财政与纸币

元的财政政策，目的并不在压迫人民。只因不能量入为出，结果也成了暴政之一。财政困难，于是就大规模地推行钞法，以致物价腾贵，公私的生活都受损害。至元二十二、二十三年（1285—1286），元政府发行的交钞分别高达三百万锭。这表明由于国家财政陷入崩溃，迫使政府靠多印钞票来平衡收支。后来虽想改革，也未收效，最后交钞成为废纸，社会临时又返回到以货易货的停顿状态。

至元二十四年（1287年）初，为挽救财政的恶化，忽必烈复置尚书省，以藏人桑哥为平章政事，主持财政。桑哥执政后，发行至元钞以救钞制之混乱，开浚会通河以利漕粮北运，增加盐茶酒醋的税额，遍行钩考追征逋负偷漏。他的理财措施在稳定国家财政方面是有收效的。桑哥时规定的总税额，此后维持数十年之久，说明没有过分超出当时社会所能承受的范围。不过到了元末，由于社会混乱，元朝的财政崩溃，百姓于绝望之中纷纷加入起义军反抗元朝统治。

### 五、藏传佛教

藏传佛教至少是导致元代财政困难的主因之一。元朝在各地大肆兴建吐蕃佛教寺院，这些寺院拥有大面积的良田，很多番僧招摇过市、欺男霸女，十分嚣张。元朝法律规定凡是与番僧斗殴者砍断手指，争吵者割断舌头，所以有一种说法叫"元之天下，半亡于僧"。

## 六、元亡

元帝位承继的问题始终未得解决，当继位的人很少得立。此种情形，加以种种有意无意的暴政，再逢严重的天灾，就很自然地引起民变。

元成宗以后，继位的是海山，即元武宗。武宗以后，是爱育黎拔力八达，也就是元仁宗。武宗是依靠爱育黎拔力八达的拥立而登上帝位的，他精通军事，而昧于政事。他一登位，立即任用亲信，遥授官职，排斥世祖忽必烈时代的旧臣，造成朝政紊乱。由于滥封滥赏和无节制地建佛寺、崇佛事，财政危机加深。武宗即位后四个月，就已开支银四百二十万锭。连年灾荒，农民破产，流离失所。武宗即位的第二年正月，绍兴、台州、庆州等六路，发生饥荒，死者甚众，饥户达四十六万。六月，山东、河南大饥，有父食其子者。第三年蝗灾遍及南北各地，黄河在归德府决口。他在位期间，灾害没有间断过。自至正二年（1342 年）后，黄河连年泛滥成灾。脱脱复相后，贾鲁被任命治河。至正十一年（1351 年），黄河决口。元政府修河，发动民工十五万，另外还有在庐州各地的军队两万人。命贾鲁以工部尚书充河防使，开凿新河道二百八十里引黄河汇合淮河入海。经过五个多月，"河复故道"。但由于连年的灾荒，人民流离失所，修河的官吏从中舞弊，政治上的危机加深，所以黄河开凿之日，成了大起义爆发之时。

最初起事的人一方面利用历代必有的妖言，一方面利用深入人心的排外复国的心理。颍州（今安徽阜阳）人刘福通和栾城（今河北栾城西）人韩山童等以白莲教积极组织起义。他们宣传"弥勒下生"，"明王出世"，同时散布民谣："莫道石人一只眼，此物一出天下反。"并且把凿好的一个独眼石人，埋在黄陵岗（山东曹县西南）附近黄河的河道上。民工开河道时掘出这个石人，远近的百姓都轰动了。至正十一年，韩山童、刘福通等于颍州的颍上（今安徽颍上）聚集三千多人，准备起义。起义者宣称韩山童是宋徽宗的八世孙，发布文告说，要"重开大宋之天"。此后，起义的烽火点燃元朝各地，最后由朱元璋创建了二百五十年来所未有的汉人自治的一统帝国。

第三十八章

# 明之复国与政治文化之停顿

（1368—1528）

## 一、科举与八股

科举制度到明代已发展到逻辑的尽头，士子大半只知读国家颁行的程朱课本，尤下的甚至只知背诵程文墨卷。程朱理学被设为官学，考生唯马首是瞻，学术争鸣的风气完全荡尽。

初设科举时，初场考经义，二场试论，三场试策。所谓经义，就是从古代经书中拿出一两句话做题目，让考生发挥成一篇文章。论策就是政论文，考查考生对政事时务的看法和建议。文章的形式是"八股"，即使用八个对偶句来写，不多不少。以成化年间会试题目"乐天者保天下"为例，开篇先提三句，讲"乐天"，四股；中间过接四句，再讲"保天下"，也是四股；末尾四句，作为总结。每四股之中，一反一正，一虚一实，一浅一深，它实际上就是一种文字游戏。总之，科举与八股严重束缚了思想，从此人才的来源几乎完全堵塞，政治文化的发展也陷于绝境。

## 二、政治设施——专制之深刻化

帝制的专制程度到明代日益深刻，秦汉所创的制度，在坏的方面可说已发展到逻辑的尽头。皇帝现在根本不承认一般臣民人格的存在，因此产生了连前此受半开化的外族统治时都没有的野蛮刑制——廷杖和诏狱。廷杖之刑，始于太祖朝，大臣得咎，在殿上予以杖打，每朝都有因此而毙命的。嘉靖初年，群臣因世宗皇帝给生父上封号的事发生争执，谓之"大礼议"，皇帝怒，廷杖一百多人，打死十六人。诏狱，即锦衣卫狱，明太祖设锦衣卫，实为特务机构，他们直接听命于皇帝，可以逮捕任何人，进行不公开的审讯，制造了无数冤狱。

明初对文人尤其对功臣的极量屠戮更是千古未有的惨案。明朝文字狱盛行，很多人以文取祸。如浙江府学教授林元亮，在上表中有"作则垂宪"的话，便被诛杀，因为"则"与"贼"音近，有讥讽朱元璋早年"做贼"之嫌。杀人最多的当数"胡蓝之狱"。朱元璋借口丞相胡惟庸与大将蓝玉谋反，大肆株连杀戮功臣宿将，受牵连而死者四万五千余人，几乎将明初的开国功臣诛杀殆尽。但最不人道的还要推明成祖对待建文遗臣的方法，朱棣夺权成功后，将齐泰、黄子澄等建文朝臣五十余人全部族诛，妻女发教坊司，即充为官妓，姻亲全部流放戍边。

只有一个已经堕入难以自拔的深渊中的民族能够想象同时又能容忍这种方法。

八股文已使人才难以产生，国家对一些或真或假的人才与他们的家族又想尽方法去摧残或屠杀，这是一个民族与文化的自杀行动。

### 三、政治设施——宦官之始终当权

明朝初建时，明太祖以历史上宦官祸国乱政为鉴戒，极力防止宦官弄权，他曾感慨地说："吾见史传所书，汉唐末世皆为宦官败蠹，不可拯救，未尝不为之惋叹。"因此他对宦官做了种种限制，明确规定不许宦官读书识字，宦官不得兼外臣文武衔，不得穿戴外臣衣服、帽子，官阶不得超过四品，政府各部门不得与宦官公文往来，等等。朱元璋仍不放心，又特地在一块铁牌上刻"内臣不得干预政事，预者斩"这十一个大字，以示震慑。

但自成祖以下，宦官权力渐成气候，英宗朝的王振、武宗朝的刘瑾、熹宗朝的魏忠贤，都把持朝政。在宦官的特权中，与诏狱性质相近的东厂尤其是他们用以排除异己的便利工具。东厂设于明成祖时，由亲信宦官主掌。在与锦衣卫的关系上，东厂后来居上。由于东厂厂主与皇帝的关系密切，又身处皇宫大内，更容易得到皇帝的信任。锦衣卫向皇帝报告要具疏上奏，东厂可口头直达。东厂监视政府官员、社会名流、学者等各种政治力量，一时人人自危，道路以目。

皇帝既用种种的野蛮方法摧残臣民，使有志的人也下贱化，又将大权交与心理不健全、大多残酷的宦官贱人，宋以下的民族堕落至此很显然地又加深了一层。


### 四、兵制与军事

明代于外表上模仿唐的府兵制，但实际上军士都是世袭的职业兵，与半征兵的府兵制相差甚远。

朱元璋统一全国后，在全国建立卫所，控扼要害。设立中央都督府，为最高军事机关，掌管全国卫所军籍。征讨、镇戍、训练等则听命于兵部。遇有战事，兵部奉皇帝旨意调军，任命领兵官，发给印信，率领从卫所调发的军队出征。战争结束，领兵官缴印于朝，官军各回卫所。这种统军权与调军权分离和将不专军、军不私将的制度，旨在保证皇帝对全国军队的控制。在地方，设都指挥使司（简称都司），置指挥使，为地方统兵长官。都司之下，在冲要地区的府、县置卫或设所。一般卫由卫指挥使率领，辖五个千户所，共五千六百人。洪武二十六年（1393年），定全国都司、卫所，共设都司十七个、行都司三个、留守司一个、内外卫三百二十九个、守御千户所六十五个。兵额最多时达二百七十余万人。

卫军实行屯田制。但明中期以后，由于大批屯田被豪右、将校侵占，军卒生活无着而大批逃亡，卫所制逐渐崩溃。英宗时发生"土木之变"，京军覆没。为保卫京师，朝廷派官四处募兵以应急，大规模推行募兵制，募兵逐渐成为军队主力。

明代只在太祖、成祖的短期内兵力较强，此后对外大致只能守而不能攻。外患一在北边，就是蒙古；一在沿海，尤其东南一带，就是倭寇。这两个问题明朝始终都没有能力完全解决。

### 五、海外扩张与汉族闽粤系之兴起

在明代的漆黑一团中尚有一线的光明，就是闽粤系的汉族向海外发展的运动。闽粤虽在秦代就已划为郡县，成为中国文化本体的一部分，却需要长时期的孕育酝酿。粤人至今自称为唐人或可证明闽粤地到唐代才与中国本部完全同化，最少闽粤人对中国文化开始有贡献是在唐代。至于闽粤人能独当一面去发展，是到明代方才实现的事。汉人本是大陆民族，闽粤人的舞台却在海外，这是汉族转变方向的纪元大事。

郑和奉成祖之命，七下西洋，庞大的船队最远到达红海海口和非洲东岸，并且越过了赤道。其冒险工作是闽粤人海外扩张的引线，最少是一种增进海外发展的助力，但最重要的还是新兴的闽粤人能够并且乐意大规模地向海洋中开拓前所未有的新途径。

据赵翼《廿二史札记·海外诸番多内地人为通事》载，成化五年（1469年），"琉球贡使蔡璟，言祖父本福建南安人，为琉球通事，擢长史，乞封赠其父母，不许"。当时又有福建人谢文彬，入暹罗国（今泰国），做到了坤岳，相当于明朝的大学士，作为国使来朝。三佛齐国（位于今苏门答腊岛）为爪哇所占，改名旧港，闽粤人多据之。吕宋（今菲律宾）距离福建较近，闽人商贩在此聚居者数万人，子孙后代在此繁衍。

第三十九章

# 元明理学

## 一、陈献章

宋末以下程朱的学说成为正统，道统的观念渐渐确立。从此理学难以再有新的发展，《元史》将儒林与文苑混为一谈并非全出偶然，有元九十年间确是无可称述。明代正式定程朱主义为国教，墨守的风气当然更盛。

陈献章是第一个比较明显地又提倡象山学说的人。陈献章字公甫，号石斋，广东新会人，后迁江门的白沙村，故世人多称之为陈白沙。他主张学贵知疑、独立思考，提倡较为自由开放的学风，逐渐形成一个有自己特点的学派，史称江门学派。他改变了程朱理学一统天下的沉闷局面，但仍打着程朱的招牌。到王阳明才公开地与正统派挑战，对陆象山的唯心论也算有点新的贡献。

## 二、王阳明

王阳明，即王守仁，浙江余姚人，字伯安，号阳明子，世称阳明先生。他发展了陆九渊的学说，用以对抗程朱学派。他说："无善无恶心之体，有善有恶意之动，知善知恶是良知，为善去恶是格物。"并以此作为讲学的宗旨。他断言："夫万事万物之理不外于吾心"，"天理即是人欲"；否认心外有理，有事，有物。认为为学"惟学得其心"，要求用反求内心的修养方法，以达到所谓"万物一体"的境界。他的"知行合一"和"知行并进"说，旨在反对宋儒如程颐等"知先后行"以及各种割裂知行关系的说法。他论儿童教育，反对"鞭挞绳缚，若待拘囚"，主张"必使其趋向鼓舞，中心喜悦"以达到"自然日长日化"。他的学说以反传统的姿态出现，在明代中期以后，形成了阳明学派，影响很大。

这是理学史的最后一页，此后无论程朱或陆王都到了凝结与反刍的时期。

## 第四十章

# 新势力之兴起与明之乱亡

## （1528—1644）

### 一、蒙古

明朝晚期有四种新的势力兴起。若无意外的阻力，四者都有吞并中国的可能。第一种新兴的势力就是重新强盛起来的蒙古。明穆宗隆庆初年，蒙古土默特部俺答汗率军寇大同，陷石州（今山西离石），掠文水、文城，直捣山西中部。与此同时，土蛮（东蒙古左翼的图门台吉）亦犯蓟州，掠昌黎、卢龙，直逼滦河，京师再次告急。明朝对这个威胁实际无法应付，恰在此时蒙古内部发生问题。

隆庆四年（1570 年），俺答汗之孙把汉那吉与俺答汗闹翻，归附明朝。宣大总督王崇古建议采取安抚政策，优待把汉那吉，以此为契机改善明朝与蒙古各部的关系，内阁大学士张居正和高拱表示支持。俺答汗也有和明朝改善关系的愿望，于是双方议和，恢复贡市，边境的紧张情势才渐渐地缓和下来。

## 二、日本

第二种威胁中国的势力来自日本。嘉靖年间，倭寇大盛，他们组织武装集团，在中国沿海大抢大掠。倭寇所以能猖獗横行，有多方面的原因。一是日本经过了战国时代，商业有了很大发展，各诸侯都要求来中国通商，而官方贸易不能满足其要求，于是就组织武装进行抢掠。二是中国沿海地区也由于工商业发达，许多豪族大姓及海商巨贾都私自出海贸易，并且与日本倭寇相勾结，著名的头子有许栋、李光头、汪直、徐海等，这些海盗集团对明末倭乱要负一部分的责任。这可说是国家不知扶助方兴的闽粤人向海外正常发展所收获的结果。

同时，人才的缺乏与政治的腐败又使这种海寇难以平定。例如，嘉靖二十六年（1547 年），浙江巡抚朱纨擒杀了海盗首领李光头及奸商等九十六人，但以通倭谋利的闽浙官僚豪绅群起攻讦，指使在朝官员诬陷朱纨擅杀良民，朱纨被迫服毒自杀。朱纨死后，海防更加废弛。嘉靖三十四年（1555 年），有一股倭寇不过七十二人，竟然深入内地，直达南京，南京明军与之接战，死者八九百人，此七十二人不折一人而去。明朝官吏和官军的腐败无能，于此可见一斑。

但倭寇终是小问题，日本内部平定后倭寇自息。对明真正有危险的是方才安定强盛的日本国。日本关白（宰相）丰臣秀吉统一日本后，矛头直指朝鲜和中国。若非朝鲜的缓冲与丰臣秀吉的早死，后果难测。


## 三、西洋

第三种要闯进中国门户的势力就是西洋。明初中国对西洋的知识仍极模糊。明朝末叶最早由海路到中国的西洋人是葡萄牙人。正德年间，葡萄牙人占据广东屯门岛，旋被明军收复；又占浙江宁波的双屿、福建漳州的月港等地，又被逐；但葡萄牙殖民者总是不肯从中国离去，最终占据了澳门，这是西洋人在中国站稳的第一块地盘。

西班牙未得与中国直接交通，只在南洋与闽粤人发生正面的冲突。西班牙人在菲律宾屠杀华侨，华侨纷纷驾舟回国。明政府一向视华侨为奸民无赖之徒，不予保护，这使海外移民这支朝气正旺的汉族遭遇极大的挫折。

天启四年（1624 年），中国早就知道而始终未十分注意的台湾岛被荷兰占据，成为其向大陆发展的根据地。

除了国家的政治经济的活动外，西洋各国人在天主教的支配之下都到中国来传教。为避免士大夫的反对起见，教士多假借中国所缺乏的科学为传教的秘诀，因此也很受一部分人的欢迎。如利玛窦介绍了天体知识，解释日食、月食的原理，著有《乾坤体义》一书，又与徐光启合作翻译了《几何原本》六卷。但同时也有人直觉地感到西洋文化对中国是一种潜在的威胁，非极力排斥不可。明末清初天主教的地位，在中国士人这两种相反的意见之下，时起时伏，升沉无定。

西洋人此时一方面忙于新大陆、印度、南洋诸地的争夺与开发，一方面对于中国的实情尚未看透，所以在中国的行动还不能毫无顾忌，不敢抱过大的野心。因此这个在可能性上最大的威胁，暂时在外表上反倒不成为一个严重的问题。


## 四、满洲

最后征服中国的是一个意想不到的新兴势力。以上三种势力已经兴盛之后，满洲仍是东北外边的一个无足轻重的半开化民族。满洲是女真族后裔，一直居住在中国东北。明朝永乐时，欲压制北元残余势力，在中国东北一带设立远东指挥使司，开始着手控制女真各部。建州女真族猛哥帖木儿（努尔哈赤六世祖）时为明朝建州卫左都督，后带领部族定居于赫图阿拉（今辽宁新宾）。

南迁后，建州部与中原地区来往密切，社会生产力显著提高，经济繁荣，八旗制度随即建立，而此时努尔哈赤正担任明朝建州部首领。明万历十一年（1583年），努尔哈赤袭封为指挥使，以祖、父遗甲十三副，相继兼并海西四部，征服东海女真，统一了分散在满洲地区的女真各部。万历四十四年（1616年），努尔哈赤在赫图阿拉称汗，建立大金（史称后金）。

1618年，努尔哈赤公布名为"七大恨"的讨明檄文，开始公开起兵反明，并屡次到关内扰乱，甚至侵到燕京的四郊。1619年萨尔浒之战，努尔哈赤以少胜多，致明军惨败，由此成为明清战争史上一个重要的转折点。此后明朝在关外就转为守势。

满洲朝气正盛，对新战术能迅速地学习，所以暮气沉沉的明朝也没有以武器优良制胜的机会。满洲当初只知焚杀劫掠，后来也渐感到抚育政策的必要。定国号为大清之后，与明争天下的野心日趋明显。最后明完全失去抵抗力，虽仍不肯承认事实而以上国共主自居，但最少中国北部的陷于清不过是时间的问题。


## 五、明之乱亡

原来就不很强的兵，到末季更不能用，筹饷反成了一种扰民的借口。战争时期军饷是极其严重的问题。神宗天性贪财，熹宗宠用的魏忠贤贪财，军官也大肆贪污，虚报兵数，于是军费开销越来越大，户部越来越没钱，只有加重老百姓的赋税。这样矛盾越来越激烈，军事问题却没有解决。

开矿的时代狂又加重人民的苦痛。按道理说，矿产可增加财富，但因开矿激发社会矛盾的比比皆是。浙江的温州、处州，福建的浦城等地，明代都有银矿，每年朝廷在此征税。税额逐渐增多，到明代中期福建银矿增加到三万两，浙江增加到八万两。地方财政为此枯竭，百姓苦不堪言。朝廷一度下诏令封闭矿山，但是政府不开，一些所谓的"奸民"私下里偷开矿山，利益驱使之下，因盗矿相互斗殴，死伤不断。朝廷又派遣宦官充当矿监，没想到这又成为百姓的一大灾难。矿监税使横行各地，中饱私囊，百姓怨声载道，国家也没得到多少收益。

明万历时起，朝政日趋腐败，党派林立，党争迭起。万历三十三年（1605年），被革职的官员顾宪成与好友高攀龙等，在无锡东林书院讲学，讽议朝政，品评人物，抨击当权派，一部分在职官吏如赵南星等也遥相应和。东林党以此得名。与东林党同时，另一批官吏士绅又组成浙、齐、楚、宣、昆各党派。这些党派相互之间也有矛盾，同时又有一部分人勾结魏忠贤的"阉党"，满朝汹汹，相互倾轧。东林党人激烈反对"阉党"掌权。杨涟上疏劾魏忠贤二十四大奸恶，被锦衣缇骑逮捕。左光斗、魏大中、周顺昌、黄尊素等人也被捕处死。政局大坏，严重损弱了明朝的力量。

至于仕宦阶级，品格日下，最后几乎不知人间有羞耻事。万历年间，首辅张居正卧病，朝中官员为他祈天祷告，蔚然成风，士大夫趋炎附势，相习成风，以至于此！天启年间，各地官员争相谄事宦官魏忠贤，为他建生祠。"每一祠之费，多者数十万，少者数万，剥民财，侵府库，伐树木无算。"（《明史·阎鸣泰传》）

少数比较有廉耻的人愚昧可怜，对天下大势全不了解。古代士大夫的知识，只不过是些道德哲学，社会的知识极其贫乏，更不懂军事。国难当头，只会互相攻击，以道德标榜自己，或是争论迁都、议和，缺乏实实在在的办法。总之，君子与小人同样地努力断送国命。

历代乱时必有的起义军此时当然遍地皆是，张献忠、李自成率众在全国流窜，沿途烧杀掠夺，明军追随进剿，劳民伤财，耗尽了大明的气力，直接地结束了大明的天下。

明代湮没人才摧残臣民的政策可说完全成功，明亡时一般王公大臣文武百官的无能与无耻上演了历史上一幕幕少见的丑剧。李自成进北京后，"成国公朱纯臣、大学士魏藻德率文武百官入贺，皆素服坐殿前。自成不出，群贼争戏侮，为椎背、脱帽，或举足加颈，相笑乐，百官慑伏不敢动"（《明史·李自成传》）。但起义军不过是为久窥中国的满洲制造机会，江南虽仍可守，但因天下无人，连东晋、南宋的局面也不能维持，整个的中国第二次又陷于外族。

第四十一章

# 清朝盛世

（1644—1839）

## 一、疆土

大清帝国的疆土可与汉唐盛时相比拟。关外各地先后统一，入主中国后又向西北发展，乾隆时清朝的领土达到最广的限度。清朝全盛时疆域十分辽阔，北起漠北和外兴安岭，南至南海、东沙、中沙、南沙、西沙诸群岛，西起巴尔喀什湖和葱岭，东至库页岛和台湾。清廷所绘制的地图明确地记载了当时中国疆域的四至。

## 二、对汉族之压迫——剃发

满人虽在关外时就受了中国文化很深的影响，但初入关后对汉族极力压迫，勉强汉人剃发改装，表示他们被征服的地位。清军初进北京，摄政王多尔衮即下令：“凡投诚官吏军民，一律剃发，圣人之后也不能例外。”剃发易服严重伤害了汉人的民族感情，直隶三河县首先发难，起而反抗，各州县随即响应。多尔衮迫于形势，只得取消剃发令。第二年，南明福王被俘，李自成也已败亡，多尔衮以为大局已定，再次降旨剃发。江南士民大愤，苏州、嘉兴、松江等已降州县纷纷击杀清朝官吏，起兵抗清。著名的江阴抗战亦起于剃发令的颁布。清军围攻江阴，遭到顽强抵抗，历时三月。城破后，清军屠城三日，"满城杀尽，然后封刀"。

同时当然也有人特别殷勤地赶先改从满俗。弘文院大学士冯铨、礼部侍郎李若琳没等剃发令下，就抢先剃发，以示效忠。有同僚攻击冯铨曾是阉宦魏忠贤党羽，冯铨便攻击对方曾归顺"反贼"李自成，一时丑态百出。

## 三、对汉族之压迫——旗地

随着八旗军民进入北京，清朝下达了圈地令。圈占的土地统称为"旗地"。旗地在理论上是明朝的官田与无主的田地，但实际上民房以及茔地也往往被圈。民田被占的也不少，并且圈占的目的不见得都为耕种。很多人失去土地，流离失所，处境困苦不堪。历代被外族征服时所必有的汉奸又助桀为虐，有主的民田被占的因而更多。

满族王公贵族及八旗官兵在旗地上建立起各种屯庄，为了保证屯庄上有足够的奴仆为其耕作，在顺治初年清朝统治者还实行了逼民"投充"的政策。即允许各旗招收"贫民"以为"役使之用"，后来竟发展到"不论贫富，相率投充"的地步。而富者或害怕土地被圈，或为逃避赋役，或为寻求庇护，则携带房屋、土地投充。而汉人一旦投充，在身份上便降为奴仆，失去了人身自由。

## 四、对汉族之压迫——降臣

清朝虽在关内关外都曾得明朝降臣的助力不少，但降臣有罪必受重刑。陈名夏降清后，任吏部侍郎。顺治八年（1651年），张煊弹劾他"结党营私"，陈之遴奏劾他"诮事睿亲王（多尔衮）"。顺治十一年（1654年）因倡言"留发复衣冠，天下即太平"又被宁完我弹劾。第二天，顺治帝亲自讯问，侍臣当众宣读宁完我的劾奏，不等侍臣读毕，名夏极力辩白。帝大怒："即使要辩解，为何不等宣读完毕？"命陈名夏跪着与宁完我对质。刑科右给事中刘余谟、御史陈秉彝替陈名夏缓颊，双方争执不下。刘余谟喋喋不休，帝为之大怒，下令将其革职，审讯继续进行。陈名夏被转押吏部，吏部主张论斩。后又改绞死。陈名夏之子陈掖臣被押到北京，杖四十，流放东北。

后来乾隆皇帝又在国史中特立《贰臣传》一项，专门去侮辱已死的降臣与降臣的子孙。《贰臣传》分甲乙两编，共收入明末清初在明清两朝为官的人物一百二十余人。如祖大寿等人，是当时清政权下了很大功夫争取过来的。他们怎么也没有想到，百年之后，会被列入《贰臣传》中。

## 五、对汉族之压迫——文人

因文人对先朝不能完全忘情，所以清初也对他们压迫得最烈。一切结社都被禁止，科场中也屡次借题威吓。顺治九年（1652年）三月，大学士范文程等言："会试中式第一名举人程可则，文理荒谬，首篇尤悖戾经注。"命革中式，并治考官罪（蒋良骐《东华录》）。

世宗时，猜忌更深，文字狱愈烈。雍正六年（1728年）的曾静、吕留良之狱，致使早已作古的吕留良、吕葆中父子被开棺戮尸，枭首示众；吕毅中斩立决；吕留良诸孙发遣宁古塔给披甲人为奴；家产悉数没收。吕留良的学生也受到株连，或斩或流放。而曾静供词及忏悔录，集成《大义觉迷录》一书，刊后颁发全国所有学校，命教官督促士子认真观览晓悉，玩忽者治罪。又命人带领曾静、张熙到各地宣讲。乾隆帝继位后，将曾静、张熙解到京师，凌迟处死，并列《大义觉迷录》为禁书。

雍正年间，翰林院庶吉士徐骏在奏章里，把"陛下"的"陛"字错写成"狴"，雍正见了，马上把徐骏革职。后来又在徐骏的诗集里找出"清风不识字，何事乱翻书""明月有情还顾我，清风无意不留人"，于是雍正认为这是存心诽谤，照大不敬律斩立决。

后来高宗编纂《四库全书》，在消极方面可说是一个彻底澄清的大文字狱。乾隆借纂修《四库全书》之机向全国征集图书，贯彻"寓禁于征"的政策，对不利于清朝统治的书籍，分别采取全毁、抽毁和删改的办法，销毁和篡改了大批文献。

## 六、刚柔并施

专事高压，不是聪明的政策，所以清朝也用柔和的手段去牢笼汉人。文人不忘故国，圣祖康熙于是请他们修《明史》。文人好古，圣祖就大规模地搜求遗书，并使他们从事各种编辑的工作。一般人不能忘记他们是被外族统治，清室于是向明陵表示敬意，并请明室的后嗣入旗，世袭侯爵。为了收买民心，康熙、雍正年间又屡次设法减轻赋税。

明末的情形虽是一团糟乱，但张居正推行一条鞭法，至少在理论上曾把田赋丁粮简单化。清代继续推行这种政策，最后将丁粮完全取消，"圣祖特颁恩诏，自康熙五十年以后滋生人丁永不加赋"（《清朝文献通考·户口考一》）。后来又逐渐将丁银摊入田赋征收，废除了以前的"人头税"，所以无地的农民和其他劳动者摆脱了千百年来的丁役负担；地主的赋税负担加重，也在一定程度上限制或缓和了土地兼并；而少地农民的负担则相对减轻。

同时，政府也放松了对户籍的控制，农民和手工业者从而可以自由迁徙，出卖劳动力，有利于调动广大农民和其他劳动者的生产积极性，促进社会生产的进步。这在多一事必多一弊的传统中国的确是一件德政。明代野蛮政治下所强迫下贱化的臣民，以及来历不明的各种贱民，也都被正式解放。

以上种种，虽可说都是开明君主在任何情形下所当有的设施，但最少一部分的作用是在收买被征服民族的人心。

## 七、改土归流与西南夷之汉化

西南夷虽在战国时代就受了中国文化的影响，秦汉以下在政治上也大致属于中国，但直到明朝始终没有完全汉化。

为了解决土司割据的积弊，雍正四年（1726年），云贵总督鄂尔泰建议取消土司世袭制度，设立府、厅、州、县，派遣有一定任期的流官进行管理。雍正帝对此甚为赞赏，令其悉心办理。六年，又命贵州按察使张广泗在黔东南推行改土归流政策。在废除土司世袭制度时，对土司本人，根据他们的态度给予不同的处理。对自动交印者，酌加赏赐，或予世职，或给现任武职。对抗拒者加以惩处，没收财产，并将其迁徙到内地省份，另给田房安排生活。在设立府县的同时，添设军事机构。清政府在改土归流地区清查户口，丈量土地，征收赋税，建城池，设学校；同时废除原来土司的赋役制度，与内地一样，按地亩征税，数额一般少于内地，土民所受的剥削稍有减轻。改土归流的地区，包括滇、黔、桂、川、湘、鄂六省。改土归流废除了土司制度，减少了叛乱因素，加强了政府对边疆的统治，有利于少数民族地区社会经济的发展。

改土归流的政策推行成功，是外族的清朝对中国的一个大贡献。这与明代闽粤人发展成熟，是民族史上同样的大事。

## 八、衰征与内乱

历史上没有一个能维持永久的朝代，清朝在入主中国的外族朝代中是寿命最长的，在中国历史上所有的一统朝代中也是能维持盛世最久的。但到乾隆、嘉庆之际，衰落的征兆渐渐明显。当初的兵制十分健全，分为八旗兵和绿营兵。八旗兵以镶黄、正黄、正白、正红、镶白、镶红、正蓝、镶蓝等八种旗帜为标志。"旗"本为满族"兵民合一"的社会组织，兼有掌管军事、政治、生产三个方面的职能。凡旗人男丁皆可为兵，平时生产，战时打仗。绿营兵是参照明朝军卫制度改编和新招的汉兵。以绿旗为标志，以营为建制单位，因而得名。绿营仅有极少数驻京师，称巡捕营，隶属八旗步军营统领。其余分屯各省，依所辖地域之大小、远近、险要和人口的多少确定兵额，列汛分营，"以慎巡守，备征调"。

但随着满人入关日久，兵制基础的旗人渐趋堕落，圈占的旗地多被变卖。同时，长期的治平之下人口大增，生活困难，各地都有邪教的宣传或暴动，连皇城也被教匪攻入。原有的旗兵绿营虽尚未到全不可用的地步，但平定内乱已需要新募乡勇的助力，曾国藩的湘军就是这种形式。

第四十二章

# 明末及清朝之学术思想

## 一、乾嘉学派

王阳明以后，理学日益空疏虚伪，因而引起反动，产生了清代实事求是的朴学。这种实学可说是一个对理学彻底批评与推翻的运动，它以考据为中心，注重于资料的收集和证据的罗列，主张"无信不征"，以汉儒经说为宗，从语言文字训诂入手，主要从事审订文献、辨别真伪、校勘谬误、注疏和诠释文字、考证典章制度以及地理沿革，等等，少有理论的阐述及发挥，也不注重文采，成为清代学术思想的主流学派。朴学盛于乾隆、嘉庆，故又称"乾嘉学派"。其启蒙运动之代表人物，有顾炎武、胡渭、阎若璩等。其全盛运动之代表人物，有惠栋、戴震、段玉裁、王念孙等。

梁启超在《清代学术概论》中说："综观二百余年之学史，其影响及于全思想界者，一言以蔽之，曰'以复古为解放'。第一步，复宋之古，对于王学而得解放。第二步，复汉唐之古，对于程朱而得解放。第三步，复西汉之古，对于许郑而得解放。第四步，复先秦之古，对于一切传注而得解放。夫既已复先秦之古，则非至对于孔孟而得解放焉不止矣。"

## 二、科学不发展

明末以下传入中国的西洋科学并未发生多少影响。蒋方震在为梁启超《清代学术概论》作的序中表现如下意思：一是清政府以异族入主中原，知识分子为了逃避政治迫害，不敢研究经世致用之学，遂埋头于训诂考据之中。二是缘于社会之风尚，中华民族富于调和性，尊重传统，不如西方文明富于怀疑精神，敢创新，这也是科学的一大障碍。三是中国人崇尚谈玄，不善实干，中国精神是艺术的，而不是科学的。大致如此。

第四十三章

# 传统政治文化之总崩溃

## （1839—1912）

## 一、背景

中国虽自宋以下日趋没落，但汉武帝征服四夷后所建起的天朝观念仍然未变。

乾隆五十八年（1793 年），英国为打开同中国的贸易，派特使马戛尔尼，以补祝乾隆帝八十寿辰为名，率七百余人的庞大使团访华。清廷仍以天朝大国接见四夷贡使的习惯思维待之。觐见乾隆前，清朝的接待官员发现英国人不肯向皇帝下跪叩头，这让他们非常头疼。要知道，其他国家的贡使和传教士以前都是下跪的。但马戛尔尼坚决不肯，他说即使在英国国王面前，他也只是行单膝下跪礼，他声称绝不对别国君主施高过自己国君的礼节。只有在上帝的面前，他才会双膝下跪。一番争执之后，乾隆帝恩准马戛尔尼只单膝下跪的要求。

接见完毕，乾隆赐英吉利王一道敕书，大意是："回去告诉你们的国王！鉴于你们倾心于中华文化，不远万里地派遣使节前来叩祝我的万寿，我见你词意恳切恭顺，深为嘉许。但你们表奏上说要派你国人常驻天朝，照管你国买卖，这和天朝的体制不相符合，万万不行。西洋国家很多，又不是只你一国，如果大家都请求派人留居北京，如何是好？所以不能因你一国的请求，破坏天朝的制度。天朝富有四海，奇珍异宝早已司空见惯，看在你们诚心诚意、远道而来的分儿上，我已下令让有关部门收纳你们的贡品。天朝的恩德和武威，普及天下，任何贵重的物品，应有尽有，所以不需要你国货物，特此告知。"（刘锦藻《清朝续文献通考·四夷考·英吉利》）

清廷自恃"天朝物产丰盈，无所不有"，因循保守，闭关锁国，禁锢了中国人的思想，扼杀了中国人的进取精神，使中国贻误了走向世界的机遇，拉大了同西方的差距。

晚清时，自秦汉以下所建起的中国文化独尊观念仍为士大夫阶层所深信，同时一般国人甚至多数的士大夫实际却非常幼稚，对外人不能了解，专会捏造轻信种种的妖语浮言。例如，当时的民众将西方传教士妖魔化，认为教堂是一个吃人的地方，传教士挖人眼睛，用来做炼银的原料；又说教堂里男女共宿一室，行淫乱之事；洋人懂巫术，以物制裸体妇人，吹气得活，柔软温暖如美人（夏燮《中西纪事》）。

这样一个既傲慢又幼稚的民族绝不能对付一个政治与文化都正旺盛的西洋，各种既滑稽又悲惨的冲突很自然地继续发生。当时经常发生教案，传教士被不明真相的民众杀死。

中国政治上的无作为由宋以下的屡次失败与亡国早可看出，文化上的弱点从此也日益明显。明末清初的葡萄牙人、荷兰人与传教士不过是西洋势力的前哨，到清末西洋各国大规模向中国冲入的时候，中国无论朝廷或士大夫或一般人民都忙得手足无措，两千年来所种下的业缘至此要收获必然的苦果。


## 二、鸦片战争前后

清代承袭明代旧制，乾隆以下将一切通商事宜都归并于广东一地，对外人通商又有种种合乎情理与不合情理的限制，官僚的贪污与地方人民的欺诈更加重这些规例的苦痛。西洋各国在英国率领之下屡与中国交涉，要求废除苛例，并准许使臣与领事常驻中国。西洋最后的目的是要将广大的中国市场全部开放。中国方面却大半采用虚张声势与苟且拖延的政策，最后引起严重的冲突是很自然的。

在西洋人或认通商为主要的问题，但中国方面自道光初年以下感到最成问题的是鸦片毒药的大批输入与白银宝货的大量输出。所以中国与英国第一次的兵戎相见，无论西洋人或后代的历史家如何看法，在当时中国人的心目中确是一个鸦片战争。战争的结果是中国大败，所以在和约中中国所认为重要的鸦片问题并未解决，只解决了西洋人所注意的通商问题。

但和约签字后，中国仍想以不了了之的方法去拖延条约的施行，因而引起第二次中西的大冲突，一直等外兵攻到京师，中国才知道这件事不是拖延政策所能解决的，只得加设政治机关，专门应付外交通商事务。这可说是天朝观念开始动摇的征象。

## 三、传教问题与太平天国

在中西的冲突中，除通商问题外，还有基督教的传教问题。晚明、盛清的传教士大半都以输入西洋科学与在天朝当差为传教的工具，这当然是不得已的办法。鸦片战争之后，西洋在天主教的法国的策动之下，强迫中国承认传教与信教的完全自由。1844 年冬，法国强迫清政府签订了不平等的《黄埔条约》。这个条约规定，允许法国天主教在通商口岸自由传教，清朝地方政府负责保护教堂的安全。从此为基督教大开方便之门。

1843 年，洪秀全与表亲冯云山、族弟洪仁玕从《劝世良言》中吸取某些内容，后来在广东花县首创"拜上帝教"，经过两年多的发展，信众达两千多人。1851 年，洪秀全在广西桂平金田村誓师，宣布起义，正号"太平天国元年"。经过两年余奋战，自广西入湖南、进湖北，顺长江而下，经江西、安徽、江苏，于咸丰三年二月（1853年3月）攻下江宁府城，随即将它定为国都，改名天京。太平天国声势浩大，致使大清半壁的天下临时丧失，最后还靠汉族中出来几个人把太平天国打倒。

这时清皇朝的八旗兵、绿营兵也日趋衰败。清廷先后调集大批军队前往广西、湖南镇压，结果纷纷败溃，只好寻求地方武装力量进行阻挡。当咸丰二年（1852年）太平军进入湖南后，清廷便命令两湖督抚等地方官员劝谕士绅，举办团练。此时，曾国藩正因母丧在原籍守制。这年十二月十三日（1853年1月21日），他接到湖南巡抚张亮基转来军机大臣传达咸丰帝十一月二十九日上谕，要他以在籍侍郎的身份协助张亮基"办理本省团练乡民"。曾国藩接旨后四天即前往长沙，着手筹办团练武装。

鉴于清朝原有军队已不足以维护帝国统治秩序的实际状况，曾国藩认为必须从根本上着手，建立与培训起一支有严密组织并有顽强战斗意识和实战能力的新军。为此，他拟定了他的建军原则，竭尽全力组织起一支新的地主阶级武装——湘军。

曾国藩利用宗法关系作为维系湘军的纽带，使全军上下归他一人调度指挥，湘军成为以曾国藩为首领的私人武装。这是中国近代最早出现的军阀集团。湘军的骨干多是以各种宗法关系纠集在一起的中下层知识分子。他们出身于一般中小地主家庭，功名不高，或是诸生、文章，也没有显赫的政治地位。但这些人都浸透了帝制正统思想，都以坚决维护名教纲常和统治秩序为己任。这些人比腐朽的帝国官僚有才干，他们兢兢业业，有一股拼命向上爬以取得功名利禄的顽强精神和野心。曾国藩正是带领这样一批儒生，结成"誓不相弃之死党"，而成为太平军的死敌。

## 四、甲午戊戌与庚子辛丑

英法联军以后，中国对外没有再受严重的挫折，以为大势已无问题。一直到甲午战争，被素来所轻视的日本打败，在羞愤之下才知道自己实在衰弱不堪，非设法振作不可。

1895 年 4 月，日本逼迫中国签订《马关条约》的消息传到北京，康有为发动在北京应试的一千三百多名举人联名上书光绪皇帝，痛陈民族危亡的严峻形势，提出拒和、迁都、练兵、变法的主张，史称"公车上书"。这次上书，对清政府触动不大，却轰动了全国。"公车上书"揭开了维新变法的序幕。

在维新人士和帝党官员的积极推动下，1898 年 6 月 11 日，光绪皇帝颁布《明定国是诏》，宣布变法。新政从此日开始，到 9 月 21 日慈禧太后发动政变为止，历时一百零三天，史称"百日维新"。

在此期间，光绪皇帝根据康有为等人的建议，颁布了一系列变法诏书和谕令。主要内容有：经济上，设立农工商局、路矿总局，提倡开办实业，修筑铁路，开采矿藏，组织商会，改革财政；政治上，广开言路，允许士民上书言事；军事上，裁汰绿营，编练新军；文化上，废八股，兴西学，创办京师大学堂，设译书局，派留学生，奖励科学著作和发明。这些革新政令，目的在于学习西方文化、科学技术和经营管理制度，发展资本主义，建立君主立宪政体，使国家富强。

新政措施虽未触及帝制统治的基础，但是，这些措施代表了新兴资产阶级的利益，为顽固势力所不容。清政府中的一些权贵显宦、守旧官僚对新政措施阳奉阴违，托词抗命。1898 年 9 月 21 日凌晨，慈禧太后突然从颐和园赶回紫禁城，直入光绪皇帝寝宫，将光绪皇帝囚禁于中南海瀛台；然后发布训政诏书，再次临朝"训政"。9 月 28 日，在北京菜市口将谭嗣同、杨锐、刘光第、林旭、杨深秀、康广仁六人杀害；徐致靖被处以永远监禁；张荫桓被遣戍新疆。所有新政措施，除七月开办的京师大学堂（今北京大学）外，全部都被废止。

变法失败后，一切旧制随之复辟。反动政府，不只废除新政，并且想借义和团的神力歼灭洋人，以为将中国的洋人全部杀掉，天下就可太平无事！

当初，义和团在直隶、京津地区的迅速发展，引起清廷的不安。在如何对待义和团的问题上，清廷内部多次发生激烈的争吵，有人主"剿"，有人主"抚"。最终，慈禧太后"决计不将义和团剿除"，认为"以之抵御洋人，颇为有用"。主抚派占了上风。从此，义和团在清廷的默许下大批进入北京和天津。同时适逢八国联军攻破大沽炮台，中国于是揭开假面具，正式向全世界宣战。这是历来既傲慢又幼稚的民族特征所演出的滑稽惨剧，最后为自己制造了政治上与经济上无穷的负担，清朝的命运也随着到了末路。


### 五、科举废除与帝制推翻

传统的中国，在制度方面可以帝制为象征，在文化方面可以科举为象征。经过西洋七十年的打击之后，自宋以下勉强支持的中国不能再继续挣扎，传统中国的两个古老象征也就随着清朝一并消灭。

义和团之乱平定以后，清廷就明令废除八股文。1901年后，随着清廷"新政"的推行，政治、军事、工商、法律、教育文化等方面发生一系列变革，对新式人才的需求与日俱增，废科举几乎成了全国上下的一致呼声。1902年清廷颁布《钦定高等学校章程》，鼓励高等学堂开设算学、物理、化学、历史、地理、动植物和外文。终于，1905年9月2日，袁世凯、张之洞等一批实权大臣联合上奏，要求废除科举制，大力兴办学堂，得到了慈禧太后和光绪皇帝的批准，下诏从1906年停止所有科举考试，科举制遂寿终正寝。

科举既被废除，从此专靠新式学校培养人才。国内遍立学校之外，又派学生往东西各国留学。

早在19世纪70年代，清廷重臣曾国藩、李鸿章、左宗棠等倡导发起了"师夷长技以制夷"的洋务运动，希望利用西方的科学文化知识挽救垂死的清王朝。从 1872 年到 1875 年，清政府先后选派了一百二十名十岁至十六岁的幼童赴美留学。这是近代中国历史上的第一批官派留学生。

第一批留学生虽然派出得很早，但最大规模的官费留学还是美国退还庚子赔款以后的事。

义和团乱后，清廷在政治上仍不肯真正改革，直到日俄战争后，俄国的失败触动了他们，当时舆论大都认为这与俄国未行宪政而日本实行了宪政有着密切关系。迫于形势和舆论的压力，1905 年 10 月，清廷派载泽、端方、戴鸿慈、李盛铎、尚其亨等五大臣分赴日本及欧美各国"考察政治"。次年，出洋考察的大臣们陆续回国，建议朝廷诏定国是，仿行宪政，以便安抚人心，稳定大局。慈禧太后经过反复考虑，采纳了他们的意见。1906 年 9 月 1 日，清廷正式宣布"预备仿行宪政"。但是，清廷并无立宪的诚意，而是企图借立宪之名，实行中央集权、满族贵族集权。1908 年 8 月 27 日，颁布《钦定宪法大纲》，规定大清皇帝的统治"万世一系"，是至高无上、神圣不可侵犯的，一切颁行法律、召集开闭解散议院、设官制禄、统率海陆军、宣战媾和、订立条约、宣布戒严、司法等大权，全在君主一人手中。特别是用人、军事、外交等大权，议院根本不得干预。清廷此举进一步暴露了它根本没有立宪的诚意。

1911 年 5 月，清廷宣布成立第一届责任内阁，在内阁大臣十三人中，满族贵族占了九人，而其中皇族又占五人，被称为"皇族内阁"，军政大权进一步集中到皇族亲贵手中。这就暴露了"预备立宪"的骗局，引起了地方军阀、官员和立宪派的普遍不满，清廷变得更为孤立。立宪派认为清廷此举"不合君主立宪国公例"，要求另外组阁。清廷断然拒绝了他们的要求。各省谘议局联合会发表《宣告全国书》，痛苦地承认"希望绝矣"。立宪运动彻底破产。

庚子以后不能说清廷一事未做。但所做的事都嫌太晚，并且缺乏诚意，终致大清的政权被推翻；战国诸子所预想、秦始皇所创立、西汉所完成、曾支持中国两千年的皇帝制度，以及三千五百年来曾笼罩中国的天子理想，也都由清帝退位时轻描淡写的一纸公文宣告结束。

帝制先取消了科举，象征传统文化大崩溃的开始；然后帝制自己也被取消，象征传统制度大崩溃的开始。所余的是一个在政治文化各方面都失去重心的中国，只有一个外表上全新的面孔聊以自慰自娱。积弱不堪的民族文化从此要在新旧的指针一并缺乏之下盲目地改换方向，乱寻方向；前途茫茫，一切都在不可知的定数中。

# 教授专讲

"联合大学以其兼容并包之精神，转移一时之风气，内树学术自由之规模，外来民主堡垒之称号，违千人之诺诺，作一士之谔谔……"

——西南联大纪念碑铭文摘录　冯友兰撰

**张荫麟** （1905—1942） 西南联大历史系教授

历史学家、哲学家。清华大学毕业后赴美斯坦福大学学哲学，回国后历任清华大学、浙江大学、西南联合大学教授。

**傅斯年** （1896—1950） 西南联大历史系教授

历史学家、民国学术领导人、五四运动学生领袖之一。曾任史语所所长、北京大学代理校长等职。

**胡适** （1891—1962） 西南联大文学院院长

曾任北京大学校长、西南联合大学文学院院长等职。拥有三十六个博士学位（包括名誉博士），是世上拥有博士学位最多的人之一。他著述丰富，在文学、哲学、史学、考据学、教育学、伦理学、红学等诸领域都有较深研究并开风气之先，是中国新文化运动的奠基人与领袖之一。

**吴晗** （1909—1969） 西南联大历史系教授

著名历史学家，尤精明史。曾任云南大学、西南联合大学、清华大学教授，中国科学院历史研究所学术委员，中国科学院哲学社会科学部学部委员。

# 论传统历史哲学

张荫麟

传统上所谓历史哲学之性质，可以一言赅之，认定过去人事世界之实在，而探求其中所表现之法则。然历史法则之种类不一。过去学者或认此种，或认彼种历史法则之探求为历史哲学；是故传统历史哲学之内容殊乏固定性。然此不固定之中却有固定者存，即历史法则之探求是已。本文之任务，在举过去主要之"历史哲学"系统而一一考验之，抉其所"见"，而祛其所"蔽"，于是构成一比较完满之历史观。

以吾所知传统的历史哲学家所探求之法则可别为五类：

（一）历史之计划与目的

（二）历史循环律

（三）历史"辩证法"

（四）历史演化律

（五）文化变迁之因果律

此五者并非绝对分离。容有一类以上之结合，以构成一家之历史哲学，然为逻辑上之便利起见，下文将分别讨论之。

## 一、目的史观

第一种所谓历史哲学，即认定全部人类历史乃一计划、一目的之实现而担任阐明此计划及目的之性质。此派历史哲学可称为目的史观，其主要代表者，自当推黑格尔。彼之"历史哲学"演讲稿为影响近百年西方史学思想最巨之著作。过去"历史哲学"之名，几为目的史观所专利。因之，否认此种学说者，遂谓历史哲学为不可能。

目的史观之最原始的形式，即谓全部人类历史乃一天志之表现，谓有一世界之主宰者，按照预定计划与目的而创造历史。此即基督教说之要素，其在西方史学界之势力，至近半世纪始稍衰，虽黑格尔犹未能脱其羁轴。神学史观，吾认为现在无讨论之价值，下文将不涉及。虽然，"人类史为一计划，一目的之实现"之命辞，除却神学的解释以外，遂无其他可能之意义欤？有之，即谓："人类历史乃一整个的历程，其诸部分互相关结，互相适应，而贯彻于其中者有一种状况、一种德性、一种活动或一种组织之积渐扩充，积渐增进以底于完成，一若冥冥之中有按预定之计划而操持之者然。此种渐臻完成之对象，即可称为历史之目的。"此为理论上持目的史观者，所能希望以史象证明之极限。至史象果容许如此之解释与否，则为一事实问题。过去持目的史观者之所成就，离此极限尚不知几许远，曾无一人焉能将全部或大部分人类历史范入此种解释之中。吾人亦无理由可信他日将有人能为此，然彼等不独认此理想之极限为不成问题之事实，甚且超于此极限之外，而做种种形上学之幻想，与未来之推测，而以为皆历史事实所昭示者焉。遂使"历史哲学"几成为一种不名誉之学问，为头脑稍清晰之哲学家所羞称，此则黑格尔之徒之咎也。

请以黑格尔之历史哲学为例。彼之主要论点之一，即谓"世界之历史不外是对于自由之觉识之进步"，其进展之阶段：则第一，在东方专制国家（中国、印度、波斯）中，只知有一人（君主）之自由；第二，在希腊、罗马，建筑于奴隶阶级上之共和政治中，只知有一部分人之自由；其三，在黑氏当世欧洲之立宪政治中，人人自觉且被承认为自由。故曰"欧洲（黑氏当世之欧洲）代表世界历史之究竟"。换言之，在黑氏时代以后，人类世界将不复能有新奇之变迁矣。

黑氏号称已证明，全世界、全人类之历史为一有理性之历程，为一目的之实现。而实际上彼所涉及者，仅人类历史中任意选择之一极小部分，在时间上彼遗弃一切民族在未有国家以前之一切事迹。彼云："诸民族在达到此境地（国家之成立）之前，容或已经历长期之生活，在此期内容或已造就不少文明。然此史前时期乃在吾人计划之外；不论继此时期以后者为真历史之产生，抑或经此时期之民族，永不达到法治之阶段。"此之割弃有何理由？其理由即在如上所示"真历史"与"假历史"之分别。黑氏以为一民族在未有国家，未有志乘（志乘为国家之产物）以前之事迹，纵可从其遗物推知，然"以其未产生主观的历史（志乘），遂亦缺乏客观的历史"。夫具客观的历史之事迹云者（如引语之上文所示），即曾经发生于过去之事迹而已。谓曾经发生于过去之事迹为缺乏客观的历史，若非毫无意义之谵呓，即自相矛盾。夫同是发生于过去之事变，其一产生志乘，其一未产生志乘；今称前者为"真历史"，后者为非"真历史"，除以表示此之差别以外，更能有何意义？此新名之赠予，岂遂成为割弃世界历史之大部分于历史哲学范围外之理由？盖黑氏发现，人类历史中有一大部分无法嵌入于历史哲学中，而又不能否认其实在，于是只得"予狗以恶名而诛之"。

在空间上，黑氏亦同此任意割弃。彼所认为人类史之舞台只限于温带，"在寒带及热带中无属于世界史的民族存在之地"。然即温带国家之历史，彼亦未能尽赅。关于北美洲，彼但以"属于未来之境土"一语了之。于东方，彼虽涉及中国、印度及波斯，然无法以之与欧洲历史联成一体。其叙东方，不过为陪衬正文之楔子而已。即北欧之历史，彼亦须割弃其大半。故曰："东亚之广土与通史之发展分离，而于其中无所参与；北欧亦然，其加入世界史甚晚，直至旧世界之终，于世界史无所参与，盖此乃完全限于环地中海诸国"。可知黑氏所谓历史哲学，仅是地中海沿岸诸民族有国家以后之历史之哲学而已。而猥曰"世界史为一有理性之历程",猥曰"世界之历史不外是自由认识之进步",其毋乃以名乱实乎？地中海沿岸可以为"世界"，则太平洋沿岸何以不可为"世界"？里海沿岸何以不可为"世界"？甚哉黑氏之无理取闹也。

即舍其空间上以部分为全体之谬妄不论，其以一人之政治自由之觉识，包括全部东方史，以少数人之政治自由之觉识，包括全部希腊、罗马史，以全民之政治自由之觉识，包括全部近世欧洲史，亦属挂一漏万。姑无论在任何时代，政治仅为人群生活之一方面，其他方面如经济、宗教、学术，不能完全划入政治范围之内。且一民族在其政制确立以后，直至影响自由观念之政治改革发生以前，其间每经过悠长之时期。此时期之历史可谓全无"自由之觉识之进步"。在黑氏历史哲学中，对于此时期之历史，除否认其为"历史"以外，直无法处置。

然黑氏之妄，更有甚者。彼不独认世界史"不外是自由之觉识之进步"，且认此之进步为一"世界精神"，一操纵历史的势力之活动结果。此精神者，"以世界史为其舞台，为其所有物，为其实现之境界。彼之性质非可在偶然机遇之浅薄的游戏中，被牵来扯去者，彼乃前物之绝对的裁断者，完全不为机遇所转移，唯利用之，驾驭之，以达一己之目的。……彼其理想之实现，乃以（人类之）知觉及意志为资藉；此等才性，本沉溺于原始之自然的生活中，其最初之目标，为其目的的命运之实现，——然因主动之者为（世界）精神，故具有伟大之势力而表现丰富之内容。是故此精神与己为战，以己为大碍而须征服之……此精神所真正追求者，乃其理想的本体之实现；然其为此地，先将目标隐藏不使自见，而以此之叛异自豪"。倘若人能假定黑氏言语为有意义者，则其持说当如下述：有一非常乖僻，却具有非常权能之妖魔或神圣，名为世界精神者，其为物也，无影、无形、无声、无臭；在黑格尔以前无人知觉之，而除黑格尔及其同志以外，亦无人能知觉之。此怪物自始即有一殊特之愿望，即造成十八世纪末及十九世纪初之德意志式或普鲁士式的社会。然彼却好与自己开玩笑，使用一种魔术将其原来之愿望忘却，而终以迂回不自觉之方法实现之。彼最初隐身于中国、印度及波斯民族之灵魂中，造成"一人之自由之认识"，继则分身于希腊、罗马民族之灵魂中，造成"少数人自由之认识"，终乃转入德意志民族之灵魂中，以造成"人人自由之认识"。如此神话式之空中楼阁，吾人但以"拿证据来！"一问便足将其摧毁无余。历史之探索，乃根据过去人类活动在现今之遗迹，以重构过去人类活动之真相。无证据之历史观，直是谵呓而已。

现在批评黑格尔之历史哲学，诚不免打死老虎之嫌。然过去目的论之历史哲学家无出黑氏右者，故不能不举以为例。且黑氏学说在我国近日渐被重视，吾今第一次介绍其历史哲学，不能不预施以"防疫"之处理也。

要之，吾人依照证据所能发现者，除个人意志及其集合的影响外，别无支配历史之意志；除个人之私独的及共同的目的与计划外，别无实现于历史中之目的与计划。一切超于个人心知以外之前定的历史目的与计划，皆是虚妄。又事实所昭示，人类历史，在一极长之时期内，若干区域之独立的、分离的发展，其间即互有影响亦甚微小。此乃极彰著之事实，彼以全部世界史为一整个之历程者，只是闭眼胡说而已。

与目的史观相连者，为进步之问题。凡主张目的史观者，必以为贯彻于全部历史中者，有一种状况、一种德性、一种活动，或一种组织之继续扩充，继续完成，换言之，即继续进步。此说逻辑上预断全部历史为一整个历程。盖进步之必要条件为传说之持续。唯承受前人之成积而改革之始有进步可言。以现代之机械与五百年前美洲土人之石器较，前者之效率胜于后者不可以道里计矣。然吾人不谓二者之间有进步之关系者，以就吾人所知，前者并非从后者蜕变而来也。历史既包含若干独立之传统，不相师承，故其间不能有贯彻于全体之唯一的进步。假设进步为事实，则历史中只能有若干平行之进步。

吾人现在可退一步问：毕竟在各民族或各国家，或各文化之全史中，自遂初迄今，是否有继续不断之进步？如其有之，进步者为何？

"进步"本为一极含糊之观念。过去论者每或将之与伦理价值之观念混合，因以为进步者乃伦理价值上之增益。而何为伦理价值之标准，则又古今聚讼之焦点。于是历史中有无进步，或进步是否可能之问题，遂茫然不可理。吾今拟将进步一名之价值的含义刊落。每有一种状况、一种活动或一种组织之量的扩充，或质的完成，便有进步。准此而论，则过去历史哲学家分别认为各文化史中所表现之进步，计有下列各项：

（一）知识

（甲）广义的，知识之内容及思想方法。

（乙）狭义的，控制及利用自然之技术、生产之工具。

（二）政治上之自由及法律上之平等

（三）互助之替代斗争

（四）大多数人之幸福

（五）一切文化内容之繁赜化

以上五者在各民族、各国家或各文化之历史中，是否有继续不断之进步？换言之，是否在任何时代只有增益而无减损？下文请从末项起，分别讨论之。

（一）所谓繁赜化（Heterogeneous）者，谓由一单纯之全体生出差异，而相倚相成之部分。斯宾塞尔在《进步：其法则及原因》一文，阐说此种进步甚详。彼以为宇宙间一切变化皆循此经过，此事亦非例外。试以政治为例，统治者与被统治者间之差别，由微而著。"最初之统治者自猎而食，自砺其兵，自筑其室"，进而有"劳心者治人，劳力者治于人"之鸿沟。政治与宗教例焉合一，终然分离。法令日以滋彰，政府之组织日以繁密。更以经济上分工为例，其日趋于精细，更为极明显之事实。其在语言，则有文法上之析别，形音义之孳乳；其在美术，则音乐、诗歌与舞蹈由合而分，绘画、雕刻由用器之装饰，而成为独立之技艺，凡此皆繁赜化之事实。至若科学史上之分化，更无须举例矣。就文化之全般而论，繁赜化之继续，殆为不可否认之事实。然若就单个之文化成分而论，却有由繁能趋于简，甚且由简而趋于消灭者。例如宗教之仪节、神话之信仰、苛细之法禁是也。

（二）谓在任何文明之历史中，大多数人之幸福继续增进，此说之难立，无待深辩。五胡十六国时代，大多数中国人之幸福，视汉文、景、明章之时代何如？十七世纪中叶，及二十世纪初叶以来，大多数中国人之幸福，视十八世纪时代何如？类此者例可增至于无穷。

（三）自由、平等或互助之继续进步说，更难当事实上之勘验。试以中国史为例，吾人但以五胡十六国时代与两汉全盛时代，以晚唐五代与盛唐时代，以元代与宋代，以崇祯末至康熙初与明代全盛时一比较，便知此等史观之谬。

（四）生产方法之继续进步，似可认为事实。一种新发明而较有效率之生产工具之被遗忘或抬弃，历史殆无其例。然知识内容之继续进步说，则难成立。试以我国数学史为例。明代在西学输入以前，实为我国数学大退步之时代。宋元时盛行之立天元一术，至是无人能解。其重要算籍如《海岛》《县子》《五曹》等除收入《永乐大典》，束之高阁外，世间竟无传本，后至清戴震，始从大典中重复输出焉。吾人若更以中世纪初期之与罗马盛时之学术史比较，则知识继续进步说之谬益显。

思想方法进步说之最有力的倡导者为孔德。彼以为思想之发展经历三阶段。其一为神学时期，以人格化的神灵之活动解释自然现象。其二为玄学时代，以为有种种抽象的势力附丽于万物中而产生其一切变化。其三为实证时代，于是吾人放弃一切关于自然现象之"理由"与"目的"之讨索，唯致力于现象之不易的关系之恒常的法则之发现。于是吾人屏除一切无征之空想而以观察，实验，为求知之唯一之方法。虽然在同一时代，各科学不必达于同一阶段。例如物理学可入于实证时期，而生物学仍在玄学或神学时期，然则吾人以何标准，而划分某时代之属于某阶段？孔德以为此标准乃在道德及社会思想之方法。实证的伦理学及社会学之成立，即一人群之入于实证时期也。

孔德之三时期说，实予学术史家以极大之帮助，使其得一明晰之鸟瞰。就大体言，此说无可非难。然此说所予通史家之助力盖甚少。

一民族之普通思想方法恒在长期内无甚更革，而同时文化之他方面，则发生激烈之变迁（例如我国自春秋末迄清季，大致上停留于玄学之阶段，而经济、政治、宗教、学术上则屡起剧变），则后者之不能以前者解释明矣。

除生产工具、思想方法及文化内容之繁赜化以外，吾人似不能在任何民族之历史中，发现直线式（即不为退步所间断）的进步。于是主张他种进步论者，或以螺旋式之进步而代直线式之进步。所谓螺旋式的进步论者，承认盛衰起伏之更代，唯以为每一次复兴辄较前次之全盛为进步。此在智识之内容方面似或为然。然若视为普遍之通则，则螺旋式之进步说亦难成立，譬就政治上之自由、法律上之平等及生活上之互助，及大多数人之幸福而论，吾不知宋代全盛时有以愈于唐代全盛时几何？唐代全盛时有以愈于后汉全盛时几何？


## 二、循环史观

与直线式之进步史观相对峙者为循环史观。（循环史观与螺旋式之进步史观并不冲突，唯各侧重事实之一方面。）进步之观念起源甚晚，唯循环史观则有极远古之历史。盖先民在自然变化中所最易感受之印象，厥为事物之循环性。昼夜、弦望、季候、星行，皆以一定之次序，周而复始。以此种历程推之于人类或宇宙之全史，乃极自然之事，故初期对于过去之冥想家，大抵为循环论者。然吾人当分别两种循环论：其一谓宇宙全部乃一种历程之继续复演，或若干种历程之更迭复演，此可称为大宇宙的循环论。此种冥想，在东西哲学史中多有之，试举我国之例。庄子谓"万物出于几，入于几（几可释为原始极简单之生命质）"；"始卒若环，莫得其伦"。《朱子语类》中所记："问，自开辟以来至今末万年，不知以前如何？曰，以前亦须如此一番明白来。又问，天地会坏否？曰，不会坏，只是相将人无道极了便齐打合，混沌一番，人物都尽，又从新起。"然最彻底之循环论者则数尼采，彼推演机械论至于极端，以为世界全部任何时间之状况，将完全照样重演。此类关于大宇宙之冥想，原非以人类史事为根据（当属于哲学中之宇宙论范围），而不属于历史哲学范围，故今不置论。第二种小宇宙的循环论，乃谓世间一切变化皆取循环之形式：任何事物进展至一定阶段，则回复于与原初类似之情形，此可称为小宇宙之循环论。吾国《老子》及《易传》中均表现此种思想。《老子》曰："万物并作，吾以观复。"《易传》曰："无往不复。"龚定庵引申此说尤为详明，曰："万物之数括于三，初、中、终。初异中，中异终，终不异初。一匏三变，一枣三变，一枣核亦三变；万物一而立，再而反，三而如初。"（《壬癸之际胎观》第五，本集卷一）专从循环论之观点以考察历史之结果，则为一种循环史观。

以吾人观之，谓一切人类史上之事变，皆取循环之形式，此说（假若有人持之者）显难成立。譬如"孔子在齐闻《韶》，三月不知肉味"，此为孰一循环变化之一部分？秦始皇焚书，此为孰一循环变化之一部分？张衡发明候风地动仪，此又为孰一循环变化之一部分？然曾谓人也，或历史中富于循环之现象，远多于吾人日常所察觉或注意者，因之吾人若以循环之观念为导引以考察人类史，则每可得惊人之发现，此则吾所确信不疑者。试举例：近顷有人（编者注：指周作人与其书《中国新文学的源流》）指出我国文学史上有两种思潮之交互循环。其一为"诗言志"之观念，其一为"文以载道"之观念，吾人若将中国文学史分为下列诸时期：（一）晚周；（二）两汉；（三）魏晋六朝；（四）唐；（五）五代；（六）两宋；（七）元；（八）明；（九）明末；（十）清；（十一）民国，则单数诸期，悉为言志派当盛之世，双数诸期悉为载道派当盛之世。按诸史实，信不诬也。

过去关于人类史中循环现象之观察，以属于政治方面者为多。孟子曰："天下之生久矣，一治一乱。"《礼运》言大同、小康、据乱三世之迭更。罗马普利比亚（Polybius）则谓，一君政治流而为暴君专虐，暴君专虐流而为贵族政治，贵族政治流而为寡头政治，寡头政治流而为民主政治，民主政治流而为暴民专虐，由暴民专虐而反于一君政治，如是复依前序转变无已。马奇华列（Machiavali）则谓："法律生道德，道德生和平，和平生怠惰，怠惰生叛乱，叛乱生破灭，而破灭之余烬复生法律。"圣西门则谓组织建设之时代与批评革命之时代恒相迭更。其实后四家之言，皆可为《孟子》注脚。唯《礼运》失之于理想化，普利比亚失于牵强，马奇华列失之于笼统，唯圣西门之说则切于事实。

### 三、辩证法史观

"辩证法"一名在我国近渐流行，其去成为口头禅之期，殆亦不远。毕竟"辩证法"为何？在我国文字中，吾人尚未见有满意之阐说或批判。言辩证法必推黑格尔。黑氏书中"辩证法"一名所指示者，以吾人所知，盖有四种不同之对象。此四者逻辑上并不相牵涉，其中任一可真而同时余三者可伪。第一，"辩证法"本义，其说略如下：凡得"道"（绝对真理）一偏见执，若充类至尽，必归入于其反面，因而陷于自相矛盾。原来之见执，可称为"正"，其反面可称为"反"，于是可有一种立说，起于二者之上而兼容并纳之，是为"合"。若此之立说仍为一偏之见执，则"正""反""合"之历程仍可继续推演，至于无可反为止。此所止者是为绝对真理。换言之，即黑格尔之哲学。是故对于一切一偏之见执，皆可用"以子之矛，攻子之盾"之术破之，此即所谓"辩证法"。以吾观之，谓许多谬说可用此法破之，信然；若谓一切谬说者皆可用此法破之，则黑氏未尝予吾人以证明，吾人亦无理由信其为然。黑格尔以为此乃柏拉图语录中之苏格拉底所常用者，原非彼所新创。第二，可称为认识论上的辩证法，略谓吾人思想中之范畴，或抽象的概念，试任取其一 $x$ 而细察之，则知 $x$ 与其反面，实不可分别，吾人若谓一主辞 $A$ 为 $x$，则同时亦必须谓 $A$ 为 $x$ 之反面，如是则陷于自相矛盾。进一步考察之，则可发现一更高范畴 $Y$，融会 $x$ 与非 $x$ 者。于是 $x$ 为正，非 $x$ 为反，而 $Y$ 为合，是为一辩证的历程。然 Y 又成为不固定范畴，如是，则辩证之历程可继续推演。黑氏以"泛有"之范畴为起点，经历若干连续之辩证历程（其中不尽经"合"之阶级而转换，于上界说之辩证历程为例外者），以达于"绝对观念"，是为最高范畴；无可再反。（附注：以吾观之，黑氏哲学中此部分完全谬误，彼所谓相反而不可分之二范畴，大抵一观念之二名耳。彼误以同实之二名为代表二实，遂造出一大座空中楼阁。试以彼"大名学"中之第一品为例。彼以为"泛有"）（即仅是有，而不决定有何属性）与"无"相反而可分，而"有"与"无"之合为"成"（由无而有谓之成）。夫黑氏何不径曰"有"与"无"相反而不可分，而必以"泛有"与"无"对。盖"泛有"实即无有，实际无之别号；犹 $O_{XI}$ 为 O 之别号也。"泛有"与"无"，异名同实，可混淆以为相反而相同。而"有与无"则二名异实，不能妄指此为相合一也。夫"泛有"之非有，犹 $O_{XI}$ 之非 I 也。谓"泛有"与无相反而相同，即谓无与无相反而相同，犹谓 $O_{XI}$ 与 O 相反而相同，盖无意义之谵呓而已。此则黑氏书中所最富者也。第三，辩证法即变相之所谓"本体论证"，其大致如下：先从一观点在思想上建设一概念之系统，乃究问此系统有无客观之对象，继从此系统本身之性质，而推断其即所求之对象。（此种方法康德在《纯理论衡》中早已驳倒。）

　　以上三种辩证法皆不在本文范围之内。今所欲讨论者，乃第四——历史中之辩证法。以极普遍、极抽象之形式表出，其说略如下：一民族或社会，当任何历史阶段之达于其全盛时，可视为一"正"，辩证法三阶之第一阶。然此阶段之进展中，即孕育与之对抗之势力。此势力以渐长成，以渐显著，可视为一"反"。此一正一反，互相冲突，互相搏争。搏争不可久也，结果消灭于一新的全体中。正反两元素，无一得申其初志，然亦无一尽毁，唯经升化融会而保全。此新全体、新时代，即是一"合"，一否定之否定；于其中"正"与"反"同被"扬弃"。所谓历史的辩证法大略如是。专从此观点考察历史之结果，是为一种辩证法的历史观。以上历史辩证法之抽象的形式乃黑格尔与马克思之所同主。马克思自承为传自黑格尔之衣钵者即此。

（现时流行之所谓"辩证法的唯物史观"，即指此种辩证法，与前三种辩证法逻辑上无涉。）然其具体之解释，则马克思与黑格尔大异。略去其形上的幻想（涉及"世界精神""民族精神"者），则黑氏历史辩证法之具体观念如下：

任何人群组织之现实状况，恒不得完满，其中却含有若干日渐增加而日渐激烈之先觉先进者，憧憬追求一更完满之境界。现状之保持者可视为"正"，而理想之追求者可视为"反"。此两种势力不相容也。守旧与维新，复古与解放，革命与反动之争斗，此亘古重演之剧也。然斗争之结果，无一全胜，亦无一全败，亦可谓俱胜，可谓俱败，于是产生一新组织，社会在其中，理想实现其一部分，旧状保持其一部分，是为"合"之阶段。黑氏认理想为一种支配历史之原动力，为"世界精神"之表现。而马克思则以为理想不过经济制度之产物。马氏历史辩证法之具体观念，特别侧重经济生活。其说略曰：一人群之经济组织，范围其他一切活动。过去自原始之共产社会崩溃后，在每一形成之经济组织中包含对峙之两阶级。其一为特权阶级，其一为无特权阶级。其一为压迫者，其一为被压迫者。经济组织之发展愈臻于全盛，或益以新生产方法之发明，则阶级之冲突愈剧烈。压迫阶级要求现状之维持，是为一"正"，被压迫之阶级要求新秩序之建立，是为一"反"。此两阶级对抗之结果为社会革命，而最后乃产生一新经济组织，将对抗之两势销纳，于是阶级之斗争暂时止息，是为一"合"。经济组织改变，则政治、法律，甚至哲学、艺术亦随之改变。

以上两说乃同一方法之异用。然以吾人观之，皆与史实刺谬。试以我国史为例。周代封建制度之崩溃，世官世禄（即以统治者而兼地主）之贵族阶级之消灭，此乃社会组织上一大变迁。然此非由于先知先觉之理想的改革，非由于两阶级之斗争，亦非由于新生产工具之发明。事实所示，不过如是：在纪元前六七世纪间，沿黄河流域及长江以北，有许多贵族统治下之国家，其土地之大小饶瘠不一，人口之众寡不一，武力之强弱不一。大国之统治者务欲役属他国，扩张境土，小国之统治者及其人民，欲求独立与生存，于是有不断之"国"际战争。其结果较弱小之国日渐消灭，而终成一统之局。因小国被灭，夷为郡县，其所包含之贵族，亦随其丧失原有地位，是为贵族阶级消灭之一因。君主与贵族争政权，而务裁抑窜逐之，是又贵族阶级消灭之一因。贵族阶级自相兼并残杀，是又其消灭之一因。凡此皆与阶级斗争、生产工具之新发明，或理想上之追求无与。即此一例，已摧破黑格尔与马克思之一切幻想。


## 四、演化史观

许多原初极有用之名词，因被人滥用，浸假成为无用。"演化"一名，正是其例。就予个人而论，平日谈话作文中，用此名词殆已不知几千百次。今一旦执笔欲为此观念下界说，顿觉茫然。流俗用"演化"一名，几与"进步"或"变化"无异。然吾人可确知者，演化不仅是变化，却又不必是进步。毕竟演化之别于他种变化者何在？

吾今所欲究问者，非演化观念之形上之意义。例如在一演化的历程是否一种潜性之实现？若然，此潜性在其未实现之前存于何所？又如，演化的历程是否须一有内在的一种主动的"力"，为之推进，是否需有一种终始如一的实质为其基础？对于此诸问题，予之答案皆为否定的。然在此处不必涉及。予今所欲究问者：事物之变化，至少必须具何种条件，吾人始得认之为一演化的历程？吾将斩除论辩上之纠纷，而迳下演化之辨别的界说如下：

一演化之历程乃一事接续之变化，其间每一次变化所归结之景状或物体中有新异之成分出现，唯此景状或物体仍保持其直接前立（谓变化所自起之景状或物体）之主要形构。是故在一演化历程中，任何变化所从起与其所归结之景状与物体，大致必相类似；无论二者差异如何钜，吾人总可认出其一为其他之"祖宗"，唯演化历程所从始与其所归结（此始与终皆吾人之思想所随意界划者，非谓吾人能知任演化历程之所始或终也）之景状或物体，则异或多于同，吾人苟非从历史上之追溯，直不能认识其间有"祖孙"之关系。

以上演化之观念之含义有两点可注意：第一，异乎斯宾塞尔之见，演化之结果，不必为事物之复杂化，容可为事物之简单化。此则现今生物学家及社会学家所承认者也。第二，演化之历程中，非不容有"突变"。然须知突与渐乃相对之观念，其差别为程度的。白猫生黑猫，对于猫之颜色而言则为突变，对于猫类之属性而言则为渐变。许多人根据达夫瑞氏物种"突变"之研究，遂以为演化论中"渐变"之观念可以取消。又有许多人以为达尔文主义与突变说不相容，此则皆为文字所误。变化所归结之状态或物体必保持其直接前立之其主要形构，此演化之观念所要求者，超此限度以外之"突变"，为演化之历程中所无（若有之，则不成其为演化历程）。唯在此限度内变化，固容许有渐骤之殊也。虽然"主要形构"之界限，殊难严格确定，只能靠"常识"上约略之划分，此则许多认识上之判别之所同也。

专从演化之观点考察历史之结果，是为一种演化论的历史观。演化观念可应用于人类历史中乎？曰可。然非谓人类全体之历史乃一个演化历程也。演化历程所附丽之主体，必为一合作的组织，而在过去任何时代，人类之全体，固未尝为一合作的组织也。又非谓过去任何社会，任何国族之历史皆一绵绵不绝之演化也。一民族或国家可被摧毁，被解散，被吸收，而消失其个性，即其文化亦可被摧毁或被更高之文化替代。然当一民族或国家，其尚存在为一民族或国家，为一组织的全体时，当其活动尚可被辨认为一民族或国家之活动时，吾人若追溯其过去之历史，则必为一演化之历程。其中各时代新事物之出现，虽或有疾迟多寡之殊，唯无一时焉，其面目顿改，连续中斩，譬如妖怪幻身，由霓裳羽衣忽变而为苍髯皓首者。

任何民族或国家，其全体的历史为一演化的历程，然若抽取其一部分、一方面而考察之，则容或可发见一种"趋势"之继续发展（进步），一种状态之复演，或数种状态之更迭复演（循环性），或两种势力其相反相克而俱被"扬弃"（辩证法）。进步、循环性、辩证法，皆可为人类之部分的考察之导引观念、试探工具，而皆不可为范纳一切史象之模型。此吾对于史变形式之结论。

初期演化论之历史哲学家，不独以为一切社会，其历史皆为一演化之历程，更进一步以为一切社会之演化皆循同一之轨辙。譬如，言生产方法则始于渔，次猎，次游牧，次耕稼；言男女关系则必始于杂交，次同血族群婚，次异血族群婚，次一男一女为不固定之同栖，次一夫多妻，次一夫一妻。其他社会组织之一切方面，亦莫不如是。若将社会众方面之演化阶段综合，则可构成一层次井然之普遍的"社会演化计划"云。此计划之内容，诸家所主张不同，唯彼等皆认此种计划之可能为不成问题者。此之学说可称为"一条鞭式的社会演化论"。其开山大师当推斯宾塞尔，其集大成者则为穆尔刚，然在今日西方人类学界，此说已成历史陈迹。近顷郭沫若译恩格斯，重述穆氏学说之作为中文，并以穆氏之"社会演化计划"范造我国古史，为《中国古代社会研究》一书，颇行于时。故吾人不避打死老虎之嫌，将此说略加察验。

从逻辑上言，此说所肯定者乃涉及一切民族之历史之通则，宜为从一切或至少大多数民族之历史中归纳而出结论。其能立与否，全视乎事实上之从违。苟与事实不符，则其所依据一切理论上之演绎俱无当也。然此说初非历史归纳之结论。为此说者，大抵将其所注意及之现存原始社会，并益以理想中建造之原始社会，按照一主观所定之"文明"程度标准，排成阶级，以最"野蛮"者居下。以为由此阶级上升，即社会演化之历史程序。一切民族皆从最低一级起步，唯其上升有迟速，故其现在所达之阶段不同云。然彼等初未尝从史实上证明，有一民族焉完全经历此等一切阶段而无遗缺也。而大多数原始社会无文字记录，其过去演化之迹，罕或可稽，即有文字之民族，其初期生活之历史，亦复多失传，故理论上，此等计划之证实根本不可能。而事实上，此等计划无一不与现今人类学上之发现相冲突。昧者不察，乃视为天经地义，竟欲将我国古代记录，生吞活剥以适合之，斯亦可悯也矣。

## 五、文化变迁之因果律

本节所涉及之问题有二：（一）在文化之众方面中有一方面焉，其变迁恒为他方面之变迁之先驱者之原动力，反之此方面若无重大之变迁，则其他方面亦无重大之变迁者乎？具此性格之文化因素，可称为文化之决定因素。故右之问题可简约为：文化之决定因素何在？（二）文化之变迁是否为文化以外之情形所决定？

对于（一）问题曾有两种重要之解答。（甲）其以为文化之决定元素，在于人生观之信仰者，可称为理想史观。其说曰：任何文化上之根本变迁，必从人生观起，新人生观之曙光，初启露于少数先知先觉。由彼等之努力，而逐渐广播，迨至新人生观为社会之大多数分子所吸收之时，即新社会制度确定之时，亦即文化变迁告一段落之时。是故先有十五六世纪之文艺复兴，将生活中心，从天上移归人间，然后有十七八世纪之科学发达，然后有十八九世纪之工业革命。先有十九世纪末西洋思想之输入，然后有中国之维新、革命、新文化等等运动。此外如近世俄罗斯、日本、土耳其，其之改革皆由少数人先吸收外来之新理想而发动。故曰"理想者事实之母"。

虽然，一社会中人生观之改变，无论为新理想之提导，或异文化中理想之吸收，恒受他种文化变迁之影响。吾人通观全史，新理想之兴起，必在社会组织起重大变化之时代，或社会之生存受重大威胁之时代。是故有十字军之役，增进欧洲与近东之交通及商业，有十四五世纪南欧及都市生活之发达，然后有文艺复兴之运动。有春秋以降封建制度之崩坏，军国之竞争，然后有先秦思想之蓬勃。有鸦片之役以来"瓜分之祸"，然后有"维新""革命"及"新文化"诸运动。他如近代帝俄、日本、土耳其之革新运动，莫不由于外患之压迫。故吾人亦可曰"需要者理想之母"也。从另一方面言，许多文化上之根本变迁，如欧洲五、六、七世纪间民族之移徙，以造成封建制度。又如先秦封建制度之崩坏，初未尝有人生观之改变为其先导也。

（乙）与理想史观相对峙者为唯物史观。其以生产工具为文化之决定因素者，可称为狭义的唯物史观，其以经济制度（包括生产条件，如土地、资本之所有者，与直接从事生产者间之一切关系）为文化之决定因素者，可称为广义的唯物史观。然二者皆难成立。吾人并不否认生产工具（如耕种、罗盘及蒸汽机之发明等）或经济制度上之变迁，对文化之其他各方面恒发生重大之影响。唯史实所昭示：许多文化上重大变迁，并非生产工具上之新发明，或经济制度上之改革为其先导。关于前者，例如欧洲农奴制度之成立，唐代授田制度之实行是也。关于后者，例如佛教在中国之兴衰，晋代山水画之勃起，宋元词曲之全盛，宋代理学及清代考证学之发达皆是也。其实类此之例，可列举至于无穷。

对于第（二）问题（文化之变迁是否为文化以外之情形所决定），亦有两种重要之答案。在文化范围外，而与文化有密切之关系者，厥唯地理环境与个人才质，二者均尝为解释文化变迁者所侧重。然地理环境中，若地形、地质，自有历史以来，并无显著之变迁。其有显著之变迁，可以文化上之变迁相提并论者，只有气候。以气候解释文化变迁之学说，可称气候史观。以个人之特别禀赋，解释文化变迁者，可称为人物史观。

（甲）气候史观。此说所侧重者，不在一地域之特殊气候对于居民生活之影响，而在一地域气候上之暂时的（如荒旱、水灾或过度之寒暑），或永久的反常变化（如古西域诸国之沦为沙碛）与其他文化变迁之关系。持此说者，以为一切文化之重大变迁，皆为气候变迁之结果。夫谓气候之变迁，有时为文化变迁之一部分的原因，且其例之多，过于寻常所察觉，此可成立者。吾可为举一旧日史家所未注意及之例。《左传》僖公十九年载："卫大旱，卜有事于山川，不吉。宁庄子曰，昔周饥，克殷而年丰。"宁庄子之言若确（吾人殊无理由疑其作伪），则殷之亡，周之兴，而封建制度之立，其原因之一，乃为周境之荒灾。然若谓一切文化上之变迁，皆有其气候之原因，则显与事实刺谬。例如日本之明治维新，可为该国文化上一大变迁，然其气候之原因安在？欧洲大战，亦可为近世文化上大变迁之关键，然其气候之原因安在？如此之例，不胜枚举。气候史观实难言之成理。（气候史观之最有力的主倡者为亨丁顿。此说最佳之批评见于所著《现代社会学原理》中。）

（乙）人物史观。文化为个人集合活动之成绩，文化之变迁，即以活动之新式样代替旧式样，故必有新式样之创造，然后有文化变迁之可能。然新式样之创造，固非人人所能为，所肯为，或所及为也。记曰："智者创物，巧者述之，愚者用焉。"一切文明上之元素，皆有特殊之个人为之创始，此毫无问题者也。所谓创始，有三种意义：（一）完全之新发现或新发明。（二）取旧有之式样而改良之。（三）将旧有之式样集合而加以特殊之注重，即所谓"集大成"者是也。复次采纳一种旧有之行为式样（譬如说孔教、佛教或共产主义），身体力行，并鼓励、领导他人行之。此亦可视为一种创造者。以上四类之创造者，包括古今一切"大人物"之活动。世间若无此四类之人，则绝不会有文化之变迁，此亦无可疑者也。虽然，大人物之所由成为大人物者何在？（一）在于"天纵之将圣"？抑（二）在于生理学上禀赋之殊异？抑（三）在于无因之意志自由，抑（四）在于偶然之机遇？

天纵说固无讨论之价值，生理异禀说亦无实证之根据，持后一说者显然不能从一人在文化上之贡献而推断其必有生理之某种异禀。因此事之确否，正为待决之问题也。然过去文化上之创造者，许多并主名而不可得。即或姓氏幸传，其人之生理的性格亦鲜可稽考。欲使生理异禀说得立，只能用间接推断，而间接推断之唯一可能的根据，即一实验之法则：凡具某种生理异禀者，恒有文化上之创造；凡不具某种生理异禀者，恒无文化上之创造。然迄今尚无人曾发现一如是之法则。故生理异禀说，只是一种空想而已。然吾人若舍弃此说，则当选择于意志自由与盲目之偶然机遇间。二说孰优？此形上学的问题之解答，非本文之范围所容许，吾仅欲于此指出历史哲学与形上学之关系。

节选自《通史原理》

原载 1933 年 2 月《思想与时代》第 19 期

# 中华帝制 [①]

雷海宗

## 一、列国称王

战国以前，列国除化外的吴、楚诸国外，最少在名义上都尊周室为共主。春秋时代周王虽早已失去实权，然而列国无论大小，对周室的天子地位没有否认的。春秋时代国际政治的中心问题是"争盟"或"争霸"，用近代语，就是争国际均势。国际均势是当时列强的最后目的，并非达到其他目的的一种手段。以周室为护符——挟天子以令诸侯——是达到这个目的最便利的方法。因为列强都想利用周室，所以它的地位反倒非常稳固，虽然它并无实力可言。

到春秋末期战国初期这种情形大变。各国经过政治的篡弑与我们今日可惜所知太少的社会激变，统治阶级已非旧日的世族，而是新起的知识分子。旧的世族有西周封建时代所遗留的传统势力与尊王心

---

[①] 节选自《中国的元首》，标题为编者加。

理，列国国君多少要受他们的牵制。所以春秋时代的列国与其说是由诸侯统治，毋宁说是诸侯与世族合治。列国的诸侯甚至也可说是世族之一，不过是其中地位最高的而已。争盟就是这个封建残余的世族的政策。他们认为这个政策最足以维持他们的利益，因为列国并立势力均衡，世族在各本国中就可继续享受他们的特殊权利。任何一国或任何一国的世族并没有独吞天下的野心。

战国时代世族或被推倒，或势力削弱。这时统治者是一般无世族传统与世族心理的出身贵贱不齐的文人。国君当初曾利用这般人推翻世族的势力；现在这般人也成为国君最忠心的拥护者。他们没有传统的势力与法定世袭的地位，他们的权势荣位来自国君，国君也可随时夺回。到这时，列国可说是真正统一的国家了，全国的权柄都归一人一家，一般臣下都要仰给于君上，不像春秋时代世族的足以左右国家以至天下的政策与大局。国君在血统上虽仍是古代的贵族，但在性质上他现在已不代表任何阶级的势力，而只知谋求他一人或一家的利益。所以战国时代二百五十年间国际均势虽然仍是一个主要的问题，但现在它只是一种工具，不是最后的目的。最后的目的是统一天下。列强都想独吞中国，同时又都不想为他人所吞。在这种矛盾的局面下，临时只得仍然维持均势；自己虽然不能独吞，最少可防止其他一国过强而有独吞的能力。但一旦有机可乘，任何一国必想推翻均势局面，而谋独强以至独吞。战国时代的大战都是这种防止一国独强或一国图谋推翻均势所引起的战争。列国称王也是这种心理的最好象征。列国称王可说有两种意义。第一是各国向周室完全宣布独立；第二是各国都暗示想吞并天下，因为"王"是自古所公认为天子的称号。

最早称王的是齐、魏两国。但这种革命的举动也不是骤然间发生的；发生时的经过曲折颇多。战国初年三晋独立仍须周室承认（前403年）。田齐篡位也须由周天子取得宪法上的地位（前386年）。可见历史的本质虽已改变，传统的心理不是一时可以消灭的。后来秦国于商鞅变法之后，势力大盛，屡次打败战国初期最强的魏国。这时秦国仍要用春秋时代旧的方法以巩固自己的地位，所以就极力与周天子拉拢，而受封为伯（前343年），与从前的齐桓、晋文一样。次年（前342年）秦又召列国于逢泽（今河南开封东南），朝天子。这是一种不合时代的举动，在当时人眼中未免有点滑稽。虽然如此，别国必须想一个抵抗的方法，使秦国以周为护符的政策失去效用。于是失败的魏国就联络东方大国的齐国，两国会于徐州，互相承认为王（前334年）。这样一来，秦国永不能再假周室为号召，周室的一点残余地位也就完全消灭了。秦为与齐魏对抗起见，也只得称王（前325年）。其他各国二年后（前323年）也都称王。只有赵国唱高调称"君"，现成的"公侯"不用而称"君"，也正足证明周室的封号无人承认，一切称号都由自定。但赵国终逆不过时代潮流，最后也称王（前315年）。至此恐怕各国方才觉悟，时代已经变换，旧的把戏不能再玩，新的把戏非常严重痛苦——就最是列国间的拼命死战。这种激烈战争，除各国的奖励战杀与秦国的以首级定爵外，由国界的变化最可看出。春秋时代各国的疆界极其模糊。当时所谓"国"就是首都。两国交界的地方只有大概的划分，并无清楚的界限。到战国时各国在疆界上都修长城，重兵驻守，可见当时国际空气的严重。在人类史上可与二十世纪欧洲各国疆界上铜墙铁壁的炮垒相比的，恐怕只有战国时代这些长城。


## 二、合纵连横与东帝西帝

列国称王以后百年间，直至秦并六国，是普通所谓合纵连横的时期。连横是秦国的统一政策，合纵是齐、楚的统一政策。其他四国比较弱小，不敢想去把别人统一，只望自己不被人吞并就够了。所以这一百年间可说是秦、齐、楚三强争天下的时期。这时不只政治家的政策是以统一为目标，一般思想家也无不以统一为理想。由现存的先秦诸子中，任择一种，我们都可发见许多"王天下""五帝三王云云"

花样繁多而目的一致的帝王论或统一论。所以统一可说是当时上下一致的目标，人心一致的要求。这些帝王论中，除各提倡自己一派的理想，当初有否为某一国宣传的成分，我们现在已不容易考知。其中一种有丰富的宣传色彩，似乎大致可信——就是邹衍（前350—前250年间）一派的五德终始说。对后代皇帝制度成立，也属这派的影响最深。可惜邹衍的著作全失，后代凌乱的材料中，只有《史记·封禅书》中所记录的可以给我们一个比较完备的概念：

> 自齐威宣之时，邹衍之徒论著终始五德之运。及秦帝，而齐人奏之。故始皇采用之。

所以这当初是齐国人的说法，秦始皇统一后才采用。五德的说法据《封禅书》是：

> 秦始皇既并天下而帝，或曰：黄帝得土德，黄龙地螾见；夏得木德，青龙止于郊，草木畅茂；殷得金德，银自山溢；周得火德，有赤乌之符。今秦变周，水德之时，昔秦文公出猎，获黑龙；此其木德之瑞。

这是一个极端的历史定命论，也可见当时一般的心理认为天下统一是不成问题的，并且据邹衍一派的说法，统一必由按理当兴的水德。

这个说法本来是为齐国宣传的。邹衍是齐国人，受齐王优遇，有意无意中替齐国宣传也无足怪。宣传的证据是与五德终始说有连带关系的封禅说。所谓封禅是历代受命帝王于受命后在泰山上祭祀天地的一种隆重典礼。在先秦时代，列国分立，各地有各地的圣山，并无天下公认的唯一圣山。由《周礼·夏官·职方氏》可知，泰山不过是齐、鲁（兖州）的圣山，并非天下的圣山；其他各州各有自己的圣山。只因儒家发生、盛行于齐、鲁及东方诸小国，儒书中常提泰山，又因封禅说的高抬泰山，所以后代才认泰山为唯一圣山。邹衍一派当初说帝王都须到泰山封禅，是一种前所未有的新闻。这等于说，齐国是天命攸归的帝王，不久必要统一天下。假设封禅的说法若为楚人所倡，必定要高抬衡山；若为秦人所创，必说非封禅华山不可。现在的《管子·封禅篇》与《史记·封禅书》都讲到齐桓公要封禅而未得。这恐怕是同样的邹衍一派的宣传，暗示春秋时代的齐国几乎王天下，战国时代的新齐国必可达到目的。

空宣传无益。当时齐国的确有可能统一天下的实力。邹衍或其他一派的人创造这个学说，一定是认清这个实力所致，并非一味地吹嘘。齐国是东方的大国，到宣王时（前319—前301）尤强，乘燕王哙让位子之大演尧舜禅让的悲喜剧的机会，攻破燕国（前314年），占领三年。后来（前312年）虽然退出，齐国的国威由此大振。同时（前312—前311）楚国上了张仪的当，贸然攻秦，为秦所破，将国防要地的汉中割与秦国。所以至此可说秦、齐二国东西并立，并无第三国可与抗衡。至于两国竞争，最后胜利谁属尚在不可知之数。在这种情形下，齐国人为齐国创造一种有利的宣传学说，是很自然的。于是产出这个以泰山为中心的封禅主义。

这个秦、齐并立的局面支持了约有二十五年。两国各对邻国侵略，但互相之间无可奈何。天下统一不只是政治家的政策，不只是思想家的理想，恐怕连一般人民也希望早日统一，以便脱离终年战争的苦痛。"工天下"的人为"帝"现在也已由理想的概念成为一般的流行语。当初的"王"现在已不响亮，作动词用（王天下）还可以，作名词用大家只认"帝"为统一的君主。秦、齐既两不相下，所以它们就先时发动，于公元前288年两国约定平分天下，秦昭襄王称西帝，齐湣王称东帝，除楚国外，天下由二帝分治。根本讲来，这是一个矛盾的现象，因为"帝"的主要条件就是"王天下"，所以两帝并立是一个不通的名词，在当时的局势之下也是一个必难持久的办法。可惜关于这个重大的事件，我们所知甚少。据《战国策》似乎是秦国提议。秦先称西帝，齐取观望的态度，后来也称帝。但因列国不服或其他原因，两国都把帝号取消，仍只称王。但后来齐湣王在国亡家破的时候（前284年）仍要邹、鲁以天子之礼相待，结果是遭两国的闭门羹，可见取消帝号是一种缓和空气的作用，实际上齐国仍以帝自居。荆轲刺秦王的时候（前227年）称秦王为"天子"，可见秦也未曾把帝号完全取消。两国大概都是随机应变，取模棱两可的态度。

### 三、帝秦议

齐国称帝不久就一败涂地。三晋本是秦的势力范围，齐湣王野心勃勃，要推翻秦的势力，以便独自为帝。齐攻三晋（前286年）的结果是秦国合同三晋，并联络燕国，大举围齐。齐国大败，临时亡国。燕国现在报复三十年前的旧恨，把齐国几乎完全占领（前284年）。楚国也趁火打劫，由南进攻。后来五国退兵，燕独不退。五六年间（前284—前279），除莒与即墨二城外，整个齐国都变成燕的属地。后来齐虽复国（前279年），但自此之后元气大亏，丧失强国的地位，永远不能再与秦国对抗。后来秦并天下，齐是六国中唯一不抵抗而亡的。所以燕灭齐可说是决定秦并天下的最后因素。284年前一切皆在不可知之数，284年后秦灭六国只是一个时间的问题。

二十年后（前258年）秦攻赵，围邯郸。赵求救于魏，魏援军畏秦，不敢进兵。邯郸一破，三晋必全为秦所吞并，因为现在中原只有赵还有点抗秦的能力。但其他各国连援兵都不敢派出，可见当时畏秦的心理已发展到何等的程度。这时遂有人提议放弃无谓的抵抗，正式向秦投降，由赵领衔，三晋自动尊秦为帝。此举如果成功，秦并六国的事业或可提早实现。所幸（或不幸）当时出来一个齐国人鲁仲连，帝秦议方才中止。大概此时齐国虽已衰弱，齐国志士尚未忘记秦、齐并立的光荣时期。所以对强秦最愤恨的是齐人，对帝秦议极力破坏的也是齐人。后来赵、魏居然联合败秦，拼死的血战又延长了四十年。

由于思想家的一致提倡统一，由于列强的极力蚕食邻国，由于当时人的帝秦议，我们都可看出天下统一是时代的必然趋势，没有人能想象另一种出路。最后于公元前 221 年秦王政合并六国，创了前古未有的大一统局面。


## 四、秦始皇帝

秦始皇对于他自己的新地位的见解很值得玩味。据《史记·秦始皇本纪》，公元前 221 年令丞相御史议称号：

> 寡人以眇眇之身，兴兵诛暴乱。赖宗庙之灵，六王咸伏其辜，天下大定。今名号不更，无以称成功传后世。其议帝号！

"其议帝号"一句话很可注意。当时秦尚未正式称帝，然而正式的令文中居然有这种语气，有两种可能的解释。一是帝本是公认为"王天下者"的称号；现在秦并六国，当然是帝。第二种解释就是七十年前秦称西帝，始终未正式取消，所以"帝号"一词并无足怪。现在秦王为帝已由理想变成事实，只剩正式规定帝的称号。

始皇与臣下计议的结果，名号制度焕然一新。君称"皇帝"，自称"朕"，普遍地行郡县制与流官制，划一度量衡，书同文，车同轨，缴天下械，治驰道，徙富豪于咸阳。凡此种种，可归纳为两条原则。一、天下现在已经统一，一切制度文物都归一律；二、政权完全统一，并且操于皇帝一人之手。从此以后，皇帝就是国家，国家就是皇帝。这种政治的独裁在战国时已很明显。只因那时列国并立，诸王不得不对文人政客有相当的敬礼与笼络。现在皇帝不只再需要敬畏政客文人，并且极需避免他们的操纵捣乱。当初大家虽都"五帝三王""王天下"不离口，但他们并没有梦想到天下真正统一后的情势到底如何。现在他们的理想一旦实现，他们反倒大失所望，认为还是列国并立的局面对他们有利。同时六国的王孙遗臣也很自然地希望推翻秦帝，恢复旧日的地方自由。所以文人政客个人自由的欲望与六国遗人地方独立的欲望两相混合，可说是亡秦的主要势力。焚书坑儒就是秦始皇对付反动的文人政客的方法。张良与高渐离可代表六国遗人力谋恢复的企图。在历史上，第一个统一的伟人或朝代似乎总是敌不过旧势力的反动，总是失败的。统一地中海世界的恺撒为旧党所刺杀，西方的天下又经过十几年的大乱才又统一。统一中国的秦朝也遭同样的命运。一度大乱之后，汉朝出现，天下才最后真正统一。

秦亡的代价非常重大。秦朝代表有传统政治经验与政治习惯的古国，方才一统的天下极需善政，正需要有政治经验习惯的统治者。并且秦国的政治在七国中最为优美，是战国时的人已经承认的。反动的势力把秦推翻，结果而有布衣天子的汉室出现。汉高是大流氓，一般佐命的人多为无政治经验的流氓小吏出身。所以天下又经过六十年的混乱方才真正安定下去。到汉武帝时（前140—前87）政治才又略具规模，汉室的政治训练才算成熟。


## 五、汉之统一与皇帝之神化

汉室的成立是天下统一必然性的又一明证。楚、汉竞争的时期形式上是又恢复了战国时代列国并立的局面；义帝只是昙花一现的傀儡。项羽灭后，在理论上除汉以外还有许多别的国，不过是汉的与国而已，并非都是属国。但列国居然与汉王上表劝进：

> 楚王韩信，韩王信，淮南王英布，梁王彭越，故衡山王吴芮，赵王张敖，燕王臧荼，昧死再拜言，大王陛下！先时秦为亡道，天下诛之。大王先得秦王，定关中，于天下功最多。存亡定危，救败继绝，以安万民，功盛德厚。又加惠于诸侯王有功者，使得立社稷。地分已定，而位号比拟，亡上

下之分；大王功德之著于后世不宣。昧死再拜上皇帝尊号！

　　细想起来，这个劝进表殊不可解。这是一群王自动公认另一王为帝，正与五十年前鲁仲连所反对的帝秦议性质相同。我们即或承认这是诸王受汉王暗示所上的表，事情仍属奇异。各人起兵时本是以恢复六国推翻秦帝为口号。现在秦帝已经推翻，六国也可说已经恢复，问题已经解决，天下从此可以太平无事；最少列国相互间可以再随意战争，自由捣乱，不受任何外力的拘束。谁料一帝方倒，他们就又另外自立一帝。即或有汉王的暗示，当时汉王绝无实力勉强诸王接受他的暗示。所以无论内幕如何，我们仍可说这个劝进表是出于自动的；最少不是与诸王的意见相反的。这最足以证明当时的人都感觉到一统是解决天下问题的唯一方法，除此之外，并无第二条出路。第二条路是死路，就是无止期的战乱。从此以后，中国的历史只有这两条路可走：可说不是民不聊生的战国，就是一人独裁的秦、汉。永远一治一乱循环不已。

　　汉室虽是平民出身，皇帝的尊严并不因之减少，反而日趋神秘。秦、汉都采用当初齐国人的宣传，行封禅，并按五德终始说自定受命之德。皇帝的地位日愈崇高，日愈神秘，到汉代，皇帝不只是政治的独裁元首，并且天下公然变成他个人的私产。

　　　　高祖大朝诸侯群臣，置酒未央前殿。高祖奉玉卮，起为太上皇寿曰："始大人常以臣无赖，不能治产业，不如仲力。今某之业，所就孰与仲多？"殿上群臣皆呼万岁，大笑为乐。

　　由此可见皇帝视天下为私产，臣民亦承认天下为其私产而不以为怪，反呼万岁，大笑为乐。这与战国时代孟子所倡的民贵社稷次君轻的思想，及春秋时代以君为守社稷的人而非社稷的私有者的见解是两种完全不同的政治空气。

哀帝（前6—前1）宠董贤，酒醉后（前1年），"从容视贤笑曰：'吾欲法尧禅舜何如？'"中常侍王闳反对：

> 天下乃高皇帝天下，非陛下之有也。陛下承宗庙，当传
> 子孙于亡穷。统业至重，天子亡戏言！

皇帝看天下为自己的私产，可私相授受。臣下认天下为皇室的家产，不可当作儿戏。两种观点虽不完全相同，性质却一样；没有人认为一般臣民或臣民中任何一部分对天下的命运有支配的权力。

天下为皇帝的私产，寄生于皇帝私产上的人民当然就都是他的奴婢臣妾。奴婢虽或有高低，但都是奴婢；由尊贵无比的皇帝看来，奴婢间的等级分别可说是不存在的。最贵的丞相与无立锥之地的小民在皇帝前是同样的卑微，并无高下之分。当时的人并非不知道这种新的现象。贾谊对此有极沉痛的陈述：

> 人主之尊譬如堂，群臣如陛，众庶如地。故陛九级上，
> 廉远地，则堂高。陛无级，廉近地，则堂卑。高者难攀，卑
> 者易陵，理势然也。故古者圣王制为等列，内有公卿大夫
> 士，外有公侯伯子男，然后有官师小吏，延及庶人。等级分
> 明，而天子加焉，故其尊不可及也。里谚曰："欲投鼠而忌
> 器"，此善谕也。鼠近于器，尚惮不投，恐伤其器，况于贵
> 臣之近主乎？廉耻节礼以治君子，故有赐死而亡戮辱。是以
> 黥劓之辠不及大夫，以其离主上不远也。礼不敢齿君之路
> 马，蹴其刍者有罚。见君之几杖则起，豫君之乘车则下，入
> 正门则趋。君之宠臣虽或有过，刑戮之辠不加其身者，尊君
> 之故也。此所以为主上豫远不敬也，所以体貌大臣而厉其节
> 也。今自王侯三公之贵，皆天子之所改容而礼之也，古天子
> 之所谓伯父伯舅也。而今与众庶同黥劓髡刖笞骂弃市之法，
> 然则堂不亡陛乎？被戮辱者不泰迫乎？廉耻不行，大臣无乃

握重权大官而有徒隶亡耻之心乎？失望夷之事，二世见当以重法者，投鼠而不忌器之习也。臣闻之，履虽鲜不加于枕，冠虽敝不以苴履。夫尝已在贵宠之位，天子改容而体貌之矣，吏民尝俯伏以敬畏之矣；今而有过，帝令废之可也，退之可也，赐之死可也，灭之可也。若夫束缚之，系绁之，输之司寇，编之徒官，司寇小吏詈骂而榜笞之，殆非所以令众庶见也。夫卑贱者习知尊贵者之一旦吾亦乃可以加此也，非所以习天下也，非尊尊贵贵之化也。夫天子之所尝敬，众庶之所尝宠，死而死耳，贱人安宜得如此而顿辱之哉？

当时因为丞相绛侯周勃被告谋反，收狱严治，最后证明为诬告，方才释出。这件事（前176年）是贾谊发牢骚的引线。贾谊对于这种事实认得很清楚，但对它的意义并未明了。他所用的比喻也不妥当。皇帝的堂并不因没有阶级而降低，他的堂实在是一座万丈高台，臣民都俯伏在台下。皇帝的地位较前提高，臣民的地位较前降低，贾谊所说的古代与汉代的分别，实在就是阶级政治与个人政治的分别。先秦君主对于大臣的尊敬是因为大臣属于特殊的权利阶级。阶级有相当的势力，不是君主所能随意支配。到秦汉时代真正的特权阶级已完全消灭，人民虽富贵贫贱不同，但没有一个人是属于一个有法律或政治保障的固定权利阶级的。由此点看，战国时代可说是一个过渡时代。在性质上，战国时代已演化到君国独裁的个人政治的阶段。但一方面因为春秋时代的传统残余，一方面因为列国竞争下人才的居奇，所以君主对臣下仍有相当的敬意。但这种尊敬只能说是手段，并不是理所当然的事。秦汉统一，情势大变，君主无须再存客气，天下万民的生命财产在皇帝前都无保障。由人类开化以来，古有阶级分明的权利政治与全民平等的独裁政治。此外，除于理想家的想象中，人类并未发现第三种可能的政治。一切宪法的歧异与政体的花样不过都是门面与装饰品而已。换句话说，政治社会生活总逃不出多数（平民）为少数（特权阶级）所统治或全体人民为一人所统治的两种方式。至于孰好孰坏，只能让理想家去解决。

皇帝既然如此崇高，臣民既然如此卑微，两者几乎可说不属于同一物类。臣民若属人类，皇帝就必属神类。汉代的皇帝以至后妃都立庙祭祀。高帝时令诸侯王国京都皆立太上皇庙。高帝死后惠帝令郡国诸侯各立高祖庙，以岁时祠。惠帝尊高祖庙为太祖庙，景帝尊文帝庙为太宗庙，行所尝幸郡国各立太祖太宗庙。宣帝又尊武帝庙为世宗庙，行所巡狩皆立世宗庙。至西汉末年，祖宗庙在 68 郡国中共 167 所。长安自高祖至宣帝以及太上皇悼皇考（宣帝父）各自居陵立庙旁，与郡国庙合为 176 所。又园中各有寝便殿。日祭于寝，月祭于庙，时祭于便殿。寝，每日上食四次。庙，每年祭祀 25 次。便殿，每年祠四次。此外又有皇后太子庙 30 所。总计每岁的祭祀，上食 24455 份，用卫士 45129 人，祝宰乐人 12147 人。皇帝皇室的神化可谓达于极点！

不只已死的皇帝为神，皇帝生时已经成神，各自立庙，使人崇拜。文帝自立庙，称顾成庙。景帝自立庙，为德阳。武帝生庙为龙渊，昭帝生庙为徘徊，宣帝生庙为乐游，元帝生庙为长寿，成帝生庙为阳池。

皇帝皇室的庙不只多，并且祭祀的礼节也非常繁重，连专司宗庙的官往往也弄不清，因而获罪。繁重的详情已不可考，但由上列的统计数目也可想见一个大概。这种神化政策，当时很遭反对。详情我们虽然不知，反对的人大概不是儒家根据古礼而反对，就是一般人不愿拿人当神看待而反对。所以"高后时患臣下妄，非议先帝宗庙寝园官，故定著令，敢有擅议者弃市"。这种严厉的禁令直到元帝毁庙时方才取消。

这种生时立庙、遍地立庙的现象，当然是一种政策，与宗教本身关系甚少。古代的政治社会完全崩溃，皇帝是新局面下唯一维系天下的势力。没有真正阶级分别的民众必定是一盘散沙，团结力日渐减少以至于消灭。命定论变成人心普遍的信仰，富贵贫贱都听天命，算命看相升到哲学的地位。这样的民族是最自私自利、最不进取的。别人的痛苦与自己无关，团体的利害更无人顾及，一切都由命去摆布。像墨子那样极力非命的积极人生观已经消灭，现在只有消极怠惰的放任主义。汉代兵制之由半征兵制而募兵制，由募兵以至于无兵而专靠羌胡兵，是人民日渐散漫，自私自利心发达，命定论胜利的铁证。现在只剩皇帝一人为民众间的唯一连锁，并且民众间是离心力日盛、向心力日衰的，所以连锁必须非常坚强才能胜任。以皇帝为神，甚至生时即为神，就是加强他的维系力的方法。天下如此之大，而皇帝只有一人，所以皇帝、皇室的庙布满各地是震慑人心的一个巧妙办法。经过西汉二百年的训练，一般人民对于皇帝的态度真与敬鬼神的心理相同。皇帝的崇拜根深蒂固，经过长期的锻炼，单一的连锁已成纯钢，内在的势力绝无把它折断的可能。若无外力的强烈压迫，这种皇帝政治是永久不变的。

不过这种制度不是皇帝一人所能建立，多数人民如果反对，他必难成功。但这些消极的人民即或不拥护，最少也都默认。五德终始说与封禅主义是一种历史定命论。到汉代这种信仰的势力愈大，大家也都感觉到别无办法，只有拥戴一个独裁的皇帝是无办法中的办法。他们可说都自愿地认皇帝为天命的统治者。后代真龙天子与《推背图》的信仰由汉代的谶纬都可看出。所以皇帝的制度可说是由皇帝的积极建设与人民的消极拥护所造成的。


## 六、废庙议与皇帝制度之完全成立

到西汉末年，繁重不堪的立庙制度已无存在的必要，因为它的目的已经达到。况且儒家对于宗庙本有定制，虽有汉初的严厉禁令，儒家对这完全不合古礼的庙制终久必提出抗议。所以元帝时（前48—前33）贡禹就提议：

> 古者天子七庙。今孝惠孝景庙皆亲尽宜毁。及郡国庙不

应古礼，宜正定。

永光四年（前40年）元帝下诏，先议罢郡国庙：

> 朕闻明王之御世也，遭时为法，因事制宜。往者天下初
> 定，远方未宾，因尝所亲以立宗庙。盖建威销萌，一民之至
> 权也。今赖天地之灵，宗庙之福，四方同轨，蛮貊贡职；久
> 遵而不定，令疏远卑贱共承尊祀，殆非皇天祖宗之意。朕
> 甚惧焉！传不云乎："吾不与祭，如不祭。"其与将军列侯中
> 二千石诸大夫博士议郎议！

由这道诏命我们可见当初的广建宗庙是一种提高巩固帝权的方
策，并且这种方策到公元前40年左右大致已经成功，已没有继续维
持的必要。诸臣计议，大多主张废除，遂罢郡国庙及皇后太子庙。同
年又下诏议京师亲庙制。大臣议论纷纷，莫衷一是，此事遂暂停顿。
此后二年间（前39—前38）经过往返论议，宗庙大事整理，一部分
废罢，大致遵古代儒家所倡的宗庙昭穆制。

毁庙之后，元帝又怕祖宗震怒，后来（前34年）果然生病，"梦
祖宗谴罢郡国庙"，并且皇弟楚孝王所梦相同。丞相匡衡虽向祖宗哀
祷，并愿独负一切毁庙的责任，元帝仍是不见痊可。结果二年间（前
34—前33）把所废的庙又大多恢复，只有郡国庙废罢仍旧。元帝一病
不起（前33年），所恢复的庙又毁。自此以后，或罢或复，至西汉末
不定。但郡国庙总未恢复。

光武中兴，因为中间经过王莽的新朝，一切汉制多无形消灭。东
汉时代，除西京原有之高祖庙外，在东京另立高庙。此外别无他庙，
西汉诸帝都合祭于高庙。光武崩后，明帝为在东京立庙，号为世祖
庙。此后东汉诸帝未另立庙，只藏神主于世祖庙。所以东汉宗庙制可
说较儒家所传的古礼尚为简单。

这种简单的庙制，正如上面所说，证明当初的政策已经成功，皇

帝的地位已无摇撼的危险。在一般人心理中，皇帝真与神明无异，所以繁复的祭祀反倒不再需要。因为皇帝的制度已经确定稳固，所以皇帝本人的智愚或皇朝地位的强弱反倒是无关紧要的事。和帝（89—105）并非英明的皇帝，当时外戚宦官已开始活跃，汉室以至中国的大崩溃也见萌芽，适逢外戚窦宪利用羌、胡兵击破北匈奴，为大将军，威震天下。当时一般官僚自尚书以下"议欲拜之，伏称万岁"，只有尚书令韩棱正色反对："夫上交不谄，下交不黩。礼无人臣称万岁之制！"议者皆惭而止。这虽是小掌故，最可指出皇帝的地位已经崇高到如何的程度。"万岁"或"万寿"本是古代任人可用的敬祝词，《诗经》中极为普通。汉代对于与皇帝有关的事物，虽有种种的专名，一如秦始皇所定的"朕"之类，但从未定"万岁"为对皇帝的专用颂词。所以韩棱所谓"礼无人臣称万岁之制"实在没有根据，然而"议者皆惭而止"，可见当时一般的心理以为凡是过于崇高的名词只能适用于皇帝，他人不得僭妄擅用，礼制有否明文并无关系。

## 七、后言

此后二千年间皇帝个人或各朝的命运与盛衰虽各不同，然而皇帝的制度始终未变。汉末、魏晋南北朝时期皇帝实权削弱，隋唐复盛，宋以下皇帝的地位更为尊崇。到明代以下人民与皇帝真可说是两种物类了，不只皇帝自己是神，通俗小说中甚至认为皇帝有封奇人或妖物为神的能力。这虽是平民的迷信，却是由秦汉所建立的神化皇帝制度产生出来的，并非偶然。这也或者是人民散漫的程度逐代加深的证据。不过这些都是程度深浅的身外问题，皇帝制度本身到西汉末年可说已经完全成立，制度的本质与特性永未变更。

这个制度，正如我们上面所说，根深蒂固，由内在的力量方面讲，可说是永久不变的，只有非常强烈的外来压力才能将它摇撼。二千年间，变动虽多，皇帝的制度始终稳固如山。但近百年来的西洋政治经济文化的势力与前不同，是足以使中国传统文化根本动摇的一种强力。所以辛亥革命，由清室一纸轻描淡写的退位诏书，就把这个战国诸子所预想，秦始皇所创立，西汉所完成，曾经维系中国二千余年的皇帝制度，以及三四千年来曾笼罩中国的天子理想，一股结束。废旧容易，建新困难。在未来中国的建设中，新的元首制度也是一个不能避免的大问题。

# 论所谓五等爵

傅斯年

## 一、五等称谓的淆乱

五等爵之说旧矣，《春秋》《孟子》《周官》皆为此说作扶持矣。然《孟子》所记史实无不颠倒。《周官》集于西汉末，而《春秋》之为如何书至今犹无定论。故此三书所陈五等爵之说，果足为西周之旧典否，诚未可遽断。吾尝反复思之，以为相传之五等爵说颇不能免于下列之矛盾焉。

一与《尚书》不合。《周书·康诰》："四方民大和会，侯甸男邦，采卫百工播民和见，士于周。"又《酒诰》："越在外服，侯甸男卫邦伯；越在内服，百僚庶尹。"《召诰》："周公乃朝用书，命庶殷侯、甸、男邦伯。"《顾命》："庶邦侯、甸、男卫。"郑玄以五服之称释此数词。而诂经者宗之，此不通之说也。按五服说之最早见者，为《周语上》，其文曰："夫先王之制，邦内甸服、邦外侯服、侯卫宾服、蛮夷要服、戎狄荒服。甸服者祭，侯服者祀，宾服者享，要服者贡，荒服者王。"此言畿内者为甸，畿外者为侯，侯之附邑为宾，蛮夷犹可羁縻，戎狄则不必果来王也。盖曰王者，谓其应来王，而实即见其不必果来王矣。又战国人书之《禹贡》所载五服为甸侯绥要荒，固与《周语》同，绥服即宾服，而与《周书》中此数词绝非指一事者。若《康诰》《召诰》《顾命》所说，乃正与此不类。甸在侯下，男一词固不见于五服，而要服荒服反不与焉，明是二事。近洛阳出周公子明数器，其词有云："唯十月，月吉，癸未。明公朝至于成周。造命舍三事命，众卿事寮，众诸尹，众里君，众百工，众诸侯，侯田男，舍四方命"。持以拟之《尚书》，《顾命》之"庶邦侯、甸、男卫"者，应作庶邦侯，侯田男，犹云，诸侯，及诸侯封域中之则诸男也。"侯甸男卫"者，"侯，侯田男，卫"，犹云，诸侯，及诸侯封域中之诸男，及诸卫也。"侯甸男邦采卫"者，犹云，诸侯，及诸侯封域中之诸男，及邦域之外而纳采之诸卫也。《韩诗外传》八，"所谓采者，不得有其土地人民，采取其租税尔。"此采之确解也。"侯甸男邦伯"者，犹云，诸侯，及诸侯封域中之诸男，及诸邦之伯也。"侯甸男邦伯"者，诸侯，及诸侯封域中之诸男，及卫，及诸邦之伯也。持周公子明器刻辞此语以校《尚书》，则知侯下有重文，传经者遗之。此所云云，均称呼畿外受土之综括列举辞，而甸乃侯甸，非《国语》所谓王甸之服，与五服故说不相涉也。古来诏令不必齐一其式，故邦伯或见或不见，而王臣及诸侯亦或先或后。然《尚书》此数语皆列举畿外受土者之辞，果五等爵制为周初旧典者，何不曰"诸公侯伯子男"乎？此则五等爵之说显与《尚书》矛盾矣。

二与《诗》不合。《诗》言侯者未必特尊，如，"载驰载驱，归唁卫侯"，"齐侯之子，卫侯之妻"。而言伯者则每是负荷世业之大臣，如召伯、申伯、郇伯、凡伯。果伯一称在爵等之意义上不逮侯者，此又何说？

三与金文不合。自宋以来著录之金文刻辞无贯称"公侯伯子男"者。若周公子明诸器刻辞，固与《尚书》相印证，而与五等爵说绝不合。

四以常情推之亦不可通。上文一、二、三已证五等爵说既与可信之间接史料即《尚书》《诗》者不合。又与可信之直接史料即金文者不合矣，今更以其他记载考之，亦觉不可通。《顾命》："乃同召大保奭、芮伯、彤伯、毕公、卫侯、毛公、师氏、虎臣、百尹、御事。"
以卫侯、毕公、毛公之亲且尊，反列于芮伯、彤伯之下，果伯之爵小
于公侯乎？一也。"曹叔振铎，文之昭也"，而反不得大封，列于侯之
次乎？二也。郑伯、秦伯，周室东迁所依，勋在王室。当王室既微，
乃反吝于名器，以次于侯之伯酬庸乎？三也。如此者正不可胜数。

顾栋高《春秋大事表五·列国爵姓表》，所记爵姓，非专据经文，
乃并据《左传》及杜预《集解》，且旁及他书者。经文与《左传》固
非一事，姑无论《左传》来源之问题如何，其非释经之书，在今日之
不守师说者中已为定论。而杜氏生于魏晋之世，其所凭依今不可得而
校订。故顾栋高此表颇为混乱之结果。然若重为编订，分别经文、左
氏、杜氏三者，则非将此三书作一完全之地名、人名索引不可：此非
二三月中所能了事。故今仍录原文于下，兼附数十处校记。若其标爵
之失，称始封之误，姑不校也。

| 国 | 爵 | 姓 | 始封 | 今补记 |
|---|---|---|---|---|
| 鲁 | 侯 | 姬 | 周公子伯禽 | 彝器中称鲁侯 |
| 蔡 | 侯 | 姬 | 文王子叔度 | 彝器中称蔡侯 |
| 曹 | 伯 | 姬 | 文王子叔振铎 | 彝器中有瞽[1]侯，张之洞释为曹 |
| 卫 | 侯 | 姬 | 文王子康叔封 | 彝器中有康侯封鼎 |
| 滕 | 侯（后书子） | 姬 | 文王子叔绣 | 彝器中称有滕侯敦 |
| 晋 | 侯 | 姬 | 武王子叔虞 | 彝器中有晋公盦 |
| 郑 | 伯 | 姬 | 厉王子友 | |
| 吴 | 子（按《国语》本伯爵） | 姬 | 太王子太伯 | 彝器中称工吴王 |

---

[1] 原文模糊，编者考《张之洞全集》卷二百九十，名为"瞽侯敦"篇做此注释。

| 北燕 | 伯（按《史记》本伯爵） | 姬 | 召公奭 | 彝器中称郾侯、郾公、郾王 |
|---|---|---|---|---|
| 齐 | 侯 | 姜 | 太公尚父 | 彝器中称齐侯 |
| 秦 | 伯 | 嬴 | 伯益后非子 | 彝器中有秦公敦 |
| 楚 | 子 | 芈 | 颛顼后熊绎 | 彝器中称公称王 |
| 宋 | 公 | 子 | 殷后微子启 | 彝器中有宋公䜌钟，或称商 |
| 杞 | 侯（后书伯或书子按《正义》本公爵） | 姒 | 禹后东楼公 | 彝器中称杞伯 |
| 陈 | 侯 | 妫 | 舜后胡公 | 彝器中有"陈侯"者皆齐器，与此无涉 |
| 薛 | 侯（后书伯） | 妫 | 黄帝后奚仲 | 彝器中称辥侯 |
| 邾 | 子（本附庸晋爵） | 曹 | 颛顼苗裔挟 | 彝器中称邾公 |
| 莒 | 子 | 己 | 兹舆期 | 彝器中称□①侯 |
| 小邾 | 子（本附庸晋爵） | 曹 | 邾公子友 | |
| 许 | 男 | 姜 | 伯夷后文叔 | 彝器中称鄦子 |
| 宿 | 男 | 风 | 太皞后 | |
| 祭 | 伯 | 姬 | 周公子 | 彝器中有祭中鼎 |
| 申 | 侯 | 姜 | 伯夷后 | 彝器中称申伯 |
| 东虢 | | 姬 | 文王弟虢仲 | |
| 共 | 伯 | | | |
| 纪 | 侯 | 姜 | | 彝器中称己侯 |
| 夷 | | 妘 | | |
| 西虢 | 公 | 姬 | 文王弟虢叔 | 彝器中有虢季子白盘等 |

① 原文模糊，不可考证，故用"□"代替，下同。——编者注

| | | | | |
|---|---|---|---|---|
| 向 | | 姜 | | |
| 极 | 附庸 | 姬 | | |
| 邢 | 侯 | 姬 | 周公子 | 彝器中称井伯、井侯 |
| 郕 | 伯 | 姬 | 文王子叔武 | |
| 南燕 | 伯 | 姞 | 黄帝后 | |
| 凡 | 伯 | 姬 | 周公子 | |
| 戴 | | 子 | | |
| 息 | 侯 | 姬 | | |
| 郜 | 子 | 姬 | 文王子 | |
| 芮 | 伯 | 姬 | | 彝器中称芮伯、芮侯 |
| 魏 | | 姬 | | |
| 州 | 公 | 姜 | | |
| 随 | 侯 | 姬 | | |
| 榖 | 伯 | 嬴 | | |
| 邓 | 侯 | 曼 | | 彝器中有邓公敦 |
| 黄 | | 嬴 | | |
| 巴 | 子 | 姬 | | |
| 鄾 | 子 | | | 彝器中有梁伯戈 |
| 梁 | 伯 | 嬴 | | |
| 荀（或云即郇国） | 侯 | 姬 | | |
| 贾 | 伯 | 姬 | | |
| 虞 | 公 | 姬 | 仲雍后虞仲 | |
| 贰 | | | | |

| | | | | |
|---|---|---|---|---|
| 轸 | | | | |
| 郧（即<br>䢵国） | 子 | | | |
| 绞 | | | | |
| 州 | | | | |
| 蓼 | | | | |
| 罗 | | 熊 | | |
| 赖 | 子 | | | |
| 牟 | 附庸 | | | |
| 葛 | 伯 | 嬴 | | |
| 於于邱 | | | | |
| 谭 | 子 | 子 | | |
| 萧 | 附庸 | 子 | 萧叔大心 | |
| 遂 | | 妫 | | |
| 滑 | 伯 | 姬 | | |
| 原 | 伯 | 姬 | 文公子 | |
| 权 | | 子 | | |
| 郭 | | | | |
| 徐 | 子 | 嬴 | 伯益后 | 彝器中概称郤王 |
| 樊 | 侯 | | 仲山甫 | 彝器中有樊君鬲。此为畿内之邑，晋文公定戎难时，王以赐晋。其称君不称侯正与金文例合也 |
| 郭 | 附庸 | 姜 | | |
| 耿 | | 姬 | | |

| 霍 | 侯 | 姬 | 文王子叔处 | |
|---|---|---|---|---|
| 阳 | 侯 | 姬 | | |
| 江 | | 嬴 | | |
| 冀 | | | | |
| 舒 | 子 | 偃 | | |
| 弦 | 子 | 隈 | | |
| 道 | | | | |
| 柏 | | | | |
| 温 | 子 | 己 | 司寇苏公 | |
| 鄫 | 子 | 姒 | 禹后 | 彝器中有曾伯簠 |
| 厉 | | 姜 | 厉山氏后 | |
| 英式 | | 偃 | 皋陶后 | |
| 项 | | | | |
| 密 | | 姬 | | |
| 任 | | 风 | 太皞后 | |
| 须句 | 子 | 风 | 太皞后 | |
| 颛臾 | 子 | 姬 | | |
| 顿 | 子 | 姬 | | |
| 管 | | 姬 | 文王子叔鲜 | |
| 毛 | 伯 | 姬 | 文王子叔郑 | 彝器中称毛公 |
| 聃 | | 姬 | 文王子季载 | |
| 雍 | | 姬 | 文王子 | |
| 毕 | | 姬 | 文王子 | |

| | | | | |
|---|---|---|---|---|
| 酆 | 侯 | 姬 | 文王子 | |
| 郇 | 侯 | 姬 | 文王子 | 彝器中有旬伯簋 |
| 邢 | | 姬 | 武王子 | |
| 应 | 侯 | 姬 | 武王子 | 彝器中有应公敦 |
| 韩 | 侯 | 姬 | 武王子 | |
| 蒋 | | 姬 | 周公子 | |
| 茅 | | 姬 | 周公子 | |
| 胙 | | 姬 | 周公子 | |
| 郜 | | | | 彝器中皆称郜公，又有郜公平侯敦 |
| 夔 | 子 | 芈 | 熊挚 | |
| 桧 | | 妘 | 祝融后 | |
| 沈 | 子 | 姬 | | |
| 六 | | 偃 | 皋陶后 | |
| 蓼 | | 偃 | 皋陶后 | |
| 偪 | | 姞 | | |
| 麇 | 子 | | | |
| 巢 | 伯（见《尚书》序） | | | |
| 宗 | 子 | | | |
| 舒蓼 | | 偃 | 皋陶后 | |
| 庸 | | | | |
| 崇 | | | | |
| 郯 | 子 | 己 | 少昊后 | |

| | | | | |
|---|---|---|---|---|
| 莱 | 子 | 姜 | | |
| 越 | 子 | 姒 | 夏后少康子 | |
| 刘 | 子 | 姬 | 匡王子 | |
| 唐 | 侯 | 祁 | 尧后 | |
| 黎 | 侯 | | | |
| | 附庸 | | | |
| 州来 | | | | |
| 吕 | 侯 | 姜 | | 彝器中有称吕王者 |
| 檀 | 伯 | | | |
| 钟离 | 子 | | | |
| 舒勇 | | 偃 | | |
| 偪阳 | 子 | 妘 | | |
| 郝 | | | | |
| 铸 | | 祁 | 尧后 | |
| 杜 | 伯 | 祁 | 尧后 | |
| 舒鸠 | 子 | 偃 | | |
| 胡 | 子 | 归 | | |
| 焦 | | 姬 | | |
| 杨 | 侯 | 姬 | | 彝器中有阳白鼎 |
| 邶 | | | | 彝器中称邶伯、邶子 |
| 庸 | | | | |
| 沈 | | | 金天氏苗裔<br>台骀之后 | |

| | | | | |
|---|---|---|---|---|
| 姒 | | | （同上） | |
| 蓐 | | | （同上） | |
| 白狄 | | | | |
| 郯瞒 | | 漆 | 防风氏后 | |
| 群蛮 | | | | |
| 百濮 | | | 西南夷 | |
| 赤狄 | | | | |
| 根牟 | | | 东夷国 | |
| 潞氏 | 子 | | 赤狄别种 | 彝器中有貉子卣不知即是潞否 |
| 甲氏 | 子 | | 赤狄别种 | |
| 留吁 | | | 赤狄别种 | |
| 铎辰 | | | 赤狄别种 | |
| 茅戎 | | | 戎别种 | |
| 戎蛮（即蛮氏） | 子 | | 戎别种 | |
| 无终 | 子 | | 山戎种 | |
| 肃慎 | | | 东北夷 | |
| 亳 | | | 西夷《史记索隐》盖成汤之胤 | |
| 鲜虞（一名中山） | | 姬 | 白狄别种 | |
| 肥 | 子 | | 白狄别种 | |

| | | | | |
|---|---|---|---|---|
| 鼓 | 子 | 祁 | 白狄别种 | |
| 有莘 | | | 夏商时国 | |
| 有穷 | | | 夏时国（下同) | |
| 寒 | | | | |
| 有鬲 | | 偃 | | |
| 斟灌 | | 姒 | | |
| 斟 | | 姒 | | |
| 过 | | | | |
| 戈 | | | | |
| 豕韦 | | 彭 | 夏商时国 | |
| 观 | | 姒 | 夏时国 | |
| 扈 | | 姒 | （同上) | |
| 姺 | | | 商时国（下同) | |
| 邳 | | | | |
| 奄 | | 嬴 | | |
| 仍 | | | 夏时国（下同) | |
| 有缗 | | | | |
| 骀 | | | | |
| 岐 | | | | |
| 蒲姑 | | | 商时国 | |
| 逢 | | 姜 | 商时国 | |
| 昆吾 | | 己 | 夏时国 | |
| 密须 | | 姞 | 商时国 | |

| | | | | |
|---|---|---|---|---|
| 阚巩 | | | 古国 | |
| 甲父 | | | （同上） | |
| 鄎夷 | | 董 | 虞夏时国 | |
| 封父 | | | 古国 | |
| 有虞 | | 姚 | 夏商时国 | |

补记诸节，大致据余永梁先生之《金文地名表》。但举以为例，以见杜说与金文之相差而已，不获一一考其详也。以下又录金文所有顾表所无者若干事。

| 国名 | 爵 | 姓 | 称号（自称者） | |
|---|---|---|---|---|
| 召 | | 姬 | 伯 | 彝器中有召伯虎敦 |
| 散 | | 姬 | 伯 | 彝器中有散伯敦 |
| 大 | | | 王 | 彝器中有大王鼎、大王尊，散盘中亦称之为大王 |
| 辅 | | | 伯 | 彝器中有辅伯鼎 |
| 苏 | | | 公 | 彝器中有苏公敦 |
| 相 | | | 侯 | 彝器中有相侯鼎 |
| 龙 | | | 伯 | 彝器中有龙伯戈 |
| 铸 | | | 公、子 | 彝器中有铸公簠、铸子钟 |
| 郜 | | | 伯 | 彝器中有郜伯鼎 |
| 钟 | | | 伯 | 彝器中有钟伯鼎 |

据上列顾表，以公为称者五，宋、西虢、州、虞、刘，而刘标子爵。此则据杜氏之非。经文固明明言刘公，其后乃言刘子，此畿内之公，其称公乃当然也。今共得称公者五，而其三为畿内之君，虞虢刘皆王室卿士也。其一之州公最冗突，《公羊传·桓公五年》："冬，州公如曹。外相如不书，此何以书？过我也。""六年春正月，实来。实来者何？犹曰是人来也。孰谓？谓州公也。曷为谓之实来？慢之也。曷为慢之？化我也。"此真断烂朝报中之尤断烂处。《春秋》全经中，外相如不书，意者此文盖"公如曹""公至自曹"之误乎？无论此涉想是否可据，而州之称公无先无后，故只能存疑，不能据以为例。然则春秋称公者，王室世卿之外，其唯宋公乎？此甚可注意者也。又姬姓在此表中除爵号不详者外，列于侯者十六，为最多数；列于伯者十二：曹、郑、祭、北、燕、郕、芮、凡、贾、滑、原、毛；列于子者，除刘子前文中已订正外，尚有吴、巴、郯、顿、沈；列于男者一：骊戎；列于附庸者一：极。子男之姬姓者，非越在蛮夷，如吴如巴，即陈蔡间之小国；若郯则仅以其大鼎见于经文，春秋前已灭；骊则本是戎狄之类。此数国受封之原，除吴、郯外皆不可详。如顿、沈之是否姬姓，经文《左传》亦无说也。姬姓何以非侯即伯，号子者如此其少？此又可注意者也。表中以子为号而从杜氏标姓为姬者，已如上所举，若其他号子者，则：

子姓有　谭；

姜姓有　莱、姜戎；

曹姓有　邾、小邾；

己姓有　莒、温、郯；

嬴姓有　徐；

姒姓有　鄫、越；

芈姓有　楚、夔；

隗姓有　弦；

偃姓有　舒、鸠舒；

妘姓有　偪阳、鄅；

归姓有　胡；

风姓有　须句；

祁姓有　鼓；

允姓有　陆浑之戎；

姓无可考者有　鄾、郧、赖、麇、宗、潞、戎蛮、无终、肥、钟离、钟吾、卢戎。

再以地域论之，则在南蛮、东夷者二十七：吴、楚、巴、鄾、郧、赖、舒、弦、顿、夔、宗、越、钟离、舒、鸠、卢戎（以上偏南），邾、莒、小邾、徐、郯、须句、郲、莱、胡、鄅、钟吾（以上偏东）；在戎狄者七：姜戎、陆浑之戎、潞、戎蛮、无终、肥、鼓。至于谭、温、顿、沈、麇、偪阳，各邑中，则温在王畿之内，谭入春秋灭于齐，顿、沈之封不详，偪阳则妘姓之遗，亦楚之同族也（见《郑语》）。约而言之，以子为号者，非蛮夷戎狄，即奉前代某姓之祀者，质言之，即彼一姓乎子遗。其中大多数与周之宗盟不相涉。彼等有自称王者，如徐、楚、吴、越，春秋加以子号，既非其所以自称，恐亦非周室所得而封耳。

男之见于前表者，仅有三：许、宿、骊戎。准以周公子明器中"侯田男"一语，男实侯之附庸。戎骊之称男不见于《春秋》经，宿亦然。准以《鲁颂》"居常与许，复周公之宇"及隐十一年《左传》"秋七月，公会齐侯、郑伯伐许……壬午遂入许……齐侯以许让公"之文，则许在始乃鲁之附庸，故入其国先以让鲁，鲁思往事之强大，而欲居常与许也。意者许在初年，曾划入鲁邦域之内，其后自大，鲁不过但欲守其稷田耳。及郑大，并此亦失之矣，今彝器有许子簠、许子钟，而无称许男者（鲁邦域所及，余另有文论之）。可知彼正不以"侯田男"自居也。

如上所分析，则五等称谓之分配颇现淆乱，其解多不可得。今先就字义论之；果得其谊，再谈制度。

## 二、公侯伯子男释字

公，君也。《尔雅》，"公，君也"，释名同。《左传》所记，邦君相称曰君，自称曰寡君，而群下则称之曰公。是公君之称，敬礼有小别，名实无二致也。

君，兄也。《诗·邶鄘卫风·鹑之奔奔》云：

> 鹑之奔奔，鹊之彊彊。人之无良，我以为兄。
> 鹊之彊彊，鹑之奔奔。人之无良，我以为君。

国风之成章，每有颠倒其词，取其一声之变。而字义无殊者。此处以君兄相易，其义固已迫近，而考其音声，接近尤多。《广韵》，君，上平二十文，举云切；兄，下平十二庚，许荣切。再以况貺诸字从兄声例之。况、貺均在去声四十一漾，许访切，似声韵均与兄界然。然今北方多处读音，况、貺诸字每读为溪纽或见纽，而哥字之音则见纽也（唐韵，哥，古俄切）。《诗》以彊、兄为韵，则兄在古邶音中，必与彊同其韵部。此在今日虽不过一种假设，然可惜之连络处正多，今试详之。

公、兄、君、尹、翁、官、哥，皆似名之分化者。今先列其反切韵部如下，再以图表之：

| 公 | 上平 | 东部 | 古红切 | 见纽 |
|---|---|---|---|---|
| 兄 | 下平 | 庚部 | 许荣切 | 晓纽 |
| 君 | 上平 | 文部 | 举云切 | 见纽 |
| 尹 | 上平 | 准部 | 余准切 | 喻纽 |
| 昆 | 上平 | 魂部 | 古浑切 | 见纽 |
| 翁 | 上平 | 东部 | 乌红切 | 影纽 |
| 官 | 上平 | 桓部 | 古丸切 | 见纽 |
| 哥 | 唐韵 | | 古俄切 | 见纽 |

兹将上列各纽部裒以明之：

| 收音<br>发音 | 浅喉 ng | 舌头 n | 元音 |
|---|---|---|---|
| 浅喉破裂 k、g | 公<br>兄（古读） | 昆　官<br>君 | 哥 |
| 浅喉摩擦 h、x | 兄（今读） | | |
| 深喉及元音 | 翁 | 尹 | |

公、君、兄，已如上所述，至其余诸字之故训，分记如下：

尹《广雅·释诂》："尹，官也。"王氏《疏证》曰：《尔雅》，'尹，正也。'郭璞注云：'谓官正也。'《周颂·臣工传》云：'工，官也。'《洪范》云：'师尹惟日。'《皋陶谟》云：'庶尹允谐。'《尧典》云：'允厘百工。'"又，尹犹君也。《左传》隐三年经文，"君氏卒"，《公羊传》《穀梁》作尹氏卒。《左传》昭二年，"棠君"，《释文》云，君本作尹。然金文中文之加口虽有时可有可略，而君尹之称实有别异。如周公子明诸器，"还诸尹，还里君"，盖尹司职，君司土，果原为一字，彼时在施用上已分化矣。

昆　《诗》《左传》《论语》中，用昆为兄之例甚多。《尔雅·释亲》，亦晜（昆）、兄错用。

翁　《广雅·释亲》："翁，父也。"《疏证》："《史记·项羽纪》云：'吾翁即若翁。'"此以翁为父。《方言》："凡尊老，周晋秦陇谓之公，或谓之翁。"此以翁为泛称老者。又，汉世公主称翁主，则汉世言翁，实即公矣。翁字虽有此多义，然尹翁旧字兄，此翁与兄同义之确证也。翁与兄同义，并不害其可用于称父。人每谓父兄为老，而父兄在家亦有其同地位。父没，兄之权犹父也。自老挈乳之殊字，可以分称父兄，初无奇异。如姐，《广雅》以为母也，今则南北人以称其姊。

官 《周礼》：牛人掌养国之公牛，巾车掌公车之政令。注并云："公犹官也。"

哥 后起字。然今俗语含古音甚多，而古字之读音，或反不如。例如爸之声固近于父之古读，而父之今读反远于父之古读。

循上列诸义，试为其关系之图。此虽只可作为假设，然提醒处颇多，充而实之，俟异日焉。

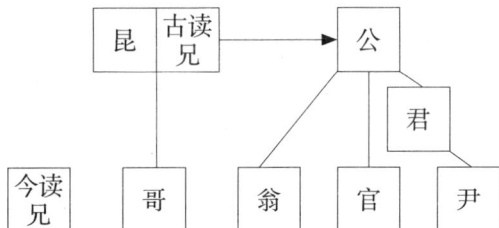

公一名在有土者之称谓中，无泛于此者。王室之元老称公，召公、毛公等是。王室之卿士邑君称公，刘子、尹子是。若宋则于公之外并无他号。伯亦得称公。《吴语》："董褐复命曰……'夫命圭有命，固曰吴伯，不曰吴王；诸侯是以敢辞。夫诸侯无二君，而周无二王。君若无卑天子，以干其不祥，而曰吴公，孤敢不顺从君命长弟！许诺。'吴王许诺乃退就幕而会。吴公先歃，晋侯亚之。"是伯之称公可布于盟书也，侯在其国皆称公，不特《左传》可以为证，《诗》《书》皆然。《书·费誓》："公曰，嗟！"《秦誓》："公曰，嗟！"子男亦称公。春秋于许男之葬固书公，不书男。至于由其孳生之词，如公子，不闻更有侯子、伯子。然则公者，一切有土者之泛称，并非班爵之号。

宋之称公，缘其为先朝之旧，并非周所封建之侯，而亦不得称王耳，虞、虢之称公，缘其为王甸中大宗。侯伯子男皆可于其国称公，或约邻国人称之曰公，非僭也。果其为僭者，何缘自西周之初即如此耶？以公称为僭者，朱人说经之陋，曾不顾及《春秋》本文也。

宋之不在诸侯列，可以金文证之。吴大澂释周窓鼎文云："口厥师眉见王，为周客。锡贝五朋，用为宝器；鼎二，敦二，其用享于乃帝考。"吴云："周王之客，殷帝之子，其为微子所作无疑也。"彼为周客则不得为周侯。周不容有二王，则彼不得为宋王，只得以泛称之公为称，最近情理者也。《春秋》之序，王卿霸者之后，宋公独先，亦当以其实非任诸侯之列，不当以其称公也。

侯者，射侯之义，殷周之言侯，犹汉之言持节也。《仪礼·大射仪》："司马命量人量侯道。"郑注："所射正谓之侯者，天子中之则能服诸侯，诸侯以下中之则得为诸侯。"此当与侯之初义为近。《周书·职方》："其外方五百里，为侯服。"注："孔曰，侯，为王斥候也。"此当引申之义。侯之称见于殷墟卜辞。民国十七年董彦堂先生所获有"命周侯"之语，而前人所见有侯虎等词，是知侯之一称旧矣，其非周之创作无疑。至于何缘以射侯之称加于守土建藩之士，则亦有说。射者，商周时代最重之事，亦即最重之礼。《左传》，晋文公受九锡为侯伯时，辂服之次，彤弓、彤矢为先。《诗三百》中，王者之锡，亦只彤弓之赐独成一篇。又《齐风·猗嗟》，齐人美其甥鲁庄公也，除美其容止以外，大体皆称其射仪。其词曰：

> 猗嗟昌兮！颀而长兮！抑若扬兮！美目扬兮！巧趋跄兮！射则臧兮！
> 猗嗟名兮！美目清兮！仪既成兮！终日射侯！不出正兮！展我甥兮！
> 猗嗟娈兮！清扬婉兮！舞则选兮！射则贯兮！四矢反兮！以御乱兮！

是知纠纠武夫者，公侯之干城；射则贯者，王者之干城也。侯非王畿以内之称，因王畿以内自有王师，无所用其为王者斥候也。而亦非一切畿外有土者之通称，因有土者不必皆得受命建侯。必建藩于王畿之外，而为王者有守土御乱之义，然后称侯。内之与王田内之有土称公者不同，外之与侯卫宾服者亦异。后世持节佩符者，其义实与侯无二。

伯者，长也。此《说文》说，而疏家用之，寻以经传及金文记此称谓诸处之义，此说不误也。伯即一宗诸子之首，在彼时制度之下，一家之长，即为一国之长，故一国之长曰伯，不论其在王田在诸侯也。在王甸之称伯者，如召伯虎，王之元老也；如毛伯，王之叔父也；芮伯，王之卿士也。在诸侯之称伯者，如曹伯、郕伯，此王之同姓也；如秦伯、杞伯，此王之异姓也。至于伯之异于侯者，可由侯之称不及于畿内，伯之称遍及于中外观之。由此可知伯为泛名，侯为专号，伯为建宗有国者至通称，侯为封藩守疆者之殊爵也。若子，则除蛮夷称子国外，当为邦伯之庶国（论详下节）。果此设定不误，是真同于日耳曼制 graf、landgraf、markgraf 之别矣。graf 者，有土者一宗中之庶昆弟，当子；landgraf 者，有土者一宗中之长，当伯；markgraf 者，有土者斥候于边疆，得以建节专征者也。

传说（即《春秋》《左传》《杜解》等，以顾表为代表）之称伯者，与金文中所见之称侯伯者，颇有参差，看前表即知之。金文称伯者特多，传说则侯多。已出金文之全部统计尚未知，而金文既非尽出，其中时代又非尽知，且金文非可尽代表当世，故如持今日金文之知识以正顾表，诚哉其不足。然亦有数事可得而论次者：一则王宰卿士公伯互称，此可知伯之非所谓爵也。二则齐鲁侯国绝不称伯，此可知侯之为号，固有殊异之荣。三则公固侯伯之泛称也。又一趋向可由顾表推知者，即称侯之国，其可考者几无不是周初宗胤，后来封建，若郑若秦，虽大，不得为侯。意者侯之为封本袭殷商，周初开辟土宇，犹有此戎武之号。逮于晚业，拓土无可言，遂不用乎？周威烈王二十三年，命晋大夫魏斯、赵藉、韩虔为诸侯，后又以侯命田氏。此均战国初事，当时小国尽灭，列国皆侯称，威烈王但抄古礼而已，非当时之制矣。

侯伯之伯，论作用则为伯之引申，论文义反是伯之本义。犹云诸侯之长，与上文所叙宗法意义下之伯，在字义上全同，即皆就长而言，在指谓上全不同，即一为家长（即国长），一为众侯之长耳。

子者，儿也。下列金文甲文异形，观其形，知其义，今作子者借字也。

以子称有土者，已见于殷。微子、箕子是。子者，王之子，故子之本义虽卑，而箕子、微子之称子者，因其为王子，则甚崇。至于周世，则以子称有土者，约有数类。最显见者为诸邦之庶子。邦之长子曰伯，然一邦之内，可封数邦，一邦之外，可封某邦之庶子，仍其本国之称。然则此之谓子，正对伯而言。吴之本国在河东王甸之中，故越在东南者为子。郯之本国何在，令不可考知，然能于宗周时与申同以兵力加于周室，其不越在东夷可知，而越在东夷者为子。然则子之此义，正仲叔季之通称，与公子之义本无区别，仅事实上有土无土之差耳。诸侯之卿士称子，亦缘在初诸为侯卿士者，正是诸侯之子，又王甸中之小君，无宗子称伯者可证，或亦称子，如刘子尹子。若然，则子之为称，亦王甸中众君之号，其称伯者，乃特得立长宗者耳。

至于蛮夷之有土者，则亦为人称子，自称王公侯伯。宗周钟，"王肇遹省文𢼸，董疆土。南国服子敢臽虐我土"，是金文中之证。若《春秋》，则以子称一切蛮夷，尤为显然。此类子称，有若干既非被称者之自认，又非王室班爵之号。此可证明者：例如荆楚，彼自称王，诸侯与之订盟，无论其次序先后如何，准以散盘大氏称王之例，及楚之实力，其必不贬号无疑也。然《春秋》记盟，犹书曰楚子。《国语·吴语》："夫命圭有命，固曰吴伯，不曰吴王，诸侯是以敢辞。夫诸侯无二君，而周无二王。君若无卑天子，以干其不祥，而曰吴公，孤敢不顺从君命长弟！许诺。吴王许诺，乃退就幕而会。吴公先歃，晋侯亚之。"《春秋》书曰"吴子"，既与吴之自号不同，又与命圭有异也；是以蛮夷待吴也。至命圭有命，固曰吴伯者，意者吴之本宗在河东者已亡，句吴遂得承宗为伯乎？今又以金文较《春秋》，则莒自称为侯，而《春秋》子之；邾自泛称公，而《春秋》子之；楚自称为王、为公，而《春秋》子之。虽金文亦有自称子者，如许，然真在蛮夷者，并不自居于子也。然则蛮夷称子，实以贱之，谓其不得比于长宗耳。子伯之称既无间于王甸及畿外，其初义非爵，而为家族中之亲属关系，无疑矣！

就子一称之演变观之，颇有可供人发噱者。子本卑称，而王子冠以地名，则尊，微子、箕子是也。不冠地名，则称王子，如王子比干。此之为子，非可尽人得而子之。称于王室一家之内者，转之于外，颇有不恭之嫌。满洲多尔衮当福临可汗初年摄政时，通于福临之母，臣下奏章称曰叔父摄政王，此犹满人未习汉俗之严分内外。果有汉臣奏请，叔父者，皇之叔父，非可尽人得而叔父之；遂冠皇于叔父之上。此正如王子公子之造辞也。子一名在周初如何用，颇不了然，《周书》历举有土之君，子号不见。春秋之初，诸侯之卿，王室之卿，均称子，已见于典籍矣。前一格如齐之高国，晋之诸卿，鲁之三桓，后一格如刘子。至孔子时，士亦称子，孔子即其例也。战国之世，一切术士皆称子，子之称滥极矣。汉世崇经术。子之称转贵，汉武诏书，"子丈夫"，是也。其后历南北朝、隋唐，子为严称。至宋则方巾之士，自号号人，皆曰子，而流俗固不以子为尊号。今如古其语言，呼人以子，强者必怒于言，弱者必怒于色矣。又"先生"一称，其运命颇可与子比拟。《论语》："有酒食，先生馔，有事弟子服其劳。"此先生谓父兄也。至汉而传经传术者犹传家，皆先生其所自出，此非谓父兄也。今先生犹为通称，而俚俗亦每将此词用于颇不佳之职业。又"爷"之一词亦然。《木兰辞》，"阿爷无大儿，木兰无长兄"，又云"不闻爷娘唤女声"，爷者，父也。今北方俗呼祖曰爷，外祖曰老爷，犹近此义。明称阁部为老爷，以尊其亲者尊之也。历清代遽降，至清末则虽以知县县丞之微，不愿人称之为老爷而求人称之为大老爷。此三词者，"子""先生""爷"，皆始于家族，流为官称，忽焉抬举甚高，中经降落，其末流乃沉沦为不尊之称焉。

男者，附庸之号，有周公子明诸器所谓"诸侯，侯田男"者为之确证。按以《周书》所称"庶邦侯田男卫"诸词，此解可为定论。男既甚卑，则称男者应多，然《春秋》只书许男，而许又自称子（许子钟、许子簠）。此由许本鲁之附庸，鲁之势力东移，渐失其西方之纲纪，许缘以坐大，而不甘于附庸之列。鲁虽只希望"居常与许"，终不能忘情，《春秋》遂一仍许男之称焉。鲁许之关系，别详拙著《大东小东说》，此不具论。


### 三、既非五等，更无五等爵制

以上之分析与疏通，义虽不尽新，而系统言之，今为初步。其中罅漏甚多，唯下列结语颇可得而论定焉。

（一）公伯子男，皆一家之内所称名号，初义并非官爵，亦非班列。侯则武士之义，此两类皆宗法封建制度下之当然结果。盖封建宗法下之政治组织，制则家族，政则戎事，官属犹且世及，何况邦君？如其成盟，非宗盟而何？周室与诸国之关系，非同族则姻戚，非姻戚则"夷狄"。盖家族伦理即政治伦理，家族称谓即政治称谓。自战国来，国家去宗法而就军国，其时方术之士，遂忘其古者之不如是，于是班爵禄之异说起焉。实则"五等爵"者，本非一事，既未可以言等，更未可以言班爵也。

（二）五名之称，源自殷商，不可以言周制。今于卜辞中侯伯俱见，其义已显，上文叙之已详。若公则载于《殷虚书契前编》卷二第三页者凡二，子、男二字亦均见，特文句残缺，无从得知其确义耳。

（三）《春秋》虽断烂，其源实出鲁国，故其称谓一遵鲁国之习惯，与当时盟会之实辞，周室命圭之所命，各有不同。与其谓《春秋》有褒贬之义，毋宁谓其遵鲁国之习耳。

（四）男之对侯，子之对伯，一则有隶属之义，一则有庶长之别。其有等差，固可晓然。若伯之与侯，侯之于公，实不可徒以为一系统中之差别。

殷周（指西周，下文同）之世，在统治者阶级中，家即是国，国即是家。家指人之众，国指土之疆。有人斯有土，实一事耳。然世入春秋，宗法大乱。春秋初年，可称为列国群公子相杀时代，其结果或则大宗之权，落于庶支，例如宋鲁；或则异姓大夫，得而秉政，例如齐晋。晋为军国社会最先成立之国家，其原因乃由于献公前后之尽诛公族。桓庄之族死于先，献惠之子杀于后。故自重耳秉政，执政者尽为异姓之卿。在此情景之下，家国之别，遂判然焉。孟子以为国之本在家者，仍以春秋时代宗法之义言之也。自家国判然为二事，然后一切官私之观念生，战国初年，乃中国社会自"家国"入"官国"之时期。顾亭林所谓一大变者也。前此家国非二事也。《诗》曰："雨我公田，遂及我私。"此谓国君之公，非后世所谓公家之公，战国人狃于当时官国之见，以为古者之班爵整严，殊不知古时家、部落、国家，三者不分者，不能有此也。狃于当时家国之分，殊不知殷周本无是也。狃于当时君臣之义，殊不知古之所谓臣，即奴隶及其他不自由人。金文中时有锡臣若干人之说；《论语》："子疾病，子路使门人为臣……子曰，无臣而为有臣，将谁欺？欺天乎？且予死于臣之手也，毋宁死于二三子之手乎？"皆可为证。至春秋而王公之臣几与君子同列（君子初义本如公子）。至战国而君臣之间义不合则去。此类家国之异、公私之分，皆殷周所不能有也。战国所谓君臣之义，有时即正如殷周时家长与其一家之众之义耳。吾辨五等爵之本由后人拼凑而成，古无此整齐之制，所识虽小，然可借为殷周"家国制"之证，于识当时文化程度，不无可以参考者焉。

中华民国十九年一月写于北平

# 书院制史略

胡适

我为何讲这个题目？因为古时的书院与现今教育界所倡的"道尔顿制"精神大概相同。一千年以来，书院实在占教育上一个重要位置，国内的最高学府和思想的渊源，唯书院是赖。盖书院为我国古时最高的教育机关。所可惜的，就是光绪变政，把一千年来书院制完全推翻，而以形式一律的学堂代替教育。要知我国书院的程度，足可以比外国的大学研究院。譬如南菁书院，它所出版的书籍，等于外国博士所作的论文。书院之废，实在是吾中国一大不幸事。一千年来学者自动的研究精神，将不复现于今日了。所以我今日要讲这个书院的问题。本题计分两节：第一，书院的历史；第二，书院的精神。兹分别言之。

## 一、书院的历史

（一）精舍与书院。书院在顶古的时候，无史可考；因古代的学校，都是私家设立，不甚出名。周朝学制，亦无书院的名称。战国时候，讲学风起，私家学校渐为人所器重。汉时私家传授之盛，为古所未有。观汉朝的国子监太学生，多至数万人，即可见学风之盛。六朝时候，除官学外，复有精舍。此精舍系由少数的贵族或士大夫在郊外建屋数椽，以备他们春夏射御，秋冬读书的处所。唯此精舍，仍由私家学塾蝉蜕而来，其教授方法，与佛家讲经相同。佛家讲经只许和尚沉思默想，倘和尚不明经理而欲请教于大和尚，此时大和尚就以杖叩和尚之头，在问者虽受重击，毫无怨言，仍俯首思索如故。有时思索不得，竟不远千里朝拜名山，俾一旦触机觉悟，此法系启发学者思想。不借外界驱策而能自动学习，所以精舍也采取佛家方法。其后道家讲经，也和佛家相同。到唐明皇的时候，始有书院的名称。书院之有学校的价值，固自唐始，但至宋朝更进步了。

（二）宋代四大书院。书院名称，至宋朝时候才完全成立。当时最负盛名的书院，如石鼓、岳麓、应天、白鹿洞，世人称为四大书院。这些书院，都系私人集资建造，请一个学者来院主教，称他叫山长。书院大半在山水优秀的地方，院内广藏书籍，使学生自修时候，不致无参考书。此藏书之多，正所以引起学生自由研究的兴趣。此四大书院，不独藏书很多，并且请有学者在院内负指导责任。来兹学者，如有困难疑惑之处，即可向指导者请教，犹如今日道尔顿制的研究室。所以宋朝的书院，就是为学者自修的地方。

（三）宋代书院制度。宋代书院制度，很可研究。每一个书院，有山长一人，系学识丰富的人充任。书院里藏书极多，有所谓三舍制，就如湖南潭州书院，分县学、书院、精舍三种。在州府县学里读书，都是普通之才，优者升入书院。当时书院的程度，犹如今日大学本科，倘在书院里考得成绩很好，就升入精舍。此时犹如今日入大学研究院了。又当时又有所谓大学三舍制，就是在宋仁宗的时候，大兴学校，令天下皆设官学，自己复于京师设立大学。考他的组织方法，也有三种阶级，在州县学读书，称曰外舍，等于大学预科；经一种考试升入内舍，等于今日大学本科；再经严格的考试，就升入精舍，等于今日大学研究院。这种制度，已在浙江书院实行了。

（四）宋代讲学之风与书院。宋代讲学之盛，古所未有。当时所谓州学、县学、官学，只有其名，而无其实。此等学校，吾无以名之，只得叫它曰抽象的学校，大概一位老师就是一个学校，老师之责任，就在讲经。当时入官学者甚少，国子监太学生都可花钱捐得。然而尊崇一派奉为名师，日趋听讲者亦甚多。听讲时大半笔记，不用书籍，如《朱子语录》，即学生所做的笔记。教法亦大半采佛家问答领悟之法，至于讲学之风，迨南宋时可谓登峰造极。当时学生所最崇拜的，只有二人，因此分为两派：一派当推朱子，而另一则为陆象山派。朱陆既殁，其徒散居各处，亦复以讲学为号召，所以私立的书院，就从此增多了。

（五）会讲式的书院。会讲式的书院，起自明朝，如无锡东林书院，每月定有开会时间。开会之先，由书院散发请帖，开会时由山长主讲一段，讲毕，令学生自由讨论，各抒己见，互相切磋，终以茶点散会。

（六）考课式的书院。考课式的书院，亦起自明朝。此式定每月三六九日或朔望两日，由山长出题，凡合于应试资格的人，即可往书院应试。书院并订津贴寒士膏火办法，供寒士生活之用。此等书院，仅在考试时非常忙碌，平时无须开门，考课者亦不必在场内，只要各抒说论而已。

（七）清代的书院。清时学术思想，多不尊重理学一派，只孜孜研究考据实用的学问。学者贵能就性之所近，分门研究，研究所得，以笔记之。有时或做极长的卷折，以示造诣。所有书院，概系公立。山长由州府县官聘请富有学识者充之。山长薪水很大，书院经费，除山长薪水外，又有经临等费。学生除不收学费外，又有膏火津贴奖赏等。所以在学足供自给，安心读书，并可以膏火等费赡养家室，不致有家室之累。每一书院，藏书极多，学生可以自由搜求材料，并有学识丰富之山长，加以指导。其制度完备，为亘古所未有，而今则不复见了！

## 二、书院的精神

（一）代表时代精神。一时代的精神，只有一时代的祠祀，可以代表。因某时之所尊奉者，列为祠祀，即可觇某时代民意的趋向。古时书院常设神祠祀，带有宗教的色彩，其为一千年来民意之所寄托，所以能代表各时代的精神。如宋朝书院，多崇拜张载、周濂溪、邵康节、程颐、程颢诸人，至南宋时就崇拜朱子，明时学者又改崇阳明，清时偏重汉学。而书院之祠祀，不外供许慎、郑玄的神像。由此以观，一时代精神，即于一时代书院所崇祀者足以代表了。

（二）讲学与议政。书院既为讲学的地方，但有时亦为议政的机关。因为古时没有正式代表民意的机关；有之，仅有书院可以代行职权了。汉朝的太学生，宋朝朱子一派的学者，其干涉国家政治之气焰，盛极一时；以致在宋朝时候，政府立党籍碑，禁朱子一派者应试，并不准起复为官。明朝太监专政，乃有无锡东林书院学者出而干涉，鼓吹建议，声势极张。此派在京师亦设有书院，如国家政令有不合意者，彼辈虽赴汤蹈火，尚仗义执言，以致为宵小所忌，多方倾害，死者亦多，政府并名之曰东林党。然而前者死后者继，其制造舆论，干涉朝政，固不减于昔日。于此可知书院亦可代表古时候议政的精神，不仅为讲学之地了。

（三）自修与研究。书院之真正的精神唯自修与研究，书院里的学生，无一不有自由研究的态度，虽旧有山长，不过为学问上之顾问；至研究发明，仍视平日自修的程度如何。所以书院与今日教育界所倡道尔顿制的精神相同。在清朝时候，南菁、诂经、钟山、学海四书院的学者，往往不以题目甚小，即淡漠视之。所以限于一小题或一字义，竟终日孜孜，究其所以，参考书籍，不惮烦劳，其自修与研究的精神，实在令人佩服！

## 三、结论

本题拟举二例，作为结论:（一）譬如南菁书院，其山长黄梨洲先生，常以八字告诫学生，即"实事求是，莫作调人"。因为研究学问，遇困难处若以调人自居，则必不肯虚心研究，而近乎自暴自弃了。（二）又如上海龙门书院，其屏壁即大书"读书先要会疑，学者须于无疑中寻找疑处，方为有得"，即可知古时候学者的精神，唯在刻苦研究与自由思索了。其意以学问有成，在乎自修，不在乎外界压迫。这种精神，我恐今日学校中多轻视之。又当声明者，即书院并不拒绝科学，如清代书院的课程，亦有天文、算学、地理、历史、声、光、化、电等科学。尤以清代学者如戴震、王念孙等都精通算学为证。惜乎光绪变政，将一千年来的书院制度，完全推翻，而以在德国已行一百余年之学校代替此制，诩为自新。使一千年来学者自动的研究精神，将不复现于今日。吾以今日教育界提倡道尔顿制，注重自动的研究，与书院制不谋而合，不得不讲这书院制度的略史了。

# 明清之际西学输入中国考略

张荫麟

西方学术之输入我国，可分为二期：第一期，始于明万历中叶
（1573—1619），盛于清康熙间（1662—1722），至乾隆中（1736—
1795）而绝；第二期，始于清咸丰（1851—1861）、同治（1862—
1874）间之讲求洋务，以迄今日。兹篇之职务，在整理第一期西学输
入之史迹，而说明其与我国学术界之关系。

此期西学之输入，为耶稣会士传教之附带事业。其所输入以天文
学为主，数学次之，物理学又次之，而其余则附庸焉。其在我国建设
最大者为天文学，与清代学术关系最深者，天文学与数学唯均。而天
文学实最先与我国学术界发生影响，兹请先述之。

## 一、西方天文学之初输入

我国之天文学，截至明代止，已有三千余之历史。其间亦尝有外
国天文学之输入。唯欧洲天文学之入中国，则自耶稣会教士始。

## （一）利玛窦之介绍西方天文学

耶稣会教士之最先传教中国内地者，为意大利人利玛窦氏，于万历九年（1581年）抵广州。利氏少学于 The Roman College（in Rome），尝专研天文及数学。既入中国，撰《乾坤体义》，其上卷言天象；述日月食由于日月与地球之相掩，及七曜与地体之比例。又著《经天该》，将其时西方所已测知诸恒星，造为歌诀，以便观象者之记诵。尝制浑天仪、天球仪、地球仪诸器以示人。徐光启、李之藻、周子愚辈从之游，习其术。利氏尝以简平仪，授李之藻；之藻耳受手书，得其用法，因阐其术作《浑盖通宪图说》。此实中国人介绍西洋天文学之第一部著作。

利玛窦之入北京贡方物（万历二十九年，即1601年）也，其上疏自谓：于"天地图及度数，深测其秘；制器观象，及考验日晷，并与中国古法吻合"，又请"披露于至尊之前"。时明代历法，犹踵《大统》之旧。自成化（1465年）以后，违天益远，纷纷议改；而台官泥于旧闻，当事惮于改作。利氏卒未能用其所学而没。

## （二）明廷对于新法之需要

利氏既卒，继之而来之教士，多以天文学称于中国，从之习其术者颇众。及万历三十八年（1610年）十一月日食，钦天监预推不验，礼部遂奏请博求知历者与监官昼夜推测。于是五官正周子愚乃上疏请令西洋人庞迪我、熊三拔等尽译携来西法之书。

礼部因疏请，以邢云路主理历事；而以徐光启、李之藻、庞迪我、熊三拔，同译西法，俾云路参订修改。盖云路主改历甚力，颇负知历之名。然云路乃旧历家，其天文学智识实甚肤浅。时徐光启适以疾南旋，乃召云路、之藻入京董其事。云路据其所学，之藻则以西法为宗。

## （三）西法之继续输入

万历四十一年（1613年），之藻奏上西洋天文学说十四事，言地圆，日月食，及行星运行之理。疏中力言西法所以专长之故，竭力摧廓当时守旧自大之风；并论我国天文学所以不振之原，亦洞见症结。又请亟开馆局，翻译西法。时礼科姚永济亦以之藻之言为请，然朝廷以庶务因循，未遑开局也。

然此时耶稣会士，仍继续输入西方天文学说。熊三拔于万历四十一年（1613年）著《简平仪》，详细说明简平仪之用法；次年又著《表度说》，述立表测日影以定时之简捷法，并以天文学的原理说明之。阳玛诺（Diaz, Emmanuel）于万历四十三年（1615年）著《天问略》。其书于"诸天重数，七政部位，太阳节气，昼夜永短，交食本原，地形粗细，蒙气映差，曚映留光——皆设为问答，反复以明其义。末载蒙映刻分表，并详解晦朔、弦望、交食浅深之故，皆据有图说，指证详明"。

## （四）输入进行之停顿，及其复兴

西学输入之进行，不久乃停顿。所以者何？则耶稣会士之遭政府斥逐也。初，王丰肃（Alfonso Vagnoni）行教于南京，信者日众，而士大夫之攻击亦日烈。徐如珂首议驱斥，沈漼、晏文辉、余懋孳等继之，谓其左道惑众。并有攻其私习天文为违反《大明律》者。至万历四十四年（1616年）五月，政府乃下令严禁耶教，所有在华耶稣会士，均命逐往澳门。而其附带之介绍西学事业，亦因而被累矣。

天启（1621—1627）初，明廷以外患日亟，需用枪炮，渐召用西洋人。及崇祯二年（1629年）五月，日食，《大统》推测皆谬误。徐光启依西法预推而验。帝切责钦天监官；监官戈丰等言，欲循旧法，不能无差，乞开局修改。帝乃以徐光启督修历法。光启上疏，言中法之所短，又谓宜取西法，参互考订，使与《大统》会同归一，上从之。

## （五）西洋历局之设及其成绩

已而光启根据西法上修历进行大纲十事：（1）议岁差每岁东行渐长渐短之数。（2）议岁实小余渐次改易，及日景长短，岁岁不同之因。（3）每日测验日行经度。（4）夜测月行经纬度。（5）密测列宿经纬行度。（6）密测五星经纬行度。（7）推变黄赤道广狭度数，密测三道距度，及月五星各道，与黄道相距之度。（8）议日月去交远近，及真会、视会之因。（9）测日行，考知二极出入地度数，因月食考知东西相距经度。（10）随地测验二极出入地度数，及经纬度。

此后《崇祯历书》乃依次计划，累年测验推算而得之结果也。

光启既上《修历大纲》，因举李之藻、邓玉函、龙华民协同修历。旋辟历局于京师东长安街，作观星台。又选畴人子弟习西法，时崇祯二年（1629年）九月也。

其年光启请造天文仪器，计七改象限大仪六，列宿纪限大仪三，平悬浑仪三，交食仪一，列宿经纬天球仪一，万国经纬天球仪一，平面日晷三，转盘星晷三，候时钟三，望远镜三。上报允。

光启旋上《见界总星图》，乃崇祯元年（1628年）所测；上具黄赤二道经纬度，共测得一千三百五十六星。用西法绘图立表，并正旧图之误。后又上《黄赤道两总星图》，凡测而入图之星一千三百四十四；上具黄赤道经纬度，又列表二卷。均为后此崇祯《历书》之一部分。

崇祯三年（1630年）邓玉函卒，旋征汤若望、罗雅谷供事历局，译书演算。凡修历诸西人，日给廪饩，月各赐银两。

崇祯四年（1631年）正月，光启上所纂成诸书：《日躔历指》一卷，《测天约说》二卷，《大测》二卷，《日躔表》二卷，《割圆八线表》六卷，《黄赤升度》七卷，《黄赤距度表》一卷，《通率表》一卷。共八种，二十二卷，皆此后崇祯《历书》之一部分。旋又上书二十一卷。其年十月，光启又上《测候四说》，言新旧推算日食法之异，并论西法之长，旧法之短。时纂测新法，渐次就绪。次年又进书三十卷。明年，光启以病去职，诏以李天经代之。是年光启卒，所纂历书将百卷。

崇祯七年（1634年）七月，天经进《历元》二十七卷，星屏一具。旋又进《历法》三十二卷。时"日晷""星晷""望远镜"等仪器告成，天经奏上其用法，上命太监至局验之。先是罗雅谷、汤若望在历局成仪器多种。除徐光启所请造者外，又有象限悬仪、象限立运仪、象限座正仪、三直游仪、浑盖简平仪、弩仪、弧矢仪、地平纬仪、黄赤全仪六、圭表二（一横一直）——无虑数十种。而定日之高度与黄道各时之出没，有地平晷、立晷、通光晷、柱晷、瓦晷、十字晷，未易悉数，天经等不能尽用也。

崇祯八年（1635年）四月，天经上《乙亥》《丙子》《七政行度》，旋又上《参订历法条议》二十六则，举新法之大凡，并详论新旧法之异同得失。明年，天经与汤若望推南京、北京恒星出没，又测北京北极高度。至是，新法书器俱完，屡测交食凌犯俱密合。

所成书一百四十余册，为一百卷，赐名《崇祯新法算书》。书分十一部：曰《法原》，曰《法数》，曰《法算》，曰《法器》，曰《会通》——谓之基本五目；曰《日躔》，曰《恒星》，曰《月离》，曰《日月交会》，曰《五纬星》，曰《五星交会》——谓之节次六目。其中有术，有图，有考，有表，有论。以西法融通中法，如置闰月之类，徐光启所谓"镕西洋之巧算，入《大统》之模型"者也。是书采西洋法以第谷①（Tycho Brahe）为主，不采哥白尼地动之说，故书中《日躔历指》一部，述求太阳行度之术，以为日动焉。书成，命宣付史馆，刊传四方，与海内知历者共之。唯迟之又久，直至明亡尚未采用其法，颁行天下。所以者何？则旧派从中阻梗也。关于新旧之争，次节详述之。

---

① 第谷（Tycho Brahe，1546—1601），生于哥白尼卒后三年，为当时著名天文学家，改进观象之仪器，发现天象之新观测甚众。其于天文学上的成就在于：仪器及观测之正确；长期从事测验工作，前后共二十一年。但其在原理方面，极力反对哥白尼地动之说。——编者注

## 二、新旧之争及清初泰西畴人在我国之建设

### （一）崇祯修历之争辩

前述万历间邢云路与李之藻同理历事，其时已有争论。及崇祯西洋历局开设后，旧派历家乃纷起与之抗。崇祯三年（1630年），四川巡按荐冷守中精历学，以所呈书及预推次年四川月食送部。光启力驳其谬。已而四川报守中所推不验，新法密合，其说遂诎。而其时与新法争辩最烈者，为满城魏文魁。文魁著《历元》《历测》二书，崇祯四年（1631年），命其子进《历元》于朝，送局考验。书中弧背求弦矢，乃用周三径一之率，光启摘其谬误类此者七事。而文魁反复争辩，光启更申前说，为《学历小辩》一书。光启虽力驳文魁，时朝廷以历法未定，亦兼存文魁之说。光启既卒，崇祯七年（1634年），文魁上言历官所推交食节气皆谬。乃命文魁入京测验，别立东局，与西法、大统、回族并而为四。文魁又指摘李天经等，新法所推五星凌犯、会合、行度皆非是。既而天经等所推皆验天象，文魁说诎。

### （二）新法颁行之阻梗

崇祯八年（1635年），新法书器既完，屡测交食凌犯俱密合，方欲颁行，而文魁多方阻挠，内官又左右之，帝不能决，乃命天经与监局虚心详究，务期划一。既而屡测天象，《大统》及魏文魁，皆不验，新法独密合，乃议废《大统》，用西法。旧派郭正中力言中历必不可尽废，西法必不可专行（唯不言其故）。帝乃诏仍行《大统历》，如交食、经纬、晦朔、弦望等因年远有差者，以新法为参考。后天经疏陈《大统》所定崇祯十五年（1642年）节气之失，帝亦深知西法之密。及崇祯十六年（1643年）正月，日食，西法预推又独验。帝乃决计散遣魏文魁回籍，一意颁行新法，惜兵事倥偬，未即实行，无何而明社屋矣。

### （三）清初新旧之争及历法大狱

清既定鼎，顺治元年（1644年）汤若望进是年日食之预测于朝，已而果较《大统》为吻合。清廷遂采用西法，颁行天下，名《时宪历》。若望又疏陈《大统》之失。旋奉旨掌管钦天监印信，嗣后一切进历占候选择，悉听举行。而《新法表异》一书，乃若望入清代后所著，以四十二事，表西法之异，证中法之疏。

是时习《大统》者，咸斥排新法，而若望制历不用诸科校正，于是《大统》罢黜，仇新法益深。顺治十四年（1657年），已革吴明烜疏若望所推天象之谬，并上是年推算天象之书。后经实测，明烜所指皆妄，礼部议其罪，援赦获免。

自是耶稣会士，以历法得政府之信任，传教益无所阻，而反动亦日益大。徽州杨光先著《不得已辨》，攻击耶教士甚烈，并攻其历法。康熙四年（1665年），光先叩阍进所著《摘谬论》，摘汤若望新法十谬；又《选择议》，论若望选择荣亲王安葬日期之误，并言若望阳假修历之名，阴行邪教。帝下议政王等确议。光先《摘谬论》所摘虽妄，而王等不通历法，无从分辨，但谓"若望进二百年历，夫天佑皇上，历祚无疆，而若望止进二百年，为大不合；又若望选择荣亲王安葬日期，不用正五行，反用洪范下五行，山向年月，俱犯重忌。俱事犯重大"。议决：若望及监官等八人凌迟处死，子弟斩决者五人，干连族人皆治罪。帝命若望免死，赦族人罪，止斩五人，余流徙。于是废西洋新法，用《大统》旧历。

### （四）旧派之末路

旧派既获胜，杨光先遂为钦天监正，并援吴明烜为副。既而为术俱穷，光先称病辞职。康熙八年（1669年），帝乃命大臣传集西洋人，与监官质辨。南怀仁因言吴明烜所造康熙八年（1669年）历之误。帝命大学士图海等同赴观象台测验。怀仁所言，逐款皆符；吴明烜所言，逐款皆错。图海等请将康熙九年（1670年）历书，交南怀仁推算。钦天监正马祐等又力辩前此杨光先所指摘西法之不当，帝乃诏复用西洋新法。其后康熙十一年（1672年），有杨炜南者，造《真历言》一书，议西法之失；后实测不验，交刑部惩治。自是旧派遂无复立足之余地，新旧之争乃告一结束，而西方畴人乃得专事新建设焉。

### （五）汤若望之成绩

清初西洋钦天监官之建设，以南怀仁、戴进贤为最。而汤若望在未遭历法之狱以前，亦尝制器著书。初，明之亡，历局仪器，悉毁于贼，若望效力清室，因奏请另制。顺治元年（1644年），成浑天星球仪、地平日晷仪、望远镜、舆地屏图各一。若望在清代所著书，除上述《新法表异》外，尚有《历法西传》及《新法历引》。二书皆《崇祯历书》之提要。而《历法西传》中，兼述西方天文学进化之迹，自多禄某① （Clandius Ptolemy）、哥白尼、第谷及加利勒阿② （Galieo Galilei）皆略举其学。唯其述哥白尼之学，不言其有地动之发明，反谓其有言天动以圆之书。

### （六）南怀仁之成绩

西法既复用，诏南怀仁为钦天监副。怀仁于康熙八年（1669年）改造观象台仪器，成新仪六式：曰黄道经纬仪，曰赤道经纬仪，曰纪限仪，曰象限仪，曰天体仪，曰地平纬仪。又将各仪之制法、用法、安置法，绘图造说，并用其器测验所得诸表，名曰《灵台仪象志》。书成于康熙十三年（1674年）。所载测得诸星：与古同者，共

---

① 现译为托勒密。

② 现译为伽利略。

二千一百六十一座，一千二百十星；《步天歌》所有，而新测所无者，二十二座，二百五十四星；外增新星五百十六，及近南极诸星，中国所不见者，一百三十五。怀仁又继汤若望之业，成《预推七政交食表》，三十二卷，名《康熙永年表》。康熙二十一年，怀仁随驾盛京，测得其地北极高度，制《盛京推算表》。越六年，怀仁卒。

### （七）清圣祖之重视西学

时圣祖深嗜西学，而天文算法尤素所留心，常命西士进讲，虽巡幸不辍。康熙二十一年（1682 年），帝如盛京，南怀仁奉命携内廷观测仪器从；二十二年（1683 年）幸北塞，南怀仁又与库利尔、马尔其（原名未详）从；三十年（1691 年）亲征噶尔丹，白晋（Joachim Bouvet）、林安多（Antoniode Silva）随驾；三十八年（1699 年）南巡，又命蒲壁（原名未详）等从。时法王路易十四（Louis XIV）投帝所好，以地平纬仪见赠，与此后乾隆五十年（1787 年）英吉利国王之进小象限仪，先后相辉映焉。

康熙一代，"御定"之天文书有二：一曰《御定四余七政万年书》，成于康熙五十七年（1718 年），将顺治元年（1644 年）至康熙六十年（1721 年）之节气日时，及日月五星交宫入宿分度，按年排列，自后可准式继续，故名《万年书》。其预编纂此书之人，无可考矣。一曰《历象考成》，成于康熙六十一年（1722 年）御定《律历渊源》之第一部也。书内所列编纂者，虽无一西洋人，然其书大略沿《崇祯历书》所采第谷法之旧，唯黄赤道大距减少二分耳。

### （八）戴进贤等之成绩

南怀仁既卒，继之备历政顾问者有徐日昇（Thomas Preyra）、苏霖（原名未详）、林安多、白晋、张诚（Jean Francois Gerbillon）等。康熙四十三年（1703 年），尝增衍蒙古诸处《推算表》。康熙五十三年

（1713 年），监臣有纪利安者（原名未详）制地平经纬仪，合象限仪及地平纬仪为一，其用尤便。

自康熙《历象考成》告成后，钦天监推算历书，悉遵其法。然《历象考成》既仍第谷法之旧；自第谷至康熙末已百余年，数既不能无差，而第谷后欧洲天文学之新发明又辈出。雍正间，钦天监官西人戴进贤、徐懋德（原名未详）习其术，雍正八年（1730 年）以之推测日食，果较第谷旧法为密。乃请纂修《日躔》《月离》二表，以推日月交食，并交宫过度，昼夜永短以及凌犯。表成，凡三十九页，续于《历象考成》之末。然有表无说，其时能用之者，唯戴、徐二氏，及中国人明安图而已。乾隆二年（1737 年），吏部尚书顾琮请将二表增补图说，务期可垂永久；又请如《历象考成》内有当修改之处，亦为改正。并荐戴进贤为纂修总裁，徐懋德副之。后改任梅瑴成、何国宗为正副总裁，亦顾琮所请也。乾隆七年（1742 年）六月，书成，凡十卷，赐名《历象考成后编》。是书对于《崇祯历书》及《历象考成》之最大修正如下：

（1）"日月五星之本天（即轨道）旧说以为平圆，今以为椭圆。"考第谷后，欧洲有大天文家刻白尔[①]（Johann Kelper）发现著名之刻氏三定律。其第一律，云"行星之轨道为椭圆，日在一焦点内"。非谓日轨道亦为椭圆也。今其书以日与月、五星并列，而同谓其"本天"为椭圆，是以为日动矣。盖此时哥白尼地动之原理，犹未入中国也。

（2）"蒙气差旧定地平上为三十四分，高四十五度，则止有五秒；今测地平上止三十二分，高四十五度尚有五十九秒。"

（3）"太阳地半径差旧定为三分，今测止有十秒。"

---

① 现译为开普勒。开普勒（Johanness Kelper，1571—1630），与第谷同时而稍后，发现著名开氏三定律：1. 行星轨道为椭圆，日在一焦点内；2. 行星与日相连之直线，于相等时间内，其所经过的面积相等；3. 任何行星（地球同），其绕日运行所经时间之平方，与其去日之平均距离之立方成正比例。——编者注

（4）地球与日、月距离之计算，采奈端①（Isaac Newton）之术。而惜乎于奈端万有引力之大发明尚未输入只字也。

进贤又据西洋新测星度，累经测验，知南怀仁所造《灵台仪象志》尚多未合，因奏请厘定。西洋监官司刘松龄、鲍友管（原名均未详）详加细测，著之于图。总计星名与古同者二百七十七座，一千三百十九星，比《仪象志》多一百零九星，与《步天歌》为近。其改正《仪象志》之次第颠倒凌乱者，一百零五座，四百四十五星，又新增星一千六百零四，合旧载南极星，共有恒星三百座，三千零八十三星。编为《总记》一卷，《黄赤道度经纬度表》各十二卷，《月五星相距恒星经纬度表》一卷，《天汉黄赤经纬度表》四卷，共三十卷，名《仪象考成》。书成时乾隆十七年（1752年）。

乾隆十九年（1754年），进贤又创制玑衡抚辰仪，"体制仿乎浑天之旧，而时度尤为整齐；运量同于赤道新仪，而重环更能合应。至于借表窥测，则上下左右，无不宜焉"。更自撰《玑衡抚辰记》二卷以说明之，冠于《仪象考成》之首。

同时官钦天监者，尚有葡人傅作霖，无甚建设；此后官钦天监之西洋人，无可考矣。


## （九）蒋友仁之来华

乾隆二三十年间（1755—1765），法人蒋友仁来华，进《增补坤舆全图》及新制浑天仪，奉命翻译《图说》，使何国宗、钱大昕为之详加润色。其《坤舆全图说》中，述哥白尼地动之原理，并列举例证，甚为详细，是为地动说入中国之始。然其时我国学者，即号称精通天文学如阮元者，犹惑于汤若望言哥白尼有天动以圆之说，而谓其言为诬。其他更勿论矣。蒋友仁而后，直至咸、同以前，不复闻有西说之输入，而此时期乃于此告终矣。其所以中绝之故，详于次节。

---

① 现译为牛顿。——编者注

## （十）清钦天监用西人之沿革

清钦天监之规定用西洋人，始于康熙八年（1669 年），止监正一员，寻增置西洋监副一员，乾隆十八年（1755 年）又增置西洋监副一员，为左右监副。其时澳门三巴寺教士，世习天文，待其学成，礼部牒取香山县护之如省，由督抚咨送入钦天监。及嘉庆（1796—1820）初所纂《大清会典》，监正已不规定用西洋人，唯附注云兼用西洋人，监副则仍乾隆之旧。至光绪（1875—1908）初所纂《会典》，钦天监职员已完全无用西人之规定矣。

# 三、数学、物理学及其他学术之输入

据王徵《远西奇器图说序》所载，天启（1621—1627）初来华之西士，携有图籍七千余部。其他虽无可考，然即此，已可推见彼辈携来西籍之多。惜其译成华文之书，关于学术者独寥寥无几，综观此时期所输入学术，除天文学而外，可得而考者有如下述：

## （一）数学

利玛窦著《乾坤体义》其下卷言数"以边线、面积、平圆、椭圆互相容较"，是为西方数学入中国之始。及利氏入北京，与徐、李辈译西籍，其最先着手者，为数学书，以数学为各科学之本也。而数学书之最先成译者，则《几何原本》六卷。书成于万历三十五年（1607年）。《原本》为利氏之师丁氏所编，共十五卷，前六卷为欧几里得（Euclid）本文，以后为丁氏之注释绪论。利氏口授，徐光启译；光启请尽译之，利氏授至前六卷仅及平面之部而止。光启之译是书也，反复辗转，求合本书之意，重复订正，凡三易稿。其审慎可知。利氏于其书之《引》中，又详述几何学与各科学之关系。欧几里得几何学，在此时已称完备，直至今日尚无若何重大之改变；此学实是期所输入西学中之比较完全者也。是书《四库提要》称为"西学之弁冕"，其得清代学者之重视可知。然其初出世时，除徐、李之徒而外，注意之者盖寡。故其后利玛窦以此书稿本寄徐光启，令南方好事者刊之，累年竟无有过问者。

此外《天学初函》中，关于几何学之书，尚有：（1）《圆容较义》，乃李之藻从利玛窦所译，专论圆之内接、外接形，引申《几何原本》之义，为定理十八，中有一则论椭圆。（2）《测量法义》，乃徐光启从利玛窦继《几何原本》而译，内述应用几何原理，以测量之法，为术十五，每术悉详加证明。又罗雅谷有《测量全义》，摘译亚奇默德（Archimedes，即今译阿基米德）《圆书》（The Measure of the Circle）中圆周率之计算，及其《圆柱圆球书》（The Sphere and the Cylinder）中之要题；其计算圆周率，至二十一位。其输入西洋算术者，有《同文算指》一书，乃李之藻从利玛窦所译，成于万历四十一年（1613年），书凡十卷，所述比例、级数，皆前此中土所未有闻。

西方近世平三角、弧三角之术，在此时早已成立。其术为测天所资，故亦随《崇祯历书》而输入。崇祯四年（1631年），徐光启上《割圆八线表》及《大测》二书，前者言平面三角，后者言弧三角——皆出自崇祯历局诸西人之手。此后，《历象考成》中，于此术益加阐明。

对数术，西方自1620年，已臻完备。顺治（1644—1661）中，穆尼阁（Motel）居金陵，始以其术授薛凤祚。《四库提要》称薛从穆氏所译《天步真原》以加减代乘除，折半代开方，即此术也。

康熙（1662—1722）末，西士进讲内廷，始输入代数之术，即当时所称为"借根方程"，或"阿尔热八达"（Algebra之译音）者是也。圣祖命诸臣所纂《律历渊源》中有《数理精蕴》一书，至雍正元年（1723年）始成，集当时所输入西方数学之大成。在此时期内，代数学之输入，尚无专书，仅《数理精蕴》中《借根方比例》一部，分述其一二耳。考其时西方符号的代数（symbolic algebra）已成立，四次方程式之解法久已发明。而《数理精蕴》所述，仅及二次方程式之计算，及其应用而止。此外为《数理精蕴》所未及者，则有杜美德（Jortoux Rerre）所输入之割圆九术。

### （二）物理学

天启六年（1626年），汤若望撰《远镜说》一书，是为西方光学入中国之始。全书仅十六页，首言远镜之用法，末言其制法，中则言其原理；凡光在水中之屈折，光经过望镜之屈折，凹镜散光，凸镜聚光，以及凹凸镜相合以放大物像诸现象，及其解释，皆详言之。唯词旨甚艰晦，以西人为中国文，无怪其然也。

最初输入西方力学者，为艾儒略授王徵所译之《远西奇器图说》。书成于天启末，在《远镜说》后。书中第一卷言重心、比重之理，凡六十一款；第二卷述杠杆滑车、轮轴斜面之理，凡九十二款，每款悉有例证；第三卷言应用上述各原理，以起重、引重、转重、取水及用水力代人力诸器械，各器及其用法均有详细之图说。又考书中凡例，述诸"奇器"之能力，有云"能使小者大，大者小；远者近，近者远"，盖指凹凸镜也，而今书中无此器。又书中目录有四卷，今书只三卷。苟非原书尚未卒译，则今所传本，必有亡缺矣。初，王徵欲从事译此书，邓玉函谓必先通数学而后可，因先授之以数学，其不苟可知，而译笔亦甚畅达。前乎此者，李之藻于万历四十年尝从熊三拔译《泰西水法》一书，述取水蓄水等力学机械；顾其书偏言应用，而原理不详也。

此外有《自鸣钟说》一书（著者及成书年无考），王氏《远西奇器图说》凡例中尝称之，其书或与物理学有关，惜今已佚。清康熙间，南怀仁供奉内廷，尝作进呈《穷理学》一书，而不传于世，今无可考焉。

此时期所输入之物理学于我国学术界，影响极少。二百年来，唯方以智著《物理小识》一书，颇有受西说影响之处；戴震"因西人龙尾车法，作《嬴旋车记》，因西人引重法，作《自转车记》"，此外知有此学者盖寡也。

（三）舆地学

利玛窦初入中国居肇庆，每以《西方舆地全图》示人；后又将之译成中文，粤疆吏刊之，以印本分送各省朋好，中国人始闻地圆及五大洲之说。及利氏入京，所贡方物有《万国舆图》一。后庞迪我奉命翻译《西刻地图》，据所闻见，著为《图说》，书未上而遭驱逐。天启初，艾儒略得其遗稿，更采所携手辑方域梗概为之增补，成《职方外纪》一书，述当时西方各国情状颇详。中国人见其所述西方文物，远迈中华，力斥其荒诞，而于其五大洲之说亦等诸邹衍瀛海之谈。直至乾隆中叶所纂之《清通考》，犹谓"即彼所称五大洲之说，语涉诞诳，诸如此类，亦疑为剿说瞽言"。则我国人之锢于旧闻，惮听新说，于此可见耳。此外清初西人所撰关于外国地理书，有利类思与安文思与南怀仁合著之《西方要纪》；及南怀仁之《坤舆全图》与《坤舆图志》。其后蒋友仁来华进《增补坤舆全图》，又译《图说》，是为此期输入地理学之最后著作。

清之初叶，有一事焉，为我国文化史上所值得特笔大书者，即全国舆地图之测绘是也。兹事全出西洋人手，经始于康熙四十七年（1708 年）。是年命费隐、雷孝思（原名均未详）、杜美德测绘蒙古、直隶。四十九年（1710 年）费隐测绘黑龙江。五十年雷孝思与加尔特（原名未详）测绘山东；杜美德、费隐、潘如望、汤尚贤（原名均未详）测绘山西、陕西、甘肃。五十一年冯秉正（Joseph Marie Anne de Moyria de Mailla）、德玛诺（Ro Main Hınderer）、雷孝思测绘河南、江南、福建。五十二年汤尚贤、费隐、麦大成（原名未详）测绘江西、两广，费隐又与潘如望测绘四川。五十四年雷孝思、费隐测绘云南、贵州、两湖，至五十八年乃完全告成。白晋汇成总图一张，又为各省分图。帝命之为《皇舆全览图》，并谕内阁学士蒋廷锡曰："此朕费三十余年之力，始得告成，山脉水道，俱与《禹贡》合。尔将此图与九卿细看，倘有不合之处，有知者即指出。"寻九卿奏称："从来舆图地记，往往前后相沿；虽有成书，终难考信。……此图诚开辟方圆之至宝，混一区夏之钜观。"盖非过谀也。1737 年（乾隆二年）法国学者但布尔（Dunvillo）刊行之《中国新地图》（*Nanvel Atlas de la Chine*）乃依费隐所寄回其本国之副本也。现在我国之地图，无一不以《皇舆全览图》为根据，则此图在我国地理学界之贡献可知也。

### （四）炮术

初，葡萄牙人入中国以大炮攻新会，既去，遗其器，中国人始知有西方枪炮。后东来之耶稣会士，多精炮术，渐传其法于中国；当时有《海外火攻奇器图说》一书，未审传自何人；其书甚秘，不行于世。徐光启从利玛窦游，习火器之术，力请多铸大炮，以资城守。天启元年（1622 年）外患日亟，兵部议招用寓居澳门精明火炮之西洋人，上从之。崇祯三年（1630 年），龙华民、毕方济（Francesco Sambiaso）奉旨招劝殷商，集资捐助火炮。教士陆若汉及西绅公沙的西劳（原名均未详）率领本国人士，携带铳炮，效力中朝，屡经战阵，多所伤亡。崇祯十五年，兵部尚书陈新至东阁述上传言西洋炮乃中国长技，有无间大将军之称，命汤若望商榷铸造，工部办料。旋上命若望将用法传授兵杖局内监。若望共铸造无间大小炮二十余位，大者重一千二百斤，次者三百斤，小者不下数百斤。帝派大臣验收，嘉其坚利，诏再铸五百位。又命若望教放铳法，条纂火药城守等书进呈。明年正月，命若望与吴惟英讲究火器于都城，以资演练。四月周延儒出督师，请诸火器，命若望随征。若望为空心炮台式，怀宗览大悦，褒嘉之。旋上命若望赴蓟督师前传习火器等项。后若望以炮术从李建泰剿贼，因随之降清焉。若望尝授焦勖译《火攻揭要》一书，成于崇祯十六年（1643 年），于诸式火器之铸造法、运用法、安置法以及子弹、火药、火箭、地雷之制造，莫不详述。

清吴三桂乱起，南怀仁又奉命铸造铳炮，自康熙十三至十五年（1674—1676），前后造成大小一百二十具，分配各省。及二十年（1681 年）更铸较便欧式神武炮三百二十具，在卢沟桥试放，帝莅阅，嘉其命中，大加赏赍。南怀仁又编《神武图说》，中分理论三十六篇，图解四十四篇，于铳炮之术，说明其细节。然自是而后，朝野比较承平，火器无所用，其书鲜习之者。

## （五）采矿术

崇祯元年（1628年），毕方济上疏云："臣蒿目时艰，思所以恢复封疆，而裨益国家者……二曰：辨矿脉以裕军需。盖造化之利，发现于矿；第不知矿苗所在，则妄凿一日，即虚一日之费。西国……论五金矿脉征兆多端，宜往澳门招聘精于矿学之儒……"其后崇祯十六年（1643年）汤若望奉命赴蓟督军前，除教授火器水利外，并及采矿之法。明年晋王审烜亦疏请命若望往营开采事。惜不旋踵而明亡，成绩无可见。此后则绝无闻焉。

## （六）西方语言

金尼阁（Nicolas Trigault）以欧洲语言文字授王徵，万历六年（1626年）成《西儒耳目资》一书。"中分三谱"，"以西洋之音通中国之音"。后此方以智之新字母参用《金尼阁谱》即此书也。清初刘献廷之新音母，参以泰西蜡顶（即拉丁）话，则其时拉丁语亦已输入中国矣。鲁德照（Alvaro de Semedo）《字考》，或亦关于西方语言之书，今无可考矣。

## （七）艺术

利玛窦居肇庆，常以西方乐器及油画等物示其地士夫；及入京所贡方物，有西琴一张，又著《西琴曲意》一卷。毕方济有《画答》及《睡画二答》，盖言画术。清圣祖时有西洋画家焦秉贞供奉内廷，而中国画家亦有习西洋画者。康熙五十二年（1713年）御修《律吕正义》，其《续编》一卷，出西人徐日升、德里格手，述西方"弦音清浊，二均递转合声之法"。

### （八）哲学

《明书》述当时所输入西方哲学分类及其研究对象云："'落日加'（logica，论理学）译言辨是非之法，'费西加'（physica，物理学）译言察性理之道，'默达费西加'（metaphysica，形而上学或玄学）译言察性理以上之学——总名'斐录所费亚'（philosophia，哲学）；'玛得玛第加'（mathematica，数学）亦属'斐录所费亚'科内，究物之形与数度……二者或脱物而空论之。"此未审传自何人。明末西士所译有《辨学》一书，为西方论理学输入之鼻祖。毕方济撰《灵言勺蠡》，详述西方古代"亚尼玛"（译名从原书，按即 Anima①）之说，书成于天启四年（1624 年）；约在同时，高一志撰《空际格致》，畅阐火、气、水、土为宇宙四大原素之说；氏又有《"斐录"汇答》盖言哲学，今佚。此学在清代无过问者。

### （九）其他

此外邓玉函撰《人身说概》，为西方人体学入中国之始；而清圣祖时，西士供奉内廷，亦讲全体学。艾儒略于天启三年撰《西学凡》，述欧洲建学育才之法；氏又撰《西方答问》，或亦此类之收，今佚。

### （十）西学输入之中绝

明清之交，耶稣会士得自由入居内地，多与中国人士交游，从事

---

① Anima，这里指西方古代宇宙，即一切现象之变化，皆载于以宇宙之灵魂。

传授西说，翻译西籍，而其后又得清圣祖之提倡，故西学输入极一时之盛。自康熙四十三年（1707年）耶稣会奉教皇教令改变传教方针，违反我国习惯，朝野愤怒，圣祖命将教皇所派、赍教令来华之代表次鲁囊（Turmon）监禁澳门，各地教堂概行禁止；凡未经特许之宣教师悉逐往澳门。传教既生顿挫，而其附带之西学输入亦因而衰落。及雍正元年（1723年），朝廷从闽浙总督满宝奏请，下令所有在华之西洋人，除供职钦天监者外，其余一律驱往澳门，不准擅入内地。此事传闻由于耶稣会党允礽失败，信否姑不具论；然自是以后，除在钦天监外，西学已完全无输入之机会矣。而钦天监所需仅在天文，又在术而不在学，且职在官府，国内学者，罕能与之接触，已不复能在学术界发生影响。而自《历象考成后编》（乾隆七年，1742年）及《仪象考成》（乾隆十七年，1752年）告成后，钦天监所需测天之术，已达完满之限度。故蒋友仁来华（约1762年）而后，直至咸、同以前，西学之输入已完全停止矣。

## 四、西学输入与我国学术之关系

总观明清之际，西学之输入，其影响于我国学术界，有下列各方面。

### （一）西学与理学

于明末纯任主观、最缺乏科学精神之我国思想界，而骤然有绝对客观的、全恃归纳研究的天文学，复挟演绎的，为一切正确观念之模范的数学而侵入；而其学又为政府所重视，而不可一日缺；则其影响于当时思想界者为何如耶？

梁任公先生谓"清代学术，为厌倦主观的冥想倾向客观的考察"，而以为明末西学之输入，亦为此种反动之机兆之一。吾尝深考之，益觉其言之信而有征焉。明末习西学者，对于性理之学，已明起反叛之旗。徐光启等论我国数学之不振，而痛咎理学家，其言曰：

"算数之学，特废于近世数百年间尔！废之缘，一为名理之儒士苴天下实事。……昔圣人所以制世利用之法，曾不得之士大夫间，而术业政事逊于古初远矣。余友振之（李之藻字），生平相与慨叹此事。"

此实晚明治西学者流对于理学家之宣战书也。


### （二）学术界内容之增加

西学输入之初，大引起我国学者之研究。明末治西学者除上述徐光启、李之藻、周子愚、李天经、王徵、焦勖、方以智外，现在可考者，尚有瞿式耜、虞淳熙、樊良枢、汪应熊、杨廷筠、郑洪猷、冯应京、汪汝淳、周炳谟、王家植、瞿汝夔、曹于汴、郑以伟、熊明遇、陈亮采、洪士祚、许胥臣、王英等。其后天文与数学研究日盛，其他渐无闻焉。清初最能深入西方天文数学之堂奥而融贯中法，力谋我国天文算数之独立者，有王锡阐、梅定九。此外以斯二学名家者，有薛凤祚、杜知耕、方中通、方中履、陈讦、陈世仁、庄亨阳、胡亶、游艺、屠文漪、王百家、秦文渊、揭暄、邵昂霄、余熙、李子金、孔兴泰、毛乾乾、梅文鼎，其著述皆传于世。而前述之明安图、何国宗，精通西术，尤后起之秀。此后乾嘉汉学者，什九兼通天文数学，《畴人传》三书所载，尤指不胜屈。


### （三）古学之整理

初，西洋天文数学之初输入，习之者于我国古术绝对鄙夷。而以西说附会古学，以自尊学之风亦盛。王锡阐、梅定九始精究西法及古历之本原。自乾嘉以来汉学掩袭一世，为天文数学而治天文数学之学者渐稀。而一方面，天文、数学与经学有关，故汉学家多兼习其学。彼辈既然得此考古学上之新工具，于是整理古天文数学书之风乃大盛。而《立天元一术》之复明，及《算经十书》之校辑，尤其最大成绩。此外则明以前之天文数学书，悉校勘注释，且有一书而数注者。斯业之盛，可谓远迈前古，然其所采唯一之工具则"洋货"也。

## （四）西学与汉学家

天文学与数学，为归纳之绝好模范，而汉学家之代表人物，自方以智、毛奇龄、阎若璩、惠栋、江永、戴震、焦循、钱大昕、孔广森、阮元、陈澧辈，莫不精究之；其他不甚著名之汉学者，尤指不胜屈。则汉学之所以饶有科学精神，谓其不受西方天文数学之影响焉，不可得也。吾读戴东原之书，而觉汉学受西学之影响，似有迹可寻焉。

昔利玛窦于《译几何原本引》中述西方科学要素，其言曰：

> 虚理隐理之论，虽据有真指，而释疑不尽者，尚可以他理驳焉，能引人以是之而不能使人无或非之也。独定理者，剖散心疑，能强人不得不是，不复有理以疵之。

又曰：

> 吾西国庠序所业格物穷理之法，视诸列邦为备。……彼士立论宗旨，唯尚理之所据，弗取人之所意。盖曰理之审乃令我知，人之意又令我意耳。

此种科学精神，凡客观的科学，皆其所寄；而天文数学其尤著者也。

戴氏述其治学之途径曰：

> 寻求所获有十分之见，有未至十分之见。所谓十分之见，必征诸古而靡不条贯，合诸道而不遗余议；钜细毕究，本末兼察。若夫依之传闻，以拟其是；择于众说，以裁其优；出

于空言，以定其论；据于孤证，以信其通；虽溯源可以知流，循根可以达杪，不手披枝叶之所歧，皆未至十分之见也。

其言"十分之见"及"未至十分之见"，与利氏所述"定理"及"虚理隐理之论"若合符契。唯戴氏专从考古上立言，故详略不同耳。又戴氏攻击宋儒义理之说其根本立脚点曰：

"孟子云：'心之所同然者谓理也义也。'心之所同然者谓之理，谓之义，则未至于同然，存乎其人之意见者非理也非义也。"

其言"义""理"与"意见"之别，与利氏所述"理之所据"与"人之所意"又不约而同。夫东原精究西方天文数学，则其于寄于天文数学中之科学要素，如利氏所述者，自当受有影响。且东原生利氏《几何原本》书成后百余年，其时此书又风行一世，为"西法弁冕"，戴氏既究心西方数学，似有曾读其书之可能；则东原之言，或当直接得自利氏也。

### （五）清代科学不盛之原因

吾侪论西学与清代学术之关系，最容易发生一问题：此时期既当西方科学输入，而其时学术界又倾向客观的考察，饶有科学精神，顾何以科学思想终不能发达？兹试求其答案如次：

首先，吾侪试将此期所输入之西学，与其时西方学术界情形一比对，而知当时西方所已发明之学术实未能尽量输入我国。其最著者，天文学自哥白尼出，已与占星学分家。而耶稣会士初于哥白尼之大发明未道只字，反谓哥氏有言天动之书；又改刻白尔定律，以实日动之说。而在他一方面，其所输入之天文学，仍不能脱占星学之窠臼。汤若望在钦天监任占候，择日，为荣亲王择安葬日期，用《洪范下五行》，此或由于不欲违反我国习惯；而穆尼阁撰《人命》一书，以西方天文学之计算，诠释星命之说，则其时输入之天文学尚混杂于占星学之明证也。且也，耶稣会士之输入西学，于原理每多未详。《四部书目提要》：“作《新法算术》时，欧罗巴人自秘其学，立说复多深隐不可解。”故王锡阐遂谓西人不能深知法意，岂当时耶稣会士学识肤浅，实未足以知此耶？抑知而故秘之耶？兹姑不具论。然坐是之故，当时第一流学者，若王锡阐、梅定九之徒，不知费几许“冤枉”精力，以探求西方所已发明之“法意”，而从事新发明之力，已为所分；若肤浅者流，更不得其门而入矣。西方学术未能尽量输入，实此期科学不盛之主要原因也。

其次，则由于“输学者”与“求学者”（中国政府，人民似尚在附属地位）之宗旨，根本不在学：盖教士以传教为目的，而输入学术，不过其接近社会之一种方法；中国政府以改良历书为目的，而学习西算及他种科学，不过偶然附及之余事。故在此时期内，其欢迎西学者——上自政府，下至在野人士——仅知西方有天文学，及其附带之数学，而他非所闻。咸同以来，我国朝野仅以“船坚炮利”视西方科学，其结果西学虽输入，而我国科学终不发达，与此如出一辙。以船坚炮利视西学之观念，至今日始渐打破，而明清以来，以天文学数学视西方之观念，则始终未尝拔除。此亦其时科学不发达之一原因也。

此外由于被传教事业之所累者，有由于当时学术界之环境者，有由于我国思想界之遗传者，梁任公先生言之已详，兹不赘。


## 五、结论

明清之际西学之输入，既如上述，始于万历九年（1581 年）利玛窦之传教，迄于乾隆二三十年间（1755—1765）蒋友仁之来华，历时凡百八十四载。参加此役之西士现在可考者都四十四人。以人数论，明末来华者，以意大利人为最多；清初来华者，以法兰西人为最多。此四十四人中，其卒地可考而在中国者十九人（卒于澳门者不在内），内有十三人，卒于北京。可见此期西学之输入，以北京为中心。盖北京为国都，且修历所在也。

表1 输入西学之西士国籍统计表

| 国籍 | 明末来华者 | 清初来华者 | 共计 |
|------|-----------|-----------|------|
| 葡萄牙 | 六 | 四 | 一〇 |
| 意大利 | 八 | 一 | 九 |
| 法兰西 | 一 | 七 | 八 |
| 日耳曼 | 二 | 二 | 四 |
| 西班牙 | 一 | 一 | 二 |
| 比利时 | 无 | 一 | 一 |
| 未详者 | 一 | 九 | 一〇 |
| 共计 | 一九 | 二五 | 四四 |

其所撰译关于输入西方学术之图籍，现在可考者，都九十种。兹根据本文《附录》一，统计其种类及年代之分配如下表。以著作之多寡论，其在清初，远不如明末之盛矣。

表2 输入西学图籍统计表（西人所撰译者）

| 种类 | 数量 | | | 附注 |
|------|------|------|------|------|
| | 明末 | 清初 | 共计 | |
| 天文学 | 三〇 | 一三 | 四三 | 属于明末者有二一种为崇祯历书之一部分 |
| 数学 | 八 | 无 | 八 | 内有四种为崇祯历书之一部分 |
| 物理学 | 四 | 一 | 五 | |
| 舆地学 | 二 | 六 | 八 | |
| 炮术 | 一 | 一 | 二 | |
| 艺术 | 三 | 一 | 四 | |

|  |  |  |  |
|---|---|---|---|
| 语言 | 三 | 无 | 三 |  |
| 其他 | 一〇 | 无 | 一〇 |  |
| 存疑 | 一 | 六 | 七 |  |
| 共计 | 六二 | 二八 | 九〇 |  |

### 表3　明清之际来华西士之与西学输入有关者，及其输入西学之著作表

| 名氏 | 国籍 | 来华年 | 卒年 | 卒地 | 所撰译关于西学之书 | | |
|---|---|---|---|---|---|---|---|
|  |  |  |  |  | 书名 | 成书年 | 附注 |
| 利玛窦 | 意大利 | 明万历九（1581 年） | 万历三八（1610 年） | 北京 | 乾坤体义 |  |  |
|  |  |  |  |  | 经大该 |  |  |
|  |  |  |  |  | 浑盖通宪图说 |  | 授李之藻译 |
|  |  |  |  |  | 万国舆图 | 万历二九（1661 年） | 所贡方物之一 |
|  |  |  |  |  | 西琴曲意 | 万历二九 |  |
|  |  |  |  |  | 几何原本 | 万历三五（1667 年） | 授徐启光译 |
|  |  |  |  |  | 测量法义 | 万历三五 | 授徐启光译 |
|  |  |  |  |  | 圆容较义 |  | 授李之藻译 |
|  |  |  |  |  | 同文算指 | 万历四一（1613 年） | 授李之藻译 |
|  |  |  |  |  | 西国记法 |  |  |
|  |  |  |  |  | 西字奇迹 |  |  |
| 孟三德 | 葡萄牙 | 万历一三（1585 年） | 万历二八（1600 年） | 澳门 | 长历补注解惑 |  |  |
|  |  |  |  |  | 浑天仪说 |  | 崇祯历书之一 |

| | | | | | | | |
|---|---|---|---|---|---|---|---|
| 庞迪我 | 西班牙 | 万历二七（1599 年） | 万历四六（1618 年） | 澳门 | | | 万历间预修历法事 |
| 熊三拨 | 意大利 | 万历三四（1606 年） | 明泰昌一（1620 年） | 澳门 | 泰西水法 | 万历四〇（1612 年） | 授徐光启译 |
| | | | | | 表度说 | 万历四二（1614 年） | |
| | | | | | 简平仪说 | 万历四一（1613 年） | |
| 阳玛诺 | 葡萄牙 | 万历三八（1610 年） | 清顺治六（1659 年） | 杭州 | 天问略 | 万历四三（1615 年） | |
| | | | | | 天学举要 | | |
| 高一志 | 意大利 | 万历三五（1605 年） | 崇祯一三（1640 年） | 漳州 | 空际格致 | 天启初 | 录于四库 |
| | | | | | 譬学 | | |
| | | | | | 西学治平 | | |
| | | | | | 幼童教育 | | |
| | | | | | 斐录汇答 | | |
| 金尼阁 | 法兰西 | 万历四四（1616 年） | 崇祯一（1628 年） | 杭州 | 西儒耳目资 | 天启六年（1626 年） | |
| | | | | | 况义 | | |
| 罗如望 | 葡萄牙 | 万历一六（1598 年） | 天启三（1623 年） | 杭州 | | | 天启初奉命铸炮 |
| 鲁德照 | 葡萄牙 | 万历四一（1613 年） | 顺治一五（1658 年） | 澳门 | 字孝 | | |
| 毕方济 | 意大利 | 万历四二（1614 年） | 顺治六（1649 年） | 广东 | 灵言勺蠡 | 天启四（1624 年） | |
| | | | | | 画答 | | |
| | | | | | 睡画二答 | | |
| 艾儒略 | 意大利 | 万历四一（1613 年） | 顺治六（1649 年） | 福州 | 西学凡 | 天启三（1623 年） | |
| | | | | | 西学答问 | | 在奇器图说前 |
| | | | | | 职方外纪 | 天启三（1623 年） | |

| | | | | | | | |
|---|---|---|---|---|---|---|---|
| 龙华民 | 意大利 | 万历二五<br>(1512 年) | 清顺治<br>一六<br>(1659 年) | 北京 | 预修崇祯历书 | | |
| 邓玉函 | 日耳曼 | 明天启一<br>(1622 年) | 崇祯三<br>(1630 年) | 北京 | 远西奇器图说 | 天启 | 授王徵译 |
| | | | | | 人身说概 | 崇祯二<br>(1629 年) | 皆崇祯历<br>书之一 |
| | | | | | 测天约说 | | |
| | | | | | 黄赤距度表 | | |
| | | | | | 正球升度表 | | |
| | | | | | 大测 | | |
| 罗雅谷 | 意大利 | 天启四<br>(1624 年) | 清乾隆三<br>(1738 年) | 澳门 | 测量全义 | | 皆崇祯历<br>书之一 |
| | | | | | 比例规解 | | |
| | | | | | 五纬历指 | | |
| | | | | | 五纬表 | | |
| | | | | | 月离历指 | | |
| | | | | | 月离表 | | |
| | | | | | 日躔历指 | | |
| | | | | | 日躔表 | | |
| | | | | | 黄赤正球 | | |
| | | | | | 日躔考昼夜刻分 | | |
| | | | | | 历引 | | 存疑 |
| 汤若望 | 日耳曼 | 天启三<br>(1623 年) | 康熙五<br>(1666 年) | 北京 | 远镜说 | 天启六<br>(1626 年) | |
| | | | | | 古今交食考 | 崇祯三<br>—<br>一四<br>(1630<br>—<br>1641) | 皆崇祯历<br>书之一 |
| | | | | | 西洋历测 | | |
| | | | | | 星图 | | |
| | | | | | 恒星历指 | | |
| | | | | | 恒星表 | | |
| | | | | | 交食历指 | | |
| | | | | | 交食表 | | |
| | | | | | 八线表 | | |
| | | | | | 测天约说 | | |
| | | | | | 恒星出没 | | |
| | | | | | 测食略 | | |
| | | | | | 大测 | | |

| | | | | | 火攻揭要 | 崇祯一六（1643 年） | 授焦勖译 |
|---|---|---|---|---|---|---|---|
| 汤若望 | 日耳曼 | 天启三（1623 年） | 康熙五（1666 年） | 北京 | 新历晓惑 | | |
| | | | | | 新法表异 | | |
| | | | | | 新法历引 | | |
| | | | | | 历法西传 | | |
| ? | | | | | 辨学 | | |
| 孟儒望 | 葡萄牙 | 崇祯一〇（1637 年） | 顺治五（1648 年） | 印度 | 天学略义 | | |
| 穆尼阁 | 顺治中 | | | | 天不真原 | | 授薛凤藻译 |
| 利类思 | 意大利 | 崇祯一〇（1637 年） | 康熙二二（1684 年） | 北京 | 西方要纪 | | 与南怀仁合撰 |
| 安文思 | 葡萄牙 | 崇祯一三（1640 年） | 康熙一六（1677 年） | 北京 | | | |
| 南怀仁 | 比利时 | 顺治一六（1659 年） | 康熙二七（1688 年） | 北京 | 灵台仪象志 | 康熙一三（1674 年） | |
| | | | | | 康熙永年表 | | |
| | | | | | 坤舆全图 | | |
| | | | | | 坤舆图志 | | |
| | | | | | 盛京推算表 | | |
| | | | | | 神武图说 | | |
| | | | | | 御览简平仪新式用法 | | |
| | | | | | 进程穷理学 | | |
| 德里格 | 意大利 | 未详 | 未详 | 未详 | 律吕正义续编 | | 康熙间供奉内廷 |
| 徐日昇 | 西班牙 | 康熙一三（1673 年） | 康熙四七（1708 年） | 北京 | | | |
| 张诚 | 法兰西 | 未详 | 康熙四六（1707 年） | 北京 | | | |
| 林安多 | 葡萄牙 | 康熙四三（1704 年） | 未详 | 未详 | | | |
| 白晋 | 法兰西 | 康熙二六（1687 年） | 雍正八（1730 年） | 北京 | 皇舆全览图 | 康熙五八（1719 年） | |

| | | | | | | | |
|---|---|---|---|---|---|---|---|
| 杜美德 | 法兰西 | 康熙三九（1700 年） | 康熙五九（1720 年） | 未详 | 皇舆全览图 | 康熙五八（1719 年） | |
| 冯秉正 | 法兰西 | 康熙四二（1703 年） | 乾隆一三（1743 年） | 北京 | | | |
| 德玛诺 | 法兰西 | 康熙四六（1703 年） | 乾隆九（1748 年） | 南京 | | | |
| 费隐 | 法兰西 | 康熙四六（1707 年） | 乾隆九（1748 年） | 南京 | | | |
| 来大成 | 葡萄牙 | 未详 | 未详 | 未详 | | | |
| 雷孝思 汤尚贤 潘如望 | 未详 | 未详 | 未详 | 未详 | | | |
| 纪利安 | 未详 | 未详 | 未详 | 未详 | 律吕正义续编 | 康熙五二年制地平经纬仪 | |
| 戴进贤 | 日耳曼 | 康熙五五（1716 年） | 未详 | 北京 | 历象考成后编 | 乾隆七（1742 年） | |
| | | | | | 仪象考成 | 乾隆一七（1752 年） | |
| | | | | | 圯衡抚辰仪记 | 乾隆一九（1754 年） | |
| 徐懋德 | 未详 | 未详 | 未详 | 未详 | 助修历象考成后编 | 乾隆七（1742 年） | |
| 刘松龄 | 日耳曼 | 未详 | 未详 | 未详 | 助修仪象考成 | 乾隆一七（1752 年） | 与戴进贤同时官钦天监 |
| 鲍友管 | 未详 | 未详 | 未详 | 未详 | | | |
| 蒋友仁 | 法兰西 | 未详 | 乾隆三九（1774 年） | 北京 | 新制浑天仪图说 | 约在乾隆二七（1762 年） | 何国宗、钱大昕助译 |

综观上述，此时期西学之输入，就天文学方面而言，在明末则《崇祯历书》集其大成，而一以第谷之学为主。在清初则《历象考成后编》集其大成，其修正《崇祯历书》，采刻白尔行星轨道为椭圆之律，而改其地动之言；地球与日月距离之计算，用奈端之术；蒙气差及太阳与地球半径差之分度，均采当时新率。而其天文图表及观象仪器，尤我国人所叹为精绝。唯哥白尼地动之原理，则至此期最末之年始输入。其时我国学者，犹不信其言。就数学方面言，则当时平面几何学、弧三角、平三角、对数、算术，皆尝为具体之输入，代数学则输入至二次方程式止，而集其大成者，则《数理精蕴》也。就物理学方面言，则《奇器图说》言重心、比重、杠杆、滑车、轮轴、斜面之理；《远镜说》述光之屈折，及凹凸镜对于物体之现象；而南怀仁进呈《穷理学》一书，惜不传于世。舆地学除地球之图说外，《皇舆全览图》尤为我国舆地界空前之巨制。矿术虽尝见用，惜未传其法。此外则火器、音乐、画术、人体学、论理学、宇宙论以及其时哲学之分类，及其研究对象，皆尝输入，见于著述焉。惜乎此期输入之西学，其于我国学术界之重要影响，仅在研究范围之增加（仅天文学及数学），及古籍之整理与治学方法之改进，而终不能发展我国之科学思想以与远西并驾也。

原载 1924 年 6 月《清华学报》第 1 卷第 1 期

# 历史的教训

吴晗

## 历史上的君权的限制

近四十年来，坊间流行的教科书和其他书籍，普遍地有一种误解，以为在民国成立以前，几千年来的政体全是君主专制的，甚至全是苛暴的、独裁的、黑暗的，这话显然有错误。在革命前后持这论调以攻击君主政体，固然是一个合宜的策略，但在现在，君主政体早已成为历史陈迹的现在，我们不应厚诬古人，应该平心静气地还原其本来的面目。

过去两千年的政体，以君主（皇帝）为领袖，用现代话说是君主政体，固然不错，说全是君主专制却不尽然。至少除开最后明清两代的六百年，以前的君主在常态上并不全是专制。苛暴的、独裁的、黑暗的时代，历史上虽不尽无，但都可说是变态的、非正常的现象。就政体来说，除开少数非常态的君主个人的行为，大体上说，一千四百年的君主政体，君权是有限制的，能受限制的君主被人民所爱戴。反之，他必然会被倾覆，破家亡国，人民也陪着遭殃。

就个人所了解的历史上的政体，至少有五点可以说明过去的君权的限制，第一是议的制度，第二是封驳制度，第三是守法的传统，第四是台谏制度，第五是敬天法祖的信仰。

国有大业，取决于群议，是几千年来一贯的制度。春秋时子产为郑国执政，办了好多事，老百姓不了解，大家在乡校里纷纷议论。有人劝子产毁乡校，子产说，不必，让他们在那里议论吧，他们的批评可以作我施政的参考。秦汉以来，议成为政府解决大事的主要方法，在国有大事的时候，君主并不先有成见，却把这事交给廷议。廷议的人员包括政府的高级当局如丞相御史大夫及公卿列侯二千石以至下级官如议郎博士以及贤良文学。谁都可以发表意见，这意见即使是恰好和政府当局相反，可以反复辩论不厌其详，即使所说的话是攻击政府当局。辩论终了时理由最充分的得了全体或大多数的赞成（甚至包括反对者），成为决议，政府照例采用作为施政的方针。例如汉武帝以来的盐铁榷酤政策，政府当局如御史大夫桑弘羊及丞相等官都主张继续专卖，民间都纷纷反对，昭帝时令郡国举贤良文学之士，问以民所疾苦，教化之要。皆对曰，愿罢盐铁榷酤均输官，无与天下争利。于是政府当局以桑弘羊为主和贤良文学互相诘难，词辩云涌，当局几为贤良文学所屈，于是诏罢郡国榷酤关内铁官。宣帝时桓宽推衍其议为《盐铁论》十六篇。又如汉元帝时珠崖郡数反，元帝和当局已议定，发大军征讨，待诏贾捐之上疏独以为当罢郡，不必发军。奏上后，帝以问丞相御史大夫，丞相以为当罢，御史大夫以为当击，帝卒用捐之议，罢珠崖郡。又如宋代每有大事，必令两制侍从诸臣集议，明代之内阁六部都察院通政司六科诸臣集议，清代之王大臣会议，虽然与议的人选和资格的限制，各朝不尽相同，但君主不以私见或成见独断国家大政，却是历朝一贯相承的。

封驳制度概括地说，可以分作两部分。汉武帝以前，丞相专决国事，权力极大，在丞相职权以内所应做的事，虽君主也不能任意干涉。武帝以后，丞相名存职废，光武帝委政尚书，政归台阁，魏以中书典机密，六朝则侍中掌禁令，逐渐衍变为隋唐的三省——中书、门下、尚书——制度。三省的职权是中书取旨，门下封驳，尚书施行，中书省有中书舍人掌起草命令，中书省在得到君主同意或命令后，就让舍人起草，舍人在接到词头（命令大意）以后，认为不合法的便可以缴还词头，不给起草。在这局面下，君主就得改换主意。如坚持不改，也还可以第二次、第三次发下，但舍人仍可第二次、第三次退回，除非君主罢免他的职务，否则，还是拒绝起草。著例如宋仁宗时，富弼为中书舍人封还刘从愿妻封遂国夫人词头。门下省有给事中专掌封驳，凡百司奏钞，侍中审定，则先读而署之，以驳正违失，凡制敕宣行，大事复奏而请施行，小事则署而颁之，其有不便者，涂窜而奏还，谓之涂归。著例是唐李藩迁给事中，制有不便，就制尾批却之，吏惊请联他纸，藩曰，联纸是牒，岂得云批敕耶。这制度规定君主所发命令，得经过两次审查，第一次是中书省专主起草的中书舍人，他认为不合的可以拒绝起草，舍人把命令草成后，必须经过门下省的审读，审读通过，由给事中签名副署，才行下到尚书省施行。如被封驳，则此事便当作为罢论。这是第二次也是最后一次的审查。如两省官都能称职，坚定地执行他们的职权，便可防止君主的过失和政治上的不合法行为。从唐到明这制度始终为政府及君主所尊重，在这个时期内君权不但有限制，而且其限制的形式，也似乎不能为现代法西斯国家所接受。

法有两种，一种是成文法，即历朝所制定的法典；一种是不成文法，即习惯法，普通政治上的相沿传统属之。两者都可以纲纪政事，维持国本，凡是贤明的君主必得遵守。不能以喜怒爱憎，个人的感情来破法坏法。即使有特殊情形，也必须先经法的制裁，然后利用君主的特赦权或特权来补救。著例如汉文帝的幸臣邓通，在帝旁有怠慢之礼，丞相申屠嘉因言朝廷之礼不可以不肃，罢朝坐府中檄召通到丞相府，不来且斩。通求救于帝，帝令诣嘉，免冠顿首徒跣谢，嘉谓小臣戏殿上，大不敬当斩，吏今行斩之，通顿首，首尽出血不解。文帝预料丞相已把他困辱够了，才遣使向丞相说情，说这是我的弄臣，请你特赦他。邓通回去见皇帝，哭着说丞相几杀臣。又如宋太祖时有群臣当迁官，太祖素恶其人不与，宰相赵普坚以为请，太祖怒曰，朕固不为迁官，卿若之何！普曰，刑以惩恶，赏以酬功，古今通道也，且刑赏天下之刑赏，非陛下之刑赏，岂得以喜怒专之。太祖怒甚起，普亦随之。太祖入宫，普立于宫门口，久久不去，太祖卒从之。又如明太祖时定制，凡私茶出境，与关隘不讥者并论死，驸马都尉欧阳伦以贩私茶依法赐死（伦妻安庆公主为马皇后所生）。类此的传统的守法精神，因历代君主的个性和教养不同，或由于自觉，或由于被动，都认为守法是做君主的应有的德性，君主如不守法则政治即失常轨，臣下无所准绳，亡国之祸，跷足可待。

为了使君主不做错事，能够守法，历朝又有台谏制度。台是御史台，主要的职务是纠察官邪，肃正纲纪，但在有的时代，御史亦得言事。谏是谏官，有谏议大夫左右拾遗、补阙及司谏正言等官，分属中书、门下两省（元废门下，谏职并入中书，明废中书，以谏职归给事中兼领）。台谏以直陈主失，尽言直谏为职业，批龙鳞，捋虎须，如沉默不言，便为失职。史记唐太宗爱子吴王恪好畋猎损居人田苗，侍御史柳范奏弹之，太宗因谓侍臣曰，权万纪事我儿，不能匡正，其罪合死。范进曰，房玄龄事陛下，犹不能谏正畋猎，岂可独坐万纪乎？又如魏徵事太宗，直言无所避。若谏取已受聘女，谏作层观望昭陵，谏急于业谏，谏作疏前宫，太宗无不曲意听从，肇成贞观之治。宋代言官气焰最盛，大至国家政事，小至君主私事无不过问。包拯论事仁宗前，说得高兴，唾沫四飞，仁宗回宫告诉妃嫔说，被包拯唾了一面。言官以进言排箴为尽职，人君以受言改过为美德，这制度对于君主政体的贡献可说很大。

两汉以来，政治上又形成了敬天法祖的信条，敬天是适应自然界的规律，在天人合一的政治哲学观点上，敬天的所以育人治国，法祖是法祖宗成宪，大抵开国君主的施为，因时制宜，着重在安全秩序保持和平生活。后世君主，如不能有新的发展，便应该保守祖宗成业，不使失坠；这一信条，在积极方面说，固然是近千年来我民族颓弱落后的主因，但在消极方面说，过去的台谏官却利用以劝告非常态的君主，使其安分，使其不做意外的过举。因为在理论上君主是最高的主宰，只能抬出祖宗，抬出比人君更高的天来教训他，才能措议，说得动听。此类的例子不可胜举，例如某地闹水灾或旱灾，言官便说据五行水是什么，火是什么，其灾之所以成是因为女谒太盛，或土木太侈，或奸臣害政，君主应该积极采取相对的办法斥去女谒，罢营土木，驱诛奸臣，发赈救民。消极的应该避殿减膳停乐素服，下诏引咎求直言以应天变。好在大大小小的灾异，每年各地总有一些，言官总不愁无材料利用，来批评君主和政府，再不然便引用祖宗成宪或教训，某事非祖宗时所曾行，某事则曾行于祖宗时，要求君主之改正或奉行。君主的意志在这信条下，多多少少为天与祖宗所束缚，不敢做逆天或破坏祖宗成宪的事。两千年来只有一个王安石，他敢说"天颜不足畏，祖宗不足法，人言不足恤"，除他以外，谁都不敢说这话。

就上文所说，国有大事，君主无适无莫，虚心取决于击鼓。其命令有中书舍人审核于前，有给事中封驳于后，如不经门下副署，便不能行下尚书省。其所施为必须合于法度，如有违失，又有台谏官以近臣之地位，从中救正，或谏止于事前，或追论于事后，人为之机构以外，又有敬天法祖之观念，天与祖宗同时为君权之约束器。在这样的君主政体下，说是专制固然不尽然，说是独裁，尤其不对，说是黑暗或苛暴，以政治史上偶然的畸形状态，加上于全部历史，尤其不应该。就个人所了解，六百年以前的君权是有限制的，至少在君主不肯受限制的时候，还有忠于这个君主的人敢提出指责，揭出批评。近六百年来，时代愈进步，限制君权的办法逐渐被取消，驯至以桀纣之行，文以禹汤文武之言，语训典谟，连篇累牍，"朕即国家"和西史暴君同符。历史的覆辙，是值得读史的人深切注意的。

## 历史上政治的向心力和离心力

历史上有若干时代，军权、政权、法权、财权，一切大权，始终握于中央政府之手，各级地方政府唯唯听命。中央之于地方，犹躯干之于手足，令出必行。地方之于中央，犹众星之拱北辰，环侍唯谨。例如宋代和明代。

也有若干时代，中叶以后，大权旁落，地方政府自成单位，其强大者更是操纵中枢，形成尾大不掉之势。中枢政令只及于直属的部分，枝强干弱，失去均衡。例如汉末、六朝和唐的后期、清的后期。

前者用科学的术语说，我们叫它作政治上的向心力时代，用政治上的术语说，可叫作中央集权时代。后者则是政治上的离心力时代，也可叫作地方分权时代。为避免和现代的政治术语混淆起见，我们还是用向心力和离心力这两个名词较为妥当。

要详细说明上举几个不同时代的各方面情形，简直是一部中国政治史，颇有不知从何处说起之苦，并且篇幅也不容许。我们不妨用简笔画的办法，举几个有趣的例子来说明。办法是看那个时代人愿意在中央做事，还是在地方做事，前者举宋朝作例，后者举唐朝作例。

宋承五代藩镇割据之后，由大分裂而一统。宋太祖采用谋臣赵普的主意，用种种方法收回地方的兵权、政权、法权、财权。中央直属的军队叫禁军，挑选全国最精锐的军人组成，战斗力最强，挑剩的留在地方的叫厢军，全国各地的厢军总数才和禁军的总数相等，以此在质、量两方面国军都超过了地方军。各地方政府的长官也都直接由中央任免。地方的司法和财政也都由中央派专使，提点刑狱公事和转运使直辖。府县的长官大部分都带有在中央服务的职名，任满后仍须回中央供职，到地方做事只算是出差（差遣）。在这一个系统之下，就造成了政治上的向心力。宋代的各级官吏，都以到地方服务为回到中央供职的过程，内外虽迭用，但最后的归结还是台阁监寺以至两地。如地位已到了台阁侍从，则出任州守，便算遣谪。反之由外面内召，能到曹郎，便是美迁。"故仕人以登台阁，升禁从为显宦，而不以官之迟速为荣滞，以差遣要剧为贵途，而不以阶勋爵邑有无为轻重。"一般士大夫大多顾恋京师，轻易不肯离去阙下，叶梦得《避暑录话》下记有一则范纯仁的故事说：

范尧夫每仕京师，早晚二膳，自己至婢妾皆治于家，往往馔削，过为简俭，有不饱者，虽达登政府亦然。补外则付之外厨，加料几倍，无不厌余。或问其故，曰：人进退虽在己，然亦未有不累于妻孥者。吾欲使居中则劳且不足，在外则逸而有余，故处吾左右者，朝廷所言，必以外为乐，而无顾恋京师之意，于吾亦一佐也。前辈严于出处，每致其意如此。

范尧夫是哲宗时的名臣名相，尚且以克削饮食的手段，来节制出处，可见当时一般重内轻外的情形。南渡后半壁江山，政治重心却仍因制度的关系，维系在朝廷，外官纷纷要求京职。《宋会要稿·九五·职官》六〇之二九：

绍兴九年（1139年）五月二十三日，殿中侍御史周英言：士大夫无安分效职之心，奔走权势，唯恐不及，职事官半年不迁，往往有滞淹之叹。

又一〇六《职官》七九之一二：

庆元二年（1196年）十月十四日，臣僚言，近日监司帅守，到任之后，甫及半考，或几一年，观风问俗，巡历未周，承流宣化，抚字未遍，即致书当路，自述劳绩，干求朝堂，经营召命。

……

四年八月二十四日，臣僚言，比年以来，州县官吏，奔竞躁进，相师成风，嘱托请求，恬不知耻，贿赂杂沓于往来之市，汗渎旁午于贵要之门，上下玩习，不以为怪。故作县未几，即求荐以图院辖。作倅未几，即求荐以图作州。作州未几，即求荐以图特节。既得节矣，复图职名，得职名矣，复图召命。

以上二例，固然是政治的病态，却也可看出这时代向心力的程度。

再就唐代说，安史之乱是一个路标，乱前内重外轻，乱后内轻外重。乱前的府兵属于国家，乱后节镇兵强，中央衰弱。乱前官吏任免由朝廷，乱后地方多自辟僚属，墨版假授。乱前财政统一，乱后财赋有留州留使，仅上供是朝廷的收入。乱前中央官俸厚，地方官俸薄，乱后恰好相反。至于河北、山东割据的藩镇，则索性一切自主，完全和中央无干。乱前士大夫多重内官，轻外职。此种风气，唐初已极显著，贞观十一年（637年）马周上疏即提到这问题，他说：

> 今朝廷独重内官，刺史县令，颇轻其选。刺史多是武夫勋人，或京官不称职始外出，边远之处，用人更轻，所以百姓未安，殆由于此。

长安四年（704年）李峤也上疏说：

> 安人之方，须择刺史，窃见朝廷物议，莫不重内官，轻外职，每除牧伯，皆再三披诉。比来所遣外任，多是贬累之人，风俗不澄，实由于此。

神龙元年（705年）赵冬曦也说：

> 今京职之不称者，乃左为外任，大邑之负累者，乃降为小邑，近官之不能者，乃迁为远官。

直至开元五年（721年）源乾曜还说：

> 臣窃见势要之家，并求京职，俊义之士，出任外官，王道均平，不合如此。

这种畸轻畸重的形势，深为当时有识的政治家所忧虑，唐太宗以此自简刺史，令五品以上京官举县令一人。武后时以台阁近臣分典大州，中宗时特敕内外官吏更用，玄宗时源乾曜请出近臣子弟为外官，都想矫正这种弊端。不过全无用处，外官之望京职，有如登仙。《新唐书·倪若水传》：

> 开元初为中书舍人，尚书右丞，出为汴州刺史。……时天下久平，朝廷尊荣，人皆重内任，虽自冗官擢方面，皆自谓下迁。班景倩自扬州采访使入为大理少卿，过州，若水饯于郊，顾左右曰：班公是行若登仙，吾恨不得为骖仆！

等到"渔阳鼙鼓动地来"，胡笳一声，立刻把这一种向心力转为相反的离心力。《新唐书·李泌传》说：

> 贞元三年（787年）时州刺史月俸至千缗，方镇所取无艺，而京官禄寡薄。自方镇入至八座，至谓罢权。薛邕由左丞贬歙州刺史，家人恨降之晚。崔祐甫任吏部员外，求为洪州别驾。使府宾，佐有所忤者，荐为郎官，其迁台阁者，皆以不赴取罪去。泌以为外太重，内太轻，乃请随官闲剧，倍增其俸，时以为宜。而窦参多沮其事，不能悉如所请。

元和（806—820）时李鄘为淮南节度使，内召做相，至祖道泣下，固辞不就。《新唐书》本传：

> 吐突承璀数称荐之，召拜门下侍郎同中书门下平章事。鄘不喜由宦幸进，及出，祖乐作，泣下谓诸将曰：吾老安外镇，宰相岂吾任乎？至京师，不肯视事，引疾固辞。

这情形恰好是乱前乱后绝妙的对照。士大夫都营求外任，不肯赴阙，人才分散在地方，政府无才可用，末期至用朱朴、郑綮做相，"履霜坚冰至"，其由来也渐矣。

明代政治组织较前代进步，内阁决大政，六部主庶务，都督府司兵籍，都察院司弹劾监察，官无虚设，职与事符。并且卫军全属于国家，地方无私兵。地方政府的组织也较前代简而严密，严格说只有府县两级，均直属中央。原来的三司（布政使司、按察使司、都指挥使司）皆带使名，以中央官外任，后来增设巡抚，也是以中央大员出巡。总督主两省以上的军务，事定即罢。士大夫以内召为宠命。诏书一下，全国上下奉行唯谨。清代因承明制，却有一部分没有学到家，总督军务成为地方常设的经制的疆吏，权限过大过重，前期国势强盛，尚可以一纸命令节制调动。中叶以后，八旗军力衰弱，代以绿营，洪杨乱起，绿营不能用，复代以练勇。事定后，各省疆吏拥兵自重，内中淮军衍变为北洋系，犹自成一系统，潜势力可以影响国政，义和团乱起，南方各省疆吏竟成联省自立的局面。中央政令不行，地方形同割据。革命起后，北洋系的军人相继当国，形成十六年割据混战的局面。在这期间内，政治上的离心力大过向心力，一般知识分子，多服务于地方，人才分散。我们回顾这两千年的专制政治，无论向心或者离心，都是以独夫之心，操纵数万万人之事。而历朝皇帝，都生怕天下把得不稳，于是大量引用戚族，举全国人的血汗，供一家之荣华富贵，荒淫奢侈。自今而后，我们需要向心，我们更需要统一，但我们必须向心于一个民主的政权，我们必须统一于一个民主的政府之下。


## 治人与治法

历史上的政治家经常提到的一句话是："有治人，无治法。"意思是徒法不足以为治，有能运用治法的治人，其法然后足以为治。法的本身是机械的，是不能发生作用的，譬如一片沃土，辽廓广漠，虽然土壤是十分宜于种植，气候也合宜，假如不加以人力，这片地还是不能发生生产作用。假如利用这片土地的人不是一个道地有经验的农人，一个种植专家，而是一个博徒，游手好闲的纨绔子弟，一曝十寒，这片地也是不会有好收成的。反之，这块好地如能属于一个勤恳精明的老农，有人力，有计划，应天时，顺地利，耕耨以时，水旱有备，丰收自然不成问题。这句话不能说没有道理，就历史的例证看，有治人之世是太平盛世，无治人之世是衰世乱世。因之，有些人就以之为口实，主张法治不如人治。

反之，也有人主张："有治法，无治人。"法是鉴往失，顺人情，集古圣先贤遗教，全国聪明才智之士的精力，穷研极讨所制成的。法度举，纪纲立，有贤德的领袖固然可以用法而求治，相得益彰，即使中才之主，也还可以守法而无过举。法有永久性，假定是环境不变的时候，法也有伸缩性，假定环境改变了，前王后王不相因，变法以合时宜所以成后王之治，法之真精神真作用即在其能变。所谓变是因时以变，而不是因人以变，至于治人则间世不多得，有治人固然能使世治，但是治人未必能有治人相继，尧舜都是治人，其子丹朱、商均却都不肖，晋武帝、宋文帝都是中等的君主，晋惠帝却是不行，元凶劭则禽兽之不若。假使纯以人治，无大法可守，寄国家民族的命运于不肖子枭獍之手，其危险不问可知，以此，这派人主张法治，以法纲纪国家，全国人都应该守法，君主也不能例外。

就人治论者和法治论者所持论点而论，两者都有其颠扑不破的理由，也都有其论据上的弱点。问题是人治论者的治人从何产生，在世业的社会组织下，农之子恒为农，父兄之教诲，邻里之启发，日兹月兹，习与性成，自然而然会成为一个好农人，继承父兄遗业，纵然不能光大，至少可以保持勿失。治人却不同了，子弟长于深宫，习于左右，养尊处厚，不辨菽麦，不知人生疾苦，和现实社会完全隔绝，中才以上的还肯就学，修身砥砺，有一点教养，却无缘实习政事，一旦登极执政，不知典故，不识是非，任喜怒爱憎，用左右近习，上世的治业由之而衰，幸而再传数传，一代不如一代，终致家破国灭，遗讯史册。中才以下的更不用说了，溺于邪侈，移于嬖幸，骄悍性成，暴恣自喜，肇成祸乱，身死国危，史例之多，不可胜举。治人不世出，治人之子不必贤，而治人之子却依法非治国不可，这是君主世袭制度所造成的人治论者的致命打击。法治论者的缺点和人治论者一样，以法为治固然是天经地义，问题是如何使君主守法，过去的儒家法家都曾费尽心力，用天变来警告，用人言来约束，用谏官来谏诤，用祖宗成宪来劝导。可是这些方法只能诱引中才以上的君主，使之守法，对那些庸愚刚愎的下才，就无能为力了。法无废君之条，历史上偶尔有一两个例子，如伊尹放太甲，霍光废昌邑，都是不世出的惊人举动，为后来人所敢效法。君主必须世袭，而世袭的君主不必能守法，虽有法而不能守，有法等于无法，法治论者到此也技穷而无所措手足了。

这两派持论的弱点到这世纪算是解决了，解决的枢纽是君主世袭制度的废除。就人治论者说，只要有这片地，就可以找出一个最合于开发这片地的条件的治人，办法是选举。选出的人干了几年无成绩或成绩不好，换了再选一个。治人之后必选治人相继，选举治人的全权操在这片地的全数主人手上。法治论者的困难也解决了，由全数主人建立一个治国大法，然后再选出能守法的治人，使之依法管理，这被选人如不守法，可由全数主人的公意撤换，另选一个能守法的继任，以人治，亦以法治，治人受治于法，治法运用于治人，由治法而有治人，由治人而厉行法治，人治论者和法治论者到此合流了，历史上的争辩告一解决了。

就历史而论，具有现代意义的治法的成文法，加于全国国民的有各朝的法典，法意因时代而不刚，其尤著者有唐律和明律。加于治国者虽无明文规定，却有习俗相沿的两句话："国以民为本，民以食为天。"现代的宪法是被治者加于治国者的约束，这两句话也正是过去国民加于治国者的约束。用这两句话来作尺度，衡量历史上的治国者，凡是遵守约束的一定是治人，是治世，反之是乱人，是乱世。这两句话是治法，能守治法的是治人。治人以这治法为原则，一切施政，以民为本，裕民以足食为本，治民以安民为本，事业以国民的利害定取舍从违，因民之欲而欲之，因民之恶而恶之，这政府自然为人民所拥戴爱护，国运也自然炽盛隆昌。

历史上的治人试举四人作例子说明，第一个是汉文帝，第二是魏太武帝，第三是唐太宗，第四是宋太祖。

汉文帝之所以为治人，是在他能守法和爱民。薄昭是薄太后弟，文帝亲舅，封侯为将军，犯法当死，文帝决不以至亲曲宥，流涕赐死，虽然在理论上他是有特赦权的。邓通是文帝的弄臣，极为宠幸，丞相申屠嘉以通小臣戏殿上大不敬，召通诘责，通叩头流血不解，文帝至遣使谢丞相，并不因幸臣被屈辱而有所偏护。至于对人民的爱护，更是无微不至，劝农桑，敦孝悌，恭俭节用，与民休息，达到了海内殷富、刑罚不用的境界。

魏太武帝信任古弼，古弼为人忠慎质直，有一次为了国事见太武帝面奏，太武帝正和一贵官围棋，没有理会。古弼等得不耐烦，大怒起捽贵官头，掣下床，搏其耳，殴其背，数说朝廷不治，都是你的罪过，太武帝失容赶紧说，都是我的过错，和他无干，忙谈正事。古弼请求把太宽的苑囿，分大半给贫民耕种，也满口答应。几月后太武帝出去打猎，古弼留守，奉命把肥马做猎骑，古弼给的全是瘦马，太武帝大怒说：笔头奴敢克扣我，回去先杀他（古弼头尖，太武帝形容为笔头）。古弼却对官属说，打猎不是正经事，我不能谏止，罪小。军国有危险，没有准备，罪大。敌人近在塞外，南朝的实力也很强，好马应该供军，弱马供猎，这是为国家打算，死了也值得。太武帝听了，叹息说："有臣如此，国之宝也。"过了几日，又去打猎，得了几千头麋鹿，兴高采烈，派人叫古弼征发五百乘民车来运。使人走后，太武帝想了想，吩咐左右曰，算了吧，笔公一定不肯，还是自己用马运吧。回到半路，古弼的信也来了，说正在收获，农忙，迟一天收，野兽鸟雀风雨侵耗，损失很大。太武帝说，果不出我所料，笔公真是社稷之臣。他不但为民守法，也为国执法，以为法是应该上下共守，不可变易，明于刑赏，赏不遗贱，刑不避亲。大臣犯法，无所宽假，节俭清素，不私亲戚，替国家奠定下富强的基础。

唐太宗以武勇定天下，治国却用文治。内举不避亲，外举不避仇，长孙无忌是后兄，王珪、魏徵都是仇敌，却全是人才，一例登用，无所偏徇顾忌，忧国爱民，至公守法。唐史记："上以选人多诈冒资荫，敕令自首，不首者死。未几有诈冒事觉者，上欲杀之，大理少卿戴胄奏据法应流，上怒曰：'卿欲守法而使朕失信？'对曰：'敕者出于一时喜怒，法者国家所以布大信于天下也。陛下忿选人之多诈，故欲杀之，而即知其不可，复断之以法，此乃忍小忿而全大信也。'上曰：'卿能执法，朕复何忧。'"又："安州都督吴王恪数出畋猎，颇损居人，侍御史柳范奏弹之，恪坐免官，削户三百。上曰：'长史权万纪事吾儿，不能匡正，罪当死。'柳范曰：'房玄龄事陛下，犹不能止畋猎，岂得独罪万纪。'上大怒，拂衣而入。久之，独引范谓曰：'何面折我！'对曰：'陛下仁明，臣敢不尽愚直。'上悦。"前一事他能捐一时之喜怒，听法官执法。后一事爱子犯法，也依法削户免官，且能容忍侍臣的当面折辱。法平国治，贞观之盛的基础就建筑在守法这一点上。

宋太祖出身于军伍，也崇尚法治，宋史记："有群臣当迁官，太祖素恶其人不与，宰相赵普坚以为请，太祖怒曰：'朕固不为迁官，卿若如何？'普曰：'刑以惩恶，赏以酬功，古今通道也。且刑赏天下之刑赏，非陛下之刑赏，岂得以喜怒专之！'太祖怒甚起，普亦随之。太祖入宫，普立于宫门口，久之不去，太祖卒从之。"皇后弟杀人犯法，依法处刑，决不宽贷，群臣犯赃，诛杀无赦。

从上引四个伟大的治人的例子，说明了治人之所以使国治，是遵绳于以民为本的治法，治法之所以为治，是在治人之尊重与力行。治人无常而治法有常。治人或不能守法，即有治法的代表者执法以使其就范，贵为帝王，亲为帝子，元舅后弟，宠幸近习，在尊严的治法之下，都必须奉法守法，行法从上始，风行草偃，在下的国民自然兢兢业业，政简刑清，移风易俗，臻于至治了。

就历史的教训以论今日，我们不但要有治法，尤其要有治人。治人在历史上固不世出，在民主政治的选择下，却可以世出继出。治人之养成，选出罢免诸权之如何运用，是求治的先决条件。使有治法而无治人，等于无法；有治人而无治法，无适应时宜的治法，也是缘木求鱼，国终不治。

治人与治法的合一，一言以蔽之，曰实行民主政治。


## 贪污史的一章

吏治的贪污在我国整个历史上，是一个最严重、最值得研究的问题。

两个月前作者曾略举历史的例证，撰《论贪污》一文，发表于《云南日报》。在这短文中曾指出："贪污这一现象，假如我们肯细心翻读过去每一朝代的历史，不禁令人很痛心地发现'无代无之'，竟是和史实同寿！我们这时代，不应该再讳疾忌医了，更不应该蒙在鼓里自欺欺人了，翻翻陈账，看看历代覆亡之原，再针对现状，求出对症的药石，也许可以对抗建大业有些小补。"结论是，治本的办法应该是把"人"从家族的桎梏下解放出来，个人生活的独立，每一个人都为工作而生存，人与人之间无倚赖心。从家族本位的社会组织改变为个人本位的社会组织，自然，上层的政治思想文化也都随而改变。"人"能够独立存在以后，工作的收入足够生活，厚禄严刑，交互为用，社会有公开的舆论指导监督，政府中有有力的监察机关举劾纠弹，"衣食足而后知荣辱"，贪污的肃清当然可操左券。所说多属通论，意犹未尽，现在专就一个时代研究贪污的现象和背景，作为贪污史的一章。

我所挑选的一个代表时代是明朝，因为这时代离我们近，史料也较多。《明史·循吏传序》说："明太祖下逮宣仁，抚循休息，民人安乐，吏治澄清者百余年。英武之际，内外多故，而民心无土崩瓦解之虞者，亦由吏鲜贪残，故祸乱易弭也。嘉隆以后，资格既重……庙堂考课，一切以虚文从事，不复加意循良之选，吏治既已日偷，民生由之益蹙。"陈邦彦在他的《中兴政要》书中也说:"嘉隆以前,士大夫敦尚名节,游宦来归,客或询其囊橐,必嗤斥之。今天下自大吏于百僚,商较有无,公然形之齿颊,受铨天曹,得膏地则更相庆,得瘠地则更相吊。宦成之日,或垂囊而返,则群相姗笑,以为无能。士当齿学之初,问以读书何为,皆以为博科第,肥妻子而已。一行作吏,所以受知于上者非贿赂不为功,而相与文之以美名曰礼。"检《明史·循吏传》所纪循吏一百二十五人,从开国到正德(1368—1521)一百五十三年中有一百二十人,从嘉靖到明亡(1521—1644)一百二十四年只有五人! 清儒赵翼赞叹明代前期的吏治说:"崇尚循良,小廉大法,几有两汉之遗风。"

其实这只是一种比较的说法,事实上嘉隆以前的贪污现象并未绝迹。举著例如洪武时代的勾捕逃军案,兵部侍郎王志受赃二十二万,盗粮案户部侍郎郭桓浸没至千万,诸司官吏系狱至数万人。成祖朝纪纲之作恶,方宾之贪赃,宣宗朝刘观之黩货,英宗朝王振之贿赂兢集,逯杲、门达之勒贿乱政,宪宗朝汪直尚铭,武宗朝刘瑾、江彬、焦芳、韩福、张之权震天下,公然纳贿,几乎没有一个时代是不闹得乌烟瘴气的。和嘉靖以来的严嵩、魏忠贤两个时代比较,只是程度上的差异而已。假如像《循吏传》所说,前后两时期真有截然不同之点,那就是陈邦彦所指出的,前一时期,社会尚指斥贪污为不道德,一般士大夫还知道守身自爱,后一时期则贪污成为社会风气,清廉自矢的且被斥为无能。这一风气的变化是值得今日士大夫思之重思之的。

明代吏治的贪污如上举诸例,都已为学人所谂知,不必赘及,现在要说明的是一般的情形。前期如宣德朝可说这朝代的全盛时期,吏治最修明的一阶段了。宣德三年(1428年)敕谕说:"比者所司每缘公务,急于科差,贫富困于买办,丁中之民服役连年,公家所用十不二三,民间耗费,常数十倍。加以郡邑宦鲜得人,吏肆为奸,征收不时,科敛无度,假公营私,弊不胜纪,以致吾民衣食不足,转徙逃亡,凡百应输,年年逋欠,国家仓廪,月计不足。"十年后,英宗初政，三杨当国，有人上书政府叙述地方吏治情形说："今之守令，冒牧民之美名，乏循良之善政，往往贪泉一酌而邪念顿兴，非深文以逞，即钩距之求，或假公营私，或诛求百计，经年置人于犴狱，滥刑恒及于无辜，甚至不任法律而颠倒是非，高下其手者有之，刻薄相尚而避己小嫌人人大辟者有之，不贪则酷，不怠则奸，或通吏胥以贾祸，或纵主案以肥家，殃民蠹政，莫敢谁何。"到七年后王振用事，公开地纳贿，公开地勒索，连政府仅存的一点纪纲都扫地而尽了。

到后期上下贪污相蒙，互相援引，辇毂辂遗，往来如织，民苦贪残者宦称卓异，不但不为察典所黜，而且连连升擢。地方官司捕者以捕为外府，收粮者以粮为外府，清军者以军为外府，长吏则有科罚，有羡余，刑驱势逼，虽绿林之豪，无以复加。搜括聚敛，号为常例，公开声说这钱为朝觐为考课之用，上言之而不讳，下闻之而不惊，驯至国家颁一法令，地方兴建事业，都成为官吏的利薮。以搜括所得经营升调，"以官爵为性命，以钻刺为风俗，以贿赂为交际，以嘱托为当然，以循情为盛德，以请教为谦厚"。萧然而来，捆载而去。即使被铨司察黜，最多也不过罢官，即使被抚按弹劾，最多也不过为民，反正良田大宅，歌儿舞女，不但自己受用，连子孙的基业也已打好，区区一官，倒也无足留恋了。

入仕必由科第，科场的关节，用钱买题目的技术也发现了。做官要做宰相，行贿入阁也成公开的秘密了。科名和辅相都可用金钱取得，其他的情形当然类推可知。

纳贿的技术也随时代而进步，前期孝宗时太监李广惧罪自杀，他家的账簿登载文武大臣纳贿数目的被查出，明载某人送黄米若干石，某人白米若干石，孝宗一看吓呆了说，李广能吃多少？后来才知道黄米代表金，白米代表银。后期改以雅称，号为书帕。外官和京官交际，公开有科（给事中）三道（御史）四的比例。开头还假托小书名色，列束投递标书十册二十册，袖手授受，不让人见，有点忌讳。后来渐渐公开，由白银而黄金而珠玉，数目也逐渐增多。外官和京官出使回来的都以书帕为人情，免不得买一些新书，刻几种新书来陪奉金银珠宝。明代后期刻书之多之滥，就是这个道理。

滔滔者举世皆是也！如饮狂泉，如膺痼疾，上下男女老幼都孜孜矻矻、唯利是图，唯钱是贵，不但国家民族的利益谈不到，即使家人父子夫妇兄弟朋友的感情，也以钱来决定其是否持续。

这种风气是怎样造成的？我们最好用当时人的话来说明。

第一是社会教育。读书受苦是为得科名，辛苦得科名是为做官，做官的目的是发财。由读书到发财成为一连串的人生哲学。黄省曾在《吴风录》中说："吴人好游托权要之家，家无担石者入仕二三年即成巨富。由是无不以士为贵。而求入学庠者肯捐百金图之，以大利在后也。"谢肇淛《五杂俎》更说得明白："今之人教子读书，不过取科第耳，其于立身行己不问也。故子弟往往有登九仕而贪虐恣睢者，彼其心以为幼之受苦，政为今日耳。志得意满，不快其欲不止也。"刘宗周也说："士习之坏也，自科举之学兴而士习日坏。明经取金紫，读易规利禄，自古而然矣。父兄之教，子弟之学，非是不出焉。士童而习之，几与性成，未能操觚，先熟钻刺，一入学校，闯行公庭。等而上之，势分虽殊，行辵一辙。以嘱托为通津，以官府为奴隶，伤风败俗，寡廉鲜耻，即乡里且为厉焉，何论出门而往？尚望其居官尽节，临难忘身，一效之君父乎？此盖已非一朝一夕之故矣。"

贪污在这种社会风气之下，习与性成，诚然，非一朝一夕之故矣！

第二是社会环境。一般读书人在得科名的一天，也就是开始负债的一天。吴应箕在他的《拟进策》里说："士始一褐人子耳。一列贤书，即有报赏宴饮之费，衣宴舆马之需，于是不得不假贷戚友，干谒有司，假贷则期报以异日。谒见则先丧其在我。黠者因之，而交通之径熟，圆巧之习成。拙者债日益重，气日益衰，盖未仕而所根柢于仕者已如此矣。及登甲榜，费且数倍，债亦如之。彼仕者即无言营立家私，但以前此之属债给于民，能堪之乎？"甚至一入仕途，债家即随之赴任，京债之累，使官吏非贪污不可。陶奭龄说："今寒士一旦登第，诸凡舆马仆从饮食衣服之类，即欲与膏粱华腴之家争为盛丽，秋毫皆出债家。谒选之后，债家即随之而至，非盗窃帑藏，朘削闾阎，何以偿之？"周顺昌在做官后，被债主所逼，向他的亲戚诉苦说："诸亲友之索债者填门盈户，甚至有怒面相詈者。做秀才时艰苦备历，反能以馆谷怡二人，当大事。今以滥叨之故，做一不干净人，五年宦游，不能还诸债主，官之累人也多矣。"这是一个不合时代的书呆子，难怪他日后死于魏忠贤之手。

第三是政治环境。皇帝要进献，得宠的内官要贿赂，内阁要，吏部也要，有关的京官也要，上层的抚按要，知府更非多送不可，层层贿赂，层层剥削，钱一本说："以远臣为近臣府库，以远近之臣为内阁府库。"刘宗周说："一令耳，上官之诛求，自府而道，自道而司，自司而抚而按，而过客，而乡绅，而在京之权要，递而进焉，肆应不给……"举实例如刘瑾用事时，凡入觐出使官，皆有厚献。给事中周钥勘事归，以无金自杀，令天下巡抚入京受敕，输瑾赂，延绥巡抚刘宇不至，逮下狱。宣府巡抚陆完后至，几得罪，既赂乃令试职视事。上下左右都是贪污的环境，如不照样行贿，不但做不成官，反要得罪，教人如何能不贪污！

第四是政治制度。明代官俸之薄，是有史以来所少见的。宣德时朝臣月薪止给米一石，外官不过三石，原来的俸钞，因为贬值，每贯止实值二三钱。举例说正一品官月俸米八十七石，七品官米七石五斗。洪武时代官俸全给米，有时以钱钞折支，照物价钞一贯钱一千抵米一石，到后钞价日落，才增定每石米折钞十贯。正统时又规定五品以上，米二钞八，六品以下，米三钞七。后又改在外官月支本色米二石，其余俱支折色。照比例推算，正一品月俸得米十七石四斗，余折钞五百九十六贯，以贯值三钱计，合钱一千七百八十八文。外任正七品官知县实得米二石，得钞五十五贯，合钱一百六十五文。结果内外官都无以为生，朝官至于放遣皂隶，责以薪炭。正统元年（1436年）副都御史吴讷要求增俸，举出一实例说："洪武年间京官俸全支，后因营造减省，遂为例，近小官多不能赡。如广西道御史刘准，由进士授官，月支俸米一石五斗，不能养其母妻子女，贷同官俸米三十余石，去年病死，竟负无还。"六年巡按山西监察御史曹春也上奏说："今在内诸司文臣，去家远任，妻子随行，然禄厚者月给米不过三石，禄薄者不过一石二石而已，其所折钞，急不得济，九载之间，仰事俯蓄之具，道路往来之费，亲故问遗之需，满罢闲居之用，其禄不赡，则不免移其所守，此所以陷于罪者多也。"他要求廷臣会议，酌量加俸，使其足够养廉。俸额提高以后，如仍有贪污冒法者，立置重典。可是户部以为定制难改，竟不理会。此后几十年，改折的办法虽然稍有调整，但是离生活水准还是很远，中叶以后钞已成废纸，不值一钱，政府收入的款项改为银子，但官员的薪俸折色，却还是照定制发钞，一直未改。除去上述一切情形，单就官俸说，明代的官吏贪污也是环境造成的。


## 说士

现代词汇中的军人一名词，在古代叫作士，士原来是又文又武的，文士和武士的分立，是唐以后的事。

在春秋时代，金字塔形的统治阶级，王、诸侯、大夫以下的阶层就是士。士和以上的阶层比较，人数最多，势力也最大。其下是庶民和奴隶，是劳动者，是小人，应该供养和侍候上层的君子。王、诸侯、大夫都是不亲庶务的，士介在上下层两阶级之间，受特殊的教育，在平时是治民的官吏，在战时是战争的主力。就上层的贵族阶级说，是维持治权的唯一动力，王、诸侯、大夫如不能得到士的支持，不但政权立刻崩溃，身家也不能保全。就下层的民众说，士又是庶政的推动和执行人，他们当邑宰，管理租赋，审判案件（以此，士这名词又含有司法官的意义，有的时候也叫作士师），维持治安，当司马管理军队，当贾正管理商人，当工正管理工人，和民众的关系最为密切，因之又惯常和民众联在一起。就职业的区分，士为四民之首，其下是农工商。再就教育的程度和地位说，士和大夫最为接近，因之士大夫也就成为代表相同的教育程度和社会地位的一个专门名词。

士在政治上、社会上负有特殊任务，在四民中，独享教育的特权。为着适应士所负荷的业务，课程分作六种，称为六艺：礼乐射御书数。内中射御是必修科，其他四种次之。射是射箭和战争技术的训练，御是驾车，在车战时代，这一门功课也是非常重要的。礼是人生生活的规范，做人的方法，礼不下庶人，在贵族社会中，是最实际的处世之学。乐是音乐，是调剂生活和节制情感的工具，士无故不辍琴瑟，孔子在齐闻韶，三月不知肉味的故事，正可以代表古代士大夫对于音乐的爱好和欣赏的能力，奏乐时所唱的歌词是诗，在外交或私人交际场合，甚至男女求爱时，都可用歌词来表达自己的意思，这些诗被记录下来，保存到现在的叫《诗经》。书是写字，数是算数，要当一个政府或地方官吏，这两门功课也是非学不可的。

士不但受特殊的教育训练，也受特殊的精神训练。过去先民奋战的史迹，临难不屈、见危授命、牺牲小我以保全邦国的可歌可泣的史诗，和食人之禄忠人之事的理论，深深印入脑中。在这两种训练下，养成了他们的道德观念——忠，忠的意义是应该把责任看得重于生命，荣誉重于安全，在两者发生冲突时，毫不犹豫地牺牲生命或安全，去完成责任，保持荣誉。

在封建时代，各国并立，士的生活由他的主人诸侯或大夫所赐的田土维持，由于这种经济关系，士只能效忠于主人。到了秦汉统一的大帝国成立以后，诸侯、大夫这一阶层完全消灭，士便直属于君主与国家，忠的对象自然也转移到对君主对国家了。士分为文武以后，道德观念依然不变，几千年以来的文士和武士，轰轰烈烈，为国家为民族而战争，而流血，而牺牲，不屈不挠，前仆后继，悲壮勇决的事迹，史不绝书。甚至布衣白丁、匹妇老妪、补锅匠、卖菜佣、乞丐、妓女、一些未受教育的平民百姓，在国家危急时，也宁愿破家杀身，不肯为敌人所凌辱，这种从上到下，几千年来的一贯信念，是我国的立国精神，是我中华民族始终昂然永存，历经无数次外患而永不屈服，终能独立自主的真精神。

士原来受文事、武事两种训练，平时治民，战时治军，都是本分。春秋时代列国的卿大夫，一到战时便统率军队作战，前方、后方都归一体（晋名将郤谷以敦诗书礼乐见称，是个著例）。到战国时代，军事渐趋专业化，军事学的著作日益增多，军事学家、战术家、战略家辈出，文官和军人渐渐开始分别，可是像孟尝君、廉颇、吴起等人，也还是出将入相，既武且文。汉代的大将军、车骑将军、前将军、后将军都是内廷重臣，遇有征伐时，将军固然应该奉命出征，外廷的大臣如御史大夫和九卿也时常以将军号统军征伐，而且文武互用，将军出为外廷文官，外廷文臣改官将军，不分畛域，末年如曹操、孙权都曾举孝廉，曹操横槊赋诗，英武盖世，诸葛亮相蜀，行军时则为元帅，虽然有纯粹的职业军人如吕布、许褚之流，纯粹的文人如华歆、许靖之流，在大体上仍是文武一体。直到唐代李林甫当国以前，还是边帅入为宰相，宰相出任边帅，内外互用，文武互调。

李林甫做宰相以后，要擅位固宠，边疆将帅多用胡人，胡人不识汉字，虽然立功，也只能从军阶爵邑上升迁，不能入主中枢大政，从此文武就判为两途。安史之乱后的郭子仪、奉天功臣李晟，虽然名义上都是宰相，都是汉人，都通文义，却并不与闻政事，和前期李靖、李勣出将入相的情形完全不同了。绎过晚唐五代藩镇割据之乱，宋太祖用全力集权中央，罢诸将军权，地方守令都以文士充任，直隶中枢，文士治国，武士作战，成为国家用人的金科玉律，由之文士地位日高，武士地位日低。一味重文轻武的结果，使宋朝成为历史上最不重武的时代。仁宗时名将狄青南北立功，做了枢密使，一些文士便群起攻击，逼使失意而死；南宋初年的岳飞致力恢复失地，也为宰相秦桧所诬杀。文武不但分途，而且成为对立的局面。明代文武的区分更是明显，文士任内阁部院，武士任官都督府卫所，遇着征伐，必以文士督师，武士统军陷阵，武士即使官为将军总兵，到兵部辞见时，对兵部尚书必须长跪。能弯八石弓，不如识一丁字，一般青年除非科举无望，岂肯弃文就武。致武士成为只有技勇膂力而无知识教养的人，在社会上被目为粗人，品质日低，声誉日降，偶尔有一两个武士能通文翰吟咏，便群相惊诧，以为儒将。偶尔有一两个武士发表对当前国事的意见，便群起攻击，以为干政。结果武士自安于军阵，本来无教养学识的，以为军人的职责只是作战，不必求学识。这种心理的普遍化，使上至朝廷，下至闾巷，都以武士不文为当然，为天经地义。武士这一名词省去下一半，武而不士，只好称为武人了。

近百年来的外患，当国的文士应该负责，作战的武士，亦应该负责。七年来的艰苦作战，文士不应独居其功，大功当属于前线流血授命的武士。就史实所昭示，汉唐之盛之强，宋明之衰之弱，士的文武合一和分立，殆可解释其所以然。古代对士的教育和训练，应加以重视，尤其应该着重道德观念——对国家对民族尽责的精神的养成。提高政治水准，为什么而战和有所不为，彻头彻脑明白战争的意义。要提高士的社会地位，必须文事和武事并重，必须政治水准和社会地位提高，这是今后全国所应全力以赴的课题。

全书完